GRACIA Y DEVOCIÓN

HIMNARIO PARA LAS IGLESIAS EVANGÉLICAS

"Cantad con inteligencia" — Salmos 47:7

cnp

CASA NAZARENA DE PUBLICACIONES

Publicado por
Casa Nazarena de Publicationes
Lenexa, KS 66220 EE.UU.
informacion@editorialcnp.com• www.editorialcnp.com

Spanish Hymnal, Gracia y Devoción
Copyright © 1998
Published by Beacon Hill Press of
Kansas City, A division of Nazarene
Publishing House, Kansas City,
Missouri 64109 USA

ISBN 978-1-56344-750-1

DIGITAL PRINTING

PREFACIO

"La palabra de Cristo habite en vosotros en abundancia en toda sabiduría, enseñándoos y exhortándoos los unos a los otros con salmos e himnos y canciones espirituales, con gracia cantando en vuestros corazones al Señor". El apóstol Pablo amonestó así a los colosenses.

El canto, y la predicación han sido desde el principio parte esencial de la adoración en las congregaciones evangélicas. Y para que el canto sea aceptable tiene que ser inteligente y elevarse en actitud espiritual reverente. Cantar en el Espíritu es expresar las emociones vivas, santas y profundas del alma. El lenguaje y el espíritu de los himnos de una congregación dada serán índice seguro de la profundidad de carácter y realidad de experiencia religiosa de esa misma congregación. Por eso se ha dicho con frecuencia que además de la Biblia, el himnario ha sido factor vital en el desenvolvimiento de la fe cristiana.

GRACIA y DEVOCIÓN es el resultado de años de estudio y dedicación. Más de tres mil pastores evangélicos, directores de coro, evangelistas de canto y conocedores del alma latina fueron consultados antes de la preparación de este himnario. Las sugestiones ofrecidas se implementaron en tal forma que proveyeron una riqueza de experiencia nunca vista en proyectos de esta clase. La tarea de eliminación fue más minuciosa que la de compilación y el estudio de poemas desde el punto de vista doctrinal y literario no escatimó esfuerzo ni gasto alguno. Nuestro redactor musical revisó cada himno por separado rindiendo una opinión sobre el tono total de la producción.

GRACIA y DEVOCIÓN se ofrece a todas las iglesias evangélicas y a la multitud siempre creciente de hombres y mujeres redimidos por el poder de Jesucristo.

— Los Editores

GRACIA Y DEVOCIÓN

1. Del Culto el Tiempo Llega
(In Heavenly Love Abiding)

1 Del culto el tiempo llega,
   Comienza la oración.
   El alma a Dios se entrega:
   ¡Silencio y atención!
   Si al santo Dios la mente
   Queremos elevar,
   Silencio reverente
   Habremos de guardar.

2 Mil coros celestiales
   A Dios cantando están,
   A ellos los mortales
   Sus voces unirán.
   Alcemos, pues, el alma
   Con santa devoción,
   Gozando en dulce calma
   De Dios la comunión.

3 La Biblia bendecida,
   De Dios revelación,
   A meditar convida
   En nuestra condición.
   ¡Silencio! que ha llegado
   Del culto la ocasión.
   Dios se halla a nuestro lado:
   ¡Silencio y devoción!

—Anónimo

2. ¡Santo! ¡Santo! ¡Santo!
(Holy, Holy, Holy)

1 ¡Santo! ¡Santo! ¡Santo! Señor Omnipotente,
   Siempre el labio mío loores te dará;
   ¡Santo! ¡Santo! ¡Santo! Te adoro reverente,

Dios en tres personas, bendita Trinidad.

2 ¡Santo! ¡Santo! ¡Santo! en numeroso coro,
   Santos escogidos te adoran con fervor,
   De alegría llenos, y sus coronas de oro
   Rinden ante el trono glorioso del Señor.

3 ¡Santo! ¡Santo! ¡Santo! la inmensa muchedumbre,
   De ángeles que cumplen tu santa voluntad,
   Ante ti se postra bañada con tu lumbre,
   Ante ti que has sido, que eres y serás.

4 ¡Santo! ¡Santo! ¡Santo! por más que estés velado,
   E imposible sea tu gloria contemplar,
   Santo Tú eres sólo y nada hay a tu lado,
   En poder perfecto, pureza y caridad.

5 ¡Santo! ¡Santo! ¡Santo! la gloria de tu nombre,
   Vemos en tus obras, en cielo, tierra y mar.
   ¡Santo! ¡Santo! ¡Santo! te adorará todo hombre,
   Dios en tres personas, bendita Trinidad.

— J.B. Cabrera, Trad.

3. La Comunión

1 Amoroso nos convida
   Cristo a esta comunión,
   Y nos da el pan de vida
   Y el cáliz de redención.

2 A tu dulce llamamiento
   Acudimos, oh, Señor;
   Que en tu comunión aumento
   Tengan nuestra fe y amor.

3 En lugar de tantos dones,
   ¿Qué podemos ofrecer?
   Toma nuestros corazones,
   Nuestras almas, nuestro ser.

4 En tu mesa prometemos

En tu santa ley vivir,
Y que fieles te seremos,
Buen Jesús hasta el morir — Amén.

— J.B. Cabrera

4. Loores Dad a Cristo el Rey
(All Hail the Power of Jesus' Name)

1 Loores dad a Cristo el Rey,
   Suprema potestad;
   De su divino amor la ley,
   Postrados aceptad;
   De su divino amor la ley,
   Postrados aceptad.

2 Vosotros, hijos de Israel,
   Residuo de la grey;
   Loores dad a Emmanuel,
   Y proclamadle Rey;
   Loores dad a Emmanuel,
   Y proclamadle Rey.

3 Gentiles que por gracia de Él
   Gozáis de libertad.
   Al que de vuestro ajenjo y hiel
   Os libra, hoy load;
   Al que de vuestro ajenjo y hiel
   Os libra, hoy loado

4 Naciones todas, escuchad
   Y obedeced su ley
   De gracia y de santidad,
   Y proclamadle Rey;
   De gracia y de santidad,
   Y proclamad le Rey.

5 Dios quiera que con los que están
   Del trono en derredor,
   Cantemos por la eternidad
   A Cristo el Salvador;

Cantemos por la eternidad
A Cristo el Salvador.

— Eduardo Perronet

5. ¡Adoradle!
(I Will Praise Him)

1 Dad al Padre toda gloria,
 Dad al Hijo todo honor,
 Y al Espíritu divino,
 Alabanzas de loor.

 Coro
 Adoradle, adoradle,
 Adorad al Salvador;
 Tributadle toda gloria,
 Pueblo suyo por su grande amor.

2 ¡Adoradle, oh Iglesia!
 Por Jesús tu Redentor,
 Rescatada por su gracia,
 Libre por su grande amor.

3 Entonadle un canto nuevo,
 Huestes libres del Señor;
 Tierra, cielos, mar y luna,
 Gloria dan al trino Dios.

 Ultimo Coro
 Yo te adoro, yo te adoro,
 Yo te adoro, buen Jesús.
 Yo te adoro reverente,
 ¡Oh, Cordero santo de mi Dios!

— H.C. Ball, Trad.

6. Te Loamos, ¡Oh Dios!
(Revive Us Again)

1 Te loamos, ¡Oh, Dios!
 Con unánime voz,

Que en Cristo tu Hijo
Nos diste perdón.

Coro
¡Aleluya! Te alabamos,
¡Cuán grande es tu amor!
¡Aleluya! Te adoramos,
Bendito Señor.

2 Te loamos, Jesús,
  Quien tu trono de luz
  Has dejado por darnos
  Salud en la cruz.

3 Te damos loor,
  Santo Consolador,
  Que nos llenas de gozo
  Y santo valor.

4 Unidos load,
  A la gran Trinidad,
  Que es la fuente de gracia
  Virtud y verdad.

— W.H. Cragin, Trad.

7. ¡Gloria!
(Praise Him! Praise Him!)

1 ¡Gloria! ¡Gloria! a Jesús Salvador nuestro.
  ¡Canta, tierra! Canta su gran amor,
  ¡Gloria! ¡Gloria! Ángeles santos del cielo
  A su nombre rindan eterno loor.
  Cuenta cómo Él descendió del cielo
  A nacer y por nos sufrir dolor.
  ¡Gloria! ¡Gloria! Ángeles santos del cielo
  A su nombre rindan eterno loor.

2 ¡Gloria! ¡Gloria! a Jesús Salvador nuestro.
  Por nosotros Él con la cruz cargó:
  Por salvarnos sufrió la pena de muerte,

Del pecado Cristo nos libertó.
¡Alabadle! ¡Oh qué amor tan grande!
Que nos brinda este que Él mostró.
¡Gloria! ¡Gloria! Ángeles santos del cielo
Rindan loor al que nos rescató.

— *C. V. Pelegrín, Trad.*

8. ¡Señor, Yo Te Conozco!
(Lead On, o King Eternal)

1 ¡Señor, yo te conozco! La noche azul serena
  Me dice desde lejos: "Tu Dios se esconde allí";
  Pero la noche obscura, la de nublados llena,
  Me dice más pujante: "Tu Dios se acerca a ti".

2 Te acercas, sí; conozco las orlas de tu manto
  En esa ardiente nube con que ceñido estás;
  El resplandor conozco de tu semblante santo,
  Cuando al cruzar el éter, relampagueando vas.

3 ¿Quién ante ti parece? ¿Quién es en tu presencia
  Más que un arista seca que el aire va a romper?
  Tus ojos son el día, tu soplo la existencia;
  Tu alfombra el firmamento, la eternidad tu ser.

4 ¡Señor yo te conozco! Mi corazón te adora;
  Mi espíritu de hinojos ante tus pies está;
  Pero mi lengua calla, porque mi lengua ignora
  Los cánticos que llegan al grande Jehová.

— *Zorrilla*

9. ¡Pastoréanos, Jesús Amante!
(Saviour, like a Shepherd Lead Us)

1 ¡Pastoréanos, Jesús amante!
  Cuida, oh Señor, tu grey;
  Tu sustento placentero dale,
  Tu redil, tu suave ley.

Alta ciencia, Providencia,
Tuyas para nuestro bien,
Bendecido, Rey Ungido,
A santificarnos ven.

2 Tu misión divina es a los pobres
  Dar salud y santidad;
  A pesar de ser tan pecadores,
  No nos has de desechar.
  Comunicas dotes ricas
  Al que implora tu perdón,
  Salvadora luz que mora
  En el nuevo corazón.

— *T.M. Westrup, Trad.*

10. Quisiera Yo con Lenguas Mil
(Oh, for a Thousand Tongues)

1 Quisiera yo con lenguas mil
  A mi Señor cantar,
  Y de mi Rey y Redentor,
  Las glorias celebrar.

2 Maestro mío, Dios de amor,
  Anhelo proclamar,
  Por todo el mundo tu bondad,
  Tu nombre ensalzar.

3 ¡Jesús! el nombre encantador,
  Que aleja mi temor;
  Que trae salud y vida y paz,
  Que salva al pecador.

4 Los hierros del pecado vil
  Su gran poder quebró,
  y con su sangre eficaz
  Al pecador limpió.

— *M. Candill, Trad.*

11. En Tu Cena nos Juntamos

1 En tu cena nos juntamos
  Señor para celebrar
  Tu pasión y cruel muerte,
  Y en tu grande amor pensar.
  Grande amor, grande amor,
  Y en tu grande amor pensar.

2 Redimidos, ya tenemos
  Por tu muerte comunión;
  En el pan te recordamos
  Dios de nuestra salvación,
  Salvación, salvación,
  Dios de nuestra salvación.

3 En la copa confesamos
  Que tu sangre es eficaz;
  Por tu salvación perfecta
  Esperamos ver tu faz,
  Ver tu faz, ver tu faz,
  Esperamos ver tu faz.

4 Por tu gracia congregados
  En tu paz y con amor;
  En espíritu cantamos
  A ti, nuestro Redentor,
  Redentor, Redentor,
  A ti, nuestro Redentor.

12. Cerca, Más Cerca
(Nearer, Still Nearer)

1 Cerca, más cerca ¡oh Dios, de ti!
  Cerca yo quiero mi vida llevar;
  Cerca, más cerca, ¡oh Dios, de ti!
  Cerca a tu gracia que puede salvar,
  Cerca a tu gracia que puede salvar.

2 Cerca, más cerca, cual pobre soy,

Nada Señor, yo te puedo ofrecer;
Sólo mi ser contrito te doy,
Pueda contigo la paz obtener,
Pueda contigo la paz obtener.

3 Cerca, más cerca, Señor de ti,
Quiero ser tuyo dejando el pecar;
Goces y pompas vanas aquí,
Todo Señor pronto quiero dejar,
Todo Señor pronto quiero dejar.

4 Cerca más cerca, mientras el ser,
Aliente vida y busque tu paz;
Y cuando al cielo pueda ascender,
Ya para siempre conmigo estarás,
Ya para siempre conmigo estarás.

— *V. Mendoza, Trad.*

13. Paracleto Celestial
(Holy Spirit, Faithful Guide)

1 Paracleto celestial,
Eres guía del mortal,
A las fuentes del amor,
Del bendito Salvador.
Tú convences de maldad,
Tú enseñas santidad,
Paracleto eternal,
Guía fiel, sí, guía leal.

2 Tú ensalzas a Jesús,
El Autor de paz y luz;
Fortaleces tú la fe,
De la redimida grey.
Eres el Consolador,
Siempre lleno de amor.
Hasta el final serás,
Emisario de solaz.

3 ¡Oh, paloma celestial!

¡Guárdanos de todo mal!
Cambia el frío corazón,
Esta es nuestra petición.
Dános hoy el santo ardor,
¡Oh, fiel Vivificador!
Tú, enviado del Señor,
De Dios Don, por su amor.

— H.C. Ball, Trad.

14. Según Tu Dicho al Expirar
(Walk in the Light! So Shalt Thou Know)

1 Según tu dicho al expirar
   Que en gratitud oí,
   Me acordaré mi Redentor,
   Me acordaré de ti.

2 Tu cuerpo herido a mi alma es
   Divino pan aquí,
   Y con la copa de tu amor,
   Me acordaré de ti.

3 Me acordaré de tu dolor,
   Y de tu amor por mí,
   Y mientras viva ¡Oh, mi Señor,
   Me acordaré de ti!

4 Y cuando desfallezca al fin
   Y llegue a sucumbir
   Jesús, que en gloria eterna estás,
   Acuérdate de mí.

— Anónimo

15. ¡Glorioso Salvador!
(Make His Praise Glorious)

1 A Jesucristo rendid inmortal alabanza,
   Canten alegres los santos que viven en Sion;
   Gloria rendidle confiados llegando a sus plantas,
   Digno es su nombre de nuestra sublime canción.

Coro
Glorioso Salvador, Potente Vencedor,
De todo el mundo tendrás el loor.
Glorioso Salvador, Potente Vencedor,
Lo que respira bendiga al Señor.

2 ¡Gloria bendita! Mis ojos verán su portento,
   Cuando en las nubes Jesús bajará como Rey;
   A nuestra vista tendremos el fiel cumplimiento,
   De su promesa que espera celosa su grey.

3 Es poderoso de toda caída guardamos,
   Y presentarnos sin mal ante el trono de Dios;
   Los redimidos proclamen al Rey soberano,
   Por las edades, acaten felices su voz.

— *Sergio Franco, Trad.*

16. ¡Oh Padre, Eterno Dios!
(Come, Thou Almighty King)

1 ¡Oh Padre, eterno Dios!
   Alzamos nuestra voz,
   En gratitud
   De cuanto tú nos das,
   Con sin igual amor,
   Hallando nuestra paz,
   En ti, Señor.

2 ¡Bendito Salvador!
   Te damos con amor,
   El corazón;
   y tú nos puedes ver,
   Que humildes a tu altar,
   Venimos a ofrecer,
   Precioso don.

3 ¡Espíritu de Dios!
   Escucha nuestra voz,
   y tu bondad
   Derrame en nuestro ser,

Divina claridad,
Para poder vivir
En santidad.

— Vicente Mendoza, Trad.

17. A Nuestro Padre Dios
(My Country, "Tis of Thee)

1 A nuestro Padre Dios
  Alcemos nuestra voz,
  ¡Gloria a Él!
  Tal fue su amor que dio
  Al Hijo que murió,
  En quien confío yo,
  ¡Gloria a Él!

2 A nuestro Salvador
  Demos con fe loor,
  ¡Gloria a Él!
  Su sangre derramó;
  Con ella me lavó,
  y el cielo me abrió,
  ¡Gloria a Él!

3 Espíritu de Dios,
  Elevo a ti mi voz,
  ¡Gloria a ti!
  Con celestial fulgor
  Me muestras el amor
  De Cristo mi Señor:
  ¡Gloria a ti!

4 Con gozo y amor
  Cantemos con fervor
  Al trino Dios.
  En la eternidad
  Mora la Trinidad;
  ¡Por siempre alabad,
  Al Trino Dios!

— Estrella de Belén.

18. Al Contemplar la Excelsa Cruz
(When I survey)

1 Al contemplar la excelsa cruz
   Do el Rey del cielo sucumbió,
   Cuantos tesoros ven la luz
   Con gran desdén contemplo yo.

2 No me permitas, Dios gloriar
   Mas que en la muerte del Señor,
   Lo que más pueda ambicionar
   Lo doy gozoso por su amor.

3 Desde su faz hasta sus pies,
   Unidos ved amor, pesar;
   ¿Qué unión tan fiel como ésta es
   En otro ser podéis mirar?

4 Aquel dolor tan grande y cruel
   Que sufre así mi Salvador,
   Exige en cambio para Él
   Una alma llena del amor.

— M.L., Trad.

19. Amoroso Salvador
(Holy Ghost, with Light Divine)

1 Amoroso Salvador,
   Sin igual es tu bondad,
   Eres tú mi Mediador,
   Mi perfecta Santidad.

2 Mi contrito corazón
   Te confiesa su maldad,
   Pide al Padre mi perdón,
   Por tu santa caridad.

3 Te contemplo sin cesar
   En tu trono desde aquí;
   ¡Oh cuán grato es meditar
   Que intercedes tú por mí!

4 Fuente tú de compasión,
   Siempre a ti te doy loor;
   Siendo grato al corazón
   Ensalzarte, mi Señor.

— Desconocido

20. Con Cánticos, Señor
(Rejoice, the Lord is King)

1 Con cánticos, Señor,
   Mi corazón y voz
   Te adoran con fervor,
   Oh Trino, santo Dios.
   En tu mansión yo te veré,
   Y galardón feliz tendré.

2 Tu mano paternal
   Trazó mi senda aquí;
   Mis pasos, cada cual,
   Velados son por ti.
   En tu mansión yo te veré,
   Y galardón feliz tendré.

3 Innumerables son
   Tus bienes y sin par;
   Que por tu compasión
   Recibo sin cesar.
   En tu mansión yo te veré,
   Y galardón feliz tendré.

4 Tú eres, ¡oh Señor!
   Mi sumo, todo bien.
   Mil lenguas tu amor
   Cantando siempre estén.
   En tu mansión yo te veré
   Y galardón feliz tendré.

— M.N.B. Trad.

21. ¿Soy Soldado?
(Am I a Soldier of the Cross?)

1 ¿Soy yo soldado de Jesús
  Y seguidor del Rey?
  ¿Y temeré llevar su cruz
  O hablar de Él doquier?

2 ¿Al cielo acaso llegaré
  Con gran comodidad,
  Cuando otros luchan por tener
  El premio celestial?

3 El son de lucha llama ya
  Las armas a tomar;
  Por Dios y por la santidad
  Luchemos sin cesar.

4 Debo luchar si he de reinar,
  ¡Dame valor, Señor!
  Que pueda pruebas soportar
  Susténteme tu amor.

— *C.E.M., Trad.*

22. ¡Cuán Firme Cimiento!
(How Firm a Foundation!)

1 ¡Cuán firme cimiento se ha dado a la fe,
  De Dios en su eterna palabra de amor!
  ¿Qué más Él pudiera en su libro añadir,
  Si todo a sus hijos lo ha dicho el Señor?

2 No temas por nada, contigo yo soy;
  Tu Dios yo soy solo, tu ayuda seré;
  Tu fuerza y firmeza en mi diestra estarán,
  Y en ella sostén y poder te daré.

3 La llama no puede dañarte jamás,
  Si en medio del fuego te ordeno pasar;
  El oro de tu alma más puro será,
  Pues sólo la escoria se habrá de quemar.

4 Al alma que anhele la paz que hay en mí,
  Jamás en sus luchas la habré de dejar;
  Si todo el infierno la quiere perder,
  ¡Yo nunca, no, nunca la puedo olvidar!

23. Aleluya, Él Me Salva
(Hallelujah! Jesus Saves Me)

1 Lejos de mi Salvador,
  En tristezas y temor,
  Yo vagaba en este mundo de dolor;
  Pero Cristo me encontró,
  Mis pecados perdonó,
  Y mi alma con su gracia Él llenó.

  Coro
  ¡Aleluya! Él me salva
  Y me guarda del maligno por la fe,
  ¡Aleluya! ¡Aleluya!
  En su amparo y poder yo moraré.

2 Dudas ya no tengo más,
  Y no sirvo a Satanás,
  Pues Jesús me llena de su amor y paz;
  Mi limpiado corazón,
  Tiene dulce comunión,
  Con el gran Autor de esta salvación.

3 ¡ Cuán precioso es su amor!
  ¡Cuán glorioso el Salvador!
  Siempre quiero darle gracias y loor.
  ¡Cuán hermoso es el hogar
  Que fue Él a preparar
  Donde cantaré su gloria sin cesar!

4 ¡Oh amigo! hay salud,
  Y hay gracia en plenitud,
  Que tú debes aceptar con gratitud;

Si rechazas esta paz;
A la perdición irás,
Y en eterna oscuridad tú vivirás.

— *W. R. AdeU, Trad.*

24. Dejo el Mundo y Sigo a Cristo
(Take the World but Give Me Jesus)

1 Dejo el mundo y sigo a Cristo
Porque el mundo pasará,
Mas su amor, amor bendito,
Por los siglos durará.

Coro
¡Oh, qué gran misericordia!
¡Oh, de amor sublime don!
¡Plenitud de vida eterna,
Prenda viva de perdón!

2 Dejo el mundo y sigo a Cristo,
Paz y gozo en Él tendré,
Y al mirar que va conmigo,
Siempre salvo cantaré.

3 Dejo el mundo y sigo a Cristo,
Su sonrisa quiero ver,
Como luz que mi camino
Haga aquí resplandecer.

4 Dejo el mundo y sigo a Cristo
Acogiéndome a su cruz,
y después ir a mirarle
¡Cara a cara en plena luz!

— *Vicente Mendoza, Trad.*

25. En Todo Recio Vendaval
(From Every Stormy Wind)

1 En todo recio vendaval
　En todo amenazante mal,
　Inexpugnable asilo es él
　Propiciatorio para el fiel.

2 Jesús, su bálsamo de paz,
　En el que busque allí su faz,
　Derrama y glorifica aquel
　Propiciatorio para el fiel.

3 Para el humilde corazón
　Que eleva al cielo su oración,
　Son las bondades del Señor
　Propiciatorio de su amor.

4 Los fieles todos, uno son
　Y están en dulce comunión;
　Es el santuario que le da,
　Propiciatorio de Jehová.

　　　　　　　　— T.M. Westrup, Trad.

26. Conmigo Sé
(Abide with Me)

1 Señor Jesús, el día ya se fue,
　La noche cierra, oh, conmigo sé,
　Sin otro amparo, tú, por compasión,
　Al desvalido da consolación.

2 Veloz el día nuestro huyendo va,
　Su gloria, sus ensueños pasan ya;
　Mudanza y muerte veo en redor,
　No mudas tú: conmigo sé, Señor.

3 Tu gracia en todo el día he menester;
　¿Quién otro puede al tentador vencer?
　¿Cuál otro amante guía encontraré?
　En sombra o sol, Señor conmigo sé.

4 Vea yo al fin en mi postrer visión
   De luz la senda que me lleve a Sion,
   Do alegre cantaré al triunfar la fe:
   "Jesús conmigo en vida y muerte fue".

27. Abre Mis Ojos a la Luz
(Open My Eyes, That I May See)

1 Abre mis ojos a la luz,
   Tu rostro quiero ver, Jesús;
   Pon en mi corazón tu bondad,
   Y dame paz y santidad.
   Humildemente acudo a ti,
   Por que tu tierna voz oí,
   Mi guía sé, Espíritu Consolador.

2 Abre mis labios para hablar,
   Y a todo el mundo proclamar
   Que tú viniste a rescatar
   Al más perdido pecador.
   La mies es mucha, oh Señor,
   Obreros faltan de valor;
   Heme aquí, Espíritu Consolador.

3 Abre mi mente para ver
   Más de tu amor, y gran poder;
   Dame tu gracia para triunfar,
   Y hazme en la lucha vencedor.
   Sé tú mi escondedero fiel,
   Y aumenta mi valor y fe;
   Mi mano tén, Espíritu Consolador.

4 Abre las puertas que al entrar
   En el palacio celestial,
   Pueda tu dulce faz contemplar
   Por toda la eternidad.
   Y cuando en tu presencia esté
   Tu santo nombre alabaré;
   Mora en mí, Espíritu Consolador.

— S.D. Athans, Trad.

28. Antes Era un Desvalido
(Since the Fullness of His Love Came In)

1 Antes era un desvalido,
  Mi alma llena de maldad;
  Mas a Cristo compungido
  Le entregué mi ser y voluntad.

Coro
Es su amor más alto que los cielos,
Es inmenso como el ancho mar,
Sobrepuja su grandeza
Toda gloria mundanal.
Desde que me redimió su gracia,
Tengo paz y dulce bienestar;
En Él pongo mi esperanza,
Porque fiel me rescató del mal.

2 El humano encuentra gracia
  Para en el Señor confiar;
  Y poder en abundancia
  Si su vida quiere consagrar.

3 En la cruz de Jesucristo
  Sólo yo me gozaré;
  A ganar otros me alisto
  Y en su nombre vencedor seré.
                    — *H.T. Reza, Trad.*

29. De Jesús el Nombre Guarda
(Take the Name of Jesus with You)

1 De Jesús el nombre guarda,
  Heredero del afán;
  Dulce hará tu copa amarga,
  Tus afanes cesarán.

Coro
Suave luz, manantial
De esperanza, fe y amor;
Sumo bien celestial
Es Jesús el Salvador.

2 De Jesús el nombre estima;
   Que te sirva de broquel,
   Alma débil, combatida,
   Hallarás asilo en él.

3 De Jesús el nombre ensalza,
   Cuyo sin igual poder
   Del sepulcro nos levanta,
   Renovando nuestro ser.

30. Escogí a Jesucristo
(Jesus, I'll Go Through with Thee)

1 Escogí yo a Jesucristo
   Andaré con mi Señor,
   Nada de Él a mi alma aparta
   Mientras yo confíe en Él;
   Ando solo en mi camino
   Aunque sea penoso y cruel,
   Por el mundo despreciado,
   Cristo, yo te seguiré.

2 Aunque el huerto esté delante
   Y el innoble tribunal;
   Aunque las nocturnas sombras
   A mí lleguen como a Él;
   Negra oscuridad no espanta,
   Ante ti nada será
   Y si Tú me guías siempre,
   Cristo, yo te seguiré.

3 Aunque todo el mundo tiemble,
   Y esconda el sol su faz;
   Aunque en contra estén los fuertes,
   Puedo siempre en ti confiar.
   Si la cruz mi vida asombra,
   La cargaste tú también,
   Como sea el sufrimiento,
   Cristo yo te seguiré.

4 Cuando ya la lucha acabe,
  Y la peregrinación,
  Y vencida esté la muerte
  En el triunfo ya final,
  Cuando las celestes puertas
  Se abrirán de par en par,
  Y los vencedores entren,
  Yo a mi Cristo seguiré.

  — *M.L.H., Trad.*

31. Sólo Excelso, Amor Divino
(Love Divine)

1 Sólo excelso, amor divino,
  Gozo, ven del cielo a nos;
  Fija en nos tu hogar humilde,
  De fe danos rico don.
  Cristo, tú eres compasivo;
  Puro y abundante amor,
  Con tu salvación visita
  Al contrito corazón.

2 Que tu Espíritu aliente
  Todo pecho en su penar;
  Que en ti seamos ingeridos
  Pudiendo el descanso hallar.
  Ven, ¡oh Altísimo! a librarnos;
  Haznos tu valor tomar;
  Tu venida apresta, y nunca
  Tu mansión dejemos más.

3 Cumple ahora tu promesa
  Danos purificación;
  En ti bien asegurados
  Veamos plena salvación.
  Llévanos de gloria en gloria
  A la celestial mansión;
  Y ante ti allí postrados
  Te rindamos devoción.

  — *Etida G. Falcón, Trad.*

32. Tu Reino Amo, ¡Oh, Dios!
(I Love Thy Kingdom, Lord)

1 Tu reino amo ¡oh! Dios,
  Tu casa de oración,
  Y al pueblo que en Jesús halló
  Completa redención.

2 Tu Iglesia, mi Señor;
  Su templo, su ritual;
  La Iglesia, que guiando vas
  Con mano paternal.

3 Por ella mi oración,
  Mis lágrimas de amor,
  Y mis cuidados y mi afán
  Por ella son, Señor.

4 Un gozo sin igual
  Me causa en ella estar;
  Por siempre allí tu comunión
  Anhelo disfrutar.

5 Yo sé que durará,
  Mi Dios, cual tu verdad;
  Y victoriosa llegará
  Hasta la eternidad.

— *E. Velasco, Trad.*

33. Roca de la Eternidad
(Rock of Ages)

1 Roca de la eternidad,
  Fuiste abierta para mí
  Sé mi escondedero fiel;
  Sólo encuentro paz en ti,
  Rico, limpio manantial,
  En el cual lavado fui.

2 Aunque fuese siempre fiel,
   Aunque llore sin cesar,
   Del pecado no podré
   Justificación lograr;
   Sólo en ti teniendo fe
   Deuda tal podré pagar.

3 Mientras tenga que vivir,
   Mi postrer suspiro al dar,
   Cuando vaya a responder
   En tu augusto tribunal,
   Sé mi escondedero fiel,
   Roca de la eternidad.

— *A.M. Toplady*

34. El Hermoso Huerto de Oración

(The Land Where the Roses Never Fade)

1 Hay un huerto do Cristo me espera,
   Hay un sitio de consolación;
   ¡Cuán radiante es la luz de su presencia!
   En el huerto de dulce oración.

   Coro
   ¡Oh, qué hermoso es el huerto de oración!
   Cuando a solas estoy con mi Señor,
   Y se alienta en mí la fe, en presencia de mi Rey
   ¡Oh, qué hermoso es el huerto de oración!

2 Hay un huerto do Cristo me acoge,
   Junto a Él a gozar comunión;
   Siempre escucho su voz tan amorosa
   En el huerto de dulce oración.

3 Hay un huerto do Cristo te invita,
   Para darte pureza y perdón;
   Ven a Él, y a sus plantas pon tus cargas
   En el huerto de dulce oración.

— *S.D. Athans, Trad.*

35. Cerca de Ti Caminaré
(A Closer Walk with Thee)

1 Yo te suplico, mi Salvador,
  Fiel me concedas tu comunión;
  Día tras día te serviré,
  Cerca de ti caminaré.

Coro
  Quiero de ti más cerca andar,
  Contigo estar, tu amor disfrutar;
  Mi amparo seas en mis tareas,
  Quiero de ti más cerca andar.

2 Voces mundanas oigo doquier,
  Duros problemas he de tener,
  Mas mi confianza en ti yo pondré:
  Cerca de ti caminaré.

3 Hay enemigos en mi redor,
  Males doquiera, gran sinsabor;
  Fuerzas no tengo, mas por la fe
  Cerca de ti caminaré.

4 Dueño de mi alma, Rey de mi ser,
  En ti mi carga yo dejaré;
  Sé Tú mi herencia; mi amparo sé;
  Cerca de ti caminaré.

— H.T. Reza, Trad.

36. El Jardín Memorable y Hermoso
(The Beautiful Garden of Prayer)

1 Hay jardín memorable y hermoso,
  Do las rosas exhalan su olor,
  Allí Cristo en santo reposo
  Levantó su plegaria de amor.

Coro
Oh, qué bello Jardín, el Jardín de oración
Donde el alma se encuentra con Dios.
Allí miro al Señor, y escucho su voz
En la hora de la oración.

2 Un vergel de eternal primavera,
Porque Dios allí da bendición,
Es el sitio do Cristo me espera,
El bendito rincón de oración.

3 Hay un huerto do Cristo me ofrece,
Mis penurias y cargas quitar,
Allí el gozo del cielo florece,
Y mi copa se ve rebosar.

4 Es el sitio do Cristo te invita,
A implorar su bondad y perdón,
Es allí donde el alma contrita,
Se recoge con fe y devoción.

— E. Rosales D., Trad.

37. Haz Oración

(Pray)

1 Cual un suspiro es la oración. ¿Oras tú?
Es el escudo en la tentación. ¿Oras tú?
Si de tinieblas rodeado vas,
Si del sendero indeciso estás,
La voluntad divina sabrás,
Si oras al Señor.

2 De Dios la gracia podrás tener, si oras tú,
De Dios el rostro podrás tú ver, si oras tú.
Tribulaciones podrán venir,
Y duras cargas podrás sentir,
Mas Jesucristo te ayudará,
Si oras al Señor.

3 Las bendiciones harás caer, si oras tú,
Que otros sean salvos podrás hacer, si oras tú,
Millones hay en oscuridad,

Viviendo en ruina y en su maldad,
Pueden ser salvos si sin tardar,
Oras al Señor.

4 Ora si penas rodean tu ser, hazlo hoy,
En la mañana, al anochecer, hazlo hoy,
Ora hasta que hagas huir el mal,
Ora constante, pues vencerás,
Todas las cargas ligeras son,
Si oras al Señor.

— *C.E. Morales, Trad.*

38. En el Huerto de Mi Ser
(The Garden of My Heart)

1 Hay retiro sagrado y feliz,
Do recibe mi ser comunión;
A mi Rey hallaré siempre allí,
En el huerto de mi ser.

Coro
A mi lado camina mi Jesús,
En la senda de rosas o de cruz,
Unidos por siempre
Cual dos compañeros
En el huerto de mi ser.

2 Los disturbios jamás llegarán,
Pues en Él siempre hay dicha y solaz;
Mi alma nunca afligida veré,
En el huerto de mi ser.

3 Lejos ya del vaivén mundanal,
Protegida del negro pecar,
Vive mi alma pues Cristo allí está,
En el huerto de mi ser.

4 La paloma de paz canta allí,
Y en Jesús está asida mi fe,
Encontré Compañero feliz
En el huerto de mi ser.

— *C.E. Morales, Trad.*

39. Dominará Jesús el Rey
(Jesus Shall Reign)

1 Dominará Jesús el Rey
  En todo pueblo bajo el sol;
  Los regirá su santa ley
  Los probará en su crisol.

2 Le ensalzarán en la canción
  Que eternamente elevarán,
  En nombre de Él, cada oración
  Cual un perfume suave harán.

3 Paganos mil traerán su don,
  Delante de Él se postrarán
  Y los que aún rebeldes son
  La tierra, tristes, lamerán.

4 Propicio entonces bajará
  Rocío fertilizador;
  Del poderoso librará
  Al que no tiene ayudador.

40. Sublime Gracia
(Amazing Grace)

1 Sublime gracia del Señor
  Que un infeliz salvó;
  Fui ciego mas hoy miro yo,
  Perdido y Él me halló.

2 Su gracia me enseñó a temer,
  Mis dudas ahuyentó,
  ¡Oh cuán precioso fue a mi ser
  Al dar mi corazón!

3 En los peligros o aflicción
  Que yo he tenido aquí;
  Su gracia siempre me libró
  Y me guiará feliz.

4 Y cuando en Sion por siglos mil
  Brillando esté cual sol;
  Yo cantaré por siempre allí
  Su amor que me salvó.

— *C.E. Morales, Trad.*

41. A Solas con Jesús
(In the Garden)

1 A solas al huerto yo voy,
  Cuando duerme aún la floresta;
  Y en quietud y paz con Jesús estoy
  Oyendo absorto allí su voz,

  Coro
  Él conmigo está, puedo oír su voz,
  Y que suyo dice seré;
  Y el encanto que hallo en Él allí,
  Con nadie tener podré.

2 Tan dulce es la voz del Señor,
  Que las aves guardan silencio,
  Y tan sólo se oye esa voz de amor,
  Que inmensa paz al alma da.

3 Con Él encantado yo estoy,
  Aunque en torno lleguen las sombras;
  Mas me ordena a ir que a escuchar yo voy
  Su voz doquier la pena esté.

— *V. Mendoza, Trad.*

42. Al Umbral del Año

1 Al umbral del año, Cristo Salvador,
  Todos te ofrecemos hoy cantos de amor.
  Por tus bendiciones recibidas ya,
  ¡Cuántas alabanzas te debemos dar!

Coro
Oye nuestro canto, Cristo, Salvador.
Gracias infinitas por tu gran amor.

2 Todas nuestras faltas tú conoces bien;
  Todos los fracasos viste tú también,
  Redentor amante, cada corazón,
  Limpia con tu sangre; dános tu perdón.

3 Salvador divino, pues conoces ya
  Lo que nos espera en el mundo acá,
  Toma nuestra mano; danos tu poder,
  Hasta que tu rostro nos permitas ver.

— W.T.T.

43. En el Corazón de Dios
(Near the Heart of God)

1 Hay un lugar do quiero estar,
  En el corazón de Dios;
  Lugar do pueda descansar,
  En el corazón de Dios.

  Coro
  Jesús, tú fuiste enviado
  Del corazón de Dios,
  Mantenme fiel y firme
  En el corazón de Dios.

2 Hay un lugar de gozo y paz,
  En el corazón de Dios;
  Lugar de celestial solaz,
  En el corazón de Dios.

3 Hay un lugar de adoración,
  En el corazón de Dios;
  Lugar de eterna bendición,
  En el corazón de Dios.

— S.D. Athans, Trad.

44. ¡Dios Eterno! En Tu Presencia

1 ¡Dios eterno! en tu presencia
   Nuestros siglos horas son,
   Y un segundo la existencia
   De la actual generación.
   Mas el hombre que a tu lado
   Quiere ya volar con fe,
   En su curso prolongado
   Lento el tiempo siempre ve.

2 Otro año ha fenecido
   Que la vida ya acortó,
   Y el descanso apetecido
   Poco más se aproximó.
   Gracias mil por tus mercedes
   Hoy tu Iglesia, Dios te da,
   Y pues todo tú lo puedes,
   Tu poder nos sostendrá.

3 Tú proteges las familias
   Visitando cada hogar.
   ¡Oh Señor! si nos auxilias
   ¿Qué nos puede aquí faltar?
   Por doquier que te ame el hombre
   Y te sirva haciendo el bien,
   Haz que sea tu santo nombre
   Ensalzado siempre ¡Amén!

— *J.B. Cabrera, Trad.*

45. ¡Oh Quién Pudiera Andar con Dios!
(Forever Here My Rest Shall Be)

1 ¡Oh quién pudiera andar con Dios,
   Su dulce paz gozar,
   Volviendo a ver de nuevo el sol
   De amor y santidad!

2 ¡Oh, tiempo aquel en que lo vi,
  Beatífica visión!
  Pudiendo entonces discernir
  Su acento fiel de amor.

3 Aquellas horas de solaz
  ¡Cuán caras aun me son!
  Del mundo halagos no podrán
  Suplir su falta, no.

4 Paloma santa, vuelve a mí;
  Gran Paracleto, ven;
  Pues odio ya el pecado vil
  Con que te contrarié.

  — W. Cowper, Trad.

46. Con Mi Jesús Es Cielo Aquí
(Where Jesus Is, 'Tis Heaven)

1 Desde que Cristo me salvó
  La vida ha sido un cielo aquí;
  En la tristeza y el dolor
  Con mi Jesús es cielo aquí.

  Coro
  ¡Oh Aleluya! cuán feliz,
  Saber que perdonado fui;
  En vida o muerte, tierra o mar,
  Do Cristo esté, es cielo allí.

2 Lejano sitio el cielo fue
  Hasta que Cristo me salvó;
  Y luego el cielo principió
  En medio de mi propio ser.

3 Por dondequiera que yo esté:
  En aire, tierra, cielo o mar,
  Con mis amigos o en desdén,
  Con mi Jesús, un cielo habrá.

  — H.T. Reza, Trad.

47. Jesús Bendito, Ya No Más
(Majestic Sweetness)

1 Jesús bendito, ya no más
En tierra te verán
Hasta ese día que de tu faz
Los orbes huirán.
Los orbes huirán.

2 Miradle, cielos, admitid
Su carro triunfal
Al Rey de gloria recibid
Que vuelve inmortal,
Que vuelve inmortal.

3 Él de la muerte vencedor
Que vuelve a su mansión,
Es nuestro Rey y el Autor
De nuestra salvación,
De nuestra salvación.

4 ¡Hombre divino, su amor
Por muerte demostró:
Y Dios humano cual Señor
Al cielo ascendió,
Al cielo ascendió.

— *G.H. Rule, Trad.*

48. Dios, Nuestro Apoyo
(O God, Our Help in Ages Past)

1 Dios, nuestro apoyo en los pasados siglos,
Nuestra esperanza en años venideros,
Nuestro refugio en hórrida tormenta,
Y nuestro hogar eterno.

2 Bajo la sombra de tu excelso trono
En dulce paz tus santos residieron.
Tu brazo solo a defendernos basta,
Y nuestro amparo es cierto.

3 En nuestra vida toda y en la muerte
En tu promesa nuestra fe ponemos;
Y nuestros hijos cantarán gozosos,
Cuando hayamos ya muerto.

4 Dios, nuestro apoyo en los pasados siglos,
Nuestra esperanza en años venideros,
Sé tú nuestra defensa en esta vida,
Y nuestro hogar eterno.

— J. Mora, Trad.

49. Inescrutables Riquezas
(Unsearchable Riches)

1 Inescrutables riquezas de Dios
No las podré describir;
Ricos tesoros de gracia y amor
Hay en Jesús para mí.

Coro
Ricos tesoros,
No los podré describir;
Inescrutables riquezas de Dios,
Hay en Jesús para mí.

2 Inescrutables riquezas de Dios
¿Quién su grandeza dirá?
Joyas que adornan la vida de amor,
Perlas de gozo y bondad.

3 Inescrutables riquezas de Dios
Fluyen gratuitas sin fin;
Dan bendición al que sirve al Señor,
Lo hacen por siempre feliz.

4 Inescrutables riquezas de Dios
Que quien las goza en verdad,
Las aflicciones, miseria y dolor
Con fe y valor sufrirá.

— H. T. Reza, Trad.

50. ¡Oh Bendita Paz!
(Blessed Quietness)

1 Como un río fluye el gozo,
   Desde que el Consolador
   A mi alma dio reposo
   Y la paz de mi Señor.

   Coro
   ¡Oh bendita paz, sacrosanta paz!
   Mi alma ya segura está;
   Al airado mar Cristo puede hablar,
   Y su furia cesará.

2 Viene paz y gozo santo
   Con el Huésped celestial,
   No hay tristeza ni quebranto,
   Hay reposo sin igual.

3 Cual la lluvia que se extiende,
   Cual celeste resplandor,
   El Espíritu desciende,
   A los siervos del Señor.

4 ¡Salvación maravillosa!
   Ver de Cristo dulce faz,
   En habitación gloriosa,
   En tranquila y santa paz.

                          — *H. de G.C., Trad.*

51. Sólo en Jesús
(Living for Jesus)

1 Sólo en Jesús serás feliz,
   Sólo por Él tendrás amor;
   Te librará de duda atroz.
   Será tu amante protector.

Coro
Guardado siempre por la fe,
Se ahuyenta fácil el dolor;
No temas de confiar en Él,
Él es mi gozo, paz y amor.

2 Cuando vivimos por Jesús
La duda retrocederá,
Dios te dará su tierno amor
Y por la fe descansarás.

3 Él tiernamente me guiará
Por sendas de justicia y paz;
Duras las pruebas podrán ser,
Pero su amor es eficaz.

4 Jesús mi amante Salvador,
Confío en Ti, mi buen Jesús;
Ansío verte siempre en mí,
Ayúdame a llevar tu cruz.

— Anónimo

52. Cuánto Debo a Mi Señor
(How Much I Owe!)

1 Por una deuda preso fuí,
Sin que pudiera yo cumplir,
Cuánto debía no lo sé,
Mas todo lo pagó mi Rey.

Coro
¡Oh, cuánto debo a Jesús!
Por mí murió en dura cruz.
¡Qué grande incomprensible amor!
¡Oh, cuánto debo a mi Señor!

2 Jesús en cruel Getsemaní
Al tentador venció por mí
Con agonía y dolor,
¡Incomparable es su amor!

3 Cuando en la cruz su vida dio,
  Cuando Él su sangre derramó,
  Abrió precioso manantial,
  Límpida fuente sin igual.

4 Y cuando al cielo llegaré,
  Con Él por siempre moraré;
  Por toda la eternidad,
  Lo alabaré por su bondad.

— *Bessie de Guillermo, Trad.*

53. Ni Toques, Ni Pruebes
(Touch Not, Taste Not)

1 Peligros hay en el licor,
  ¡No lo toques tú jamás!
  Al cuerpo y alma ruina da,
  ¡No lo pruebes tú jamás!
  Tu dulce hogar lo destruirá,
  Su paz y pan le quitará,
  Y negros males le traerá,
  ¡No lo bebas tú jamás!

2 Bebidas fuertes hacen mal
  ¡No las toques tú jamás!
  Por el licor esclavos hay.
  ¡No lo pruebes tú jamás!
  Al viejo, al joven lleva él
  En el camino a perecer;
  Sus fuerzas todas a perder,
  ¡No lo bebas tú jamás!

3 Unámonos de corazón,
  Al licor nunca tocar;
  Y a la embriaguez así quitar
  Y el licor nunca probar.
  Deseamos pueblo fuerte y leal
  Para destruir redes del mal,
  Y las heridas hoy curar
  Y el licor jamás usar.

4 Apresurad tiempo feliz
No tocando el vil licor;
Cuando habrá paz y gozo aquí
Sin probar el vil licor.
Contra el licor bandera alzad
Y vuestros cantos elevad
Y en las alturas gloria dad:
¡Salva nuestra patria, oh Dios!

— C.E. Morales, Trad.

54. Con Cristo Yo Iré
(If Jesus Goes with Me)

1 Ya sea en el valle do el peligro esté,
que en la luz gloriosa de paz habite yo,
A mi Jesús diré: "Tu voluntad haré",
Si Cristo me guía doquiera yo iré.

Coro
Si Cristo conmigo va, yo iré,
Yo no temeré, con gozo iré, conmigo va;
Es grato servir a Jesús, llevar la cruz;
Si Cristo conmigo va yo iré.

2 Si al desierto quiere Jesús que vaya yo
Llevando buenas nuevas de santa salvación,
Si allí en dura lid, mi campo señaló,
A Cristo yo sigo, sin más dilación.

3 Aunque mi parte sea mi dura cruz llevar,
Diré a mis hermanos también su gran poder,
Contento quedaré, mi luz haré brillar,
Testigo de Cristo doquiera yo iré.

4 La voluntad de Cristo yo quiero obedecer,
Pues en la Santa Biblia encuentro mi saber,
Y con su gran poder al mundo venceré,
Si Él va conmigo, doquiera yo iré.

— H.C. Ball, Trad.

55. Cuando Leo en la Biblia
(The Sweet Story of Old)

1 Cuando leo en la Biblia como llama Jesús,
   Y bendice a los niños con amor,
   Yo también quisiera estar,
   Y con ellos descansar
   En los brazos del tierno Salvador.

2 Ver quisiera sus manos sobre mí reposar,
   Cariñosos abrazos de Él sentir,
   Sus miradas disfrutar,
   Las palabras escuchar:
   A los niños dejad a mí venir.

3 Mas aún a su estrado en oración puedo ir,
   Y también de su amor participar;
   Pues si pongo en Él mi fe,
   Le veré y le escucharé
   En el reino que Él fue a preparar.

4 Todos los redimidos y salvados por Él,
   Al Cordero celebran inmortal;
   Cantan voces mil y mil
   En el coro infantil,
   Pues es de ellos el reino celestial.

5 Muchos hay que no saben de esa bella mansión,
   Y no quieren a Cristo recibir;
   Les quisiera y o mostrar
   Que para ellos hay lugar,
   En el cielo do los convida a ir.

6 Yo ansío aquel tiempo venturoso, sin fin,
   El más grande, el más lúcido, el mejor,
   Cuando de cualquier nación
   Niños mil sin distinción
   A los brazos acudan del Señor.

56. Gloria Demos al Salvador
(Blessed Be the Name)

1 ¡Oh quién tuviera lenguas mil!
   Gloria demos al Salvador;
   Con gratitud al Rey decid:
   Gloria demos al Salvador.

Coro
Gloria al Salvador,
Gloria al Salvador,
Gloria demos al Salvador;
Gloria al Salvador,
Gloria al Salvador,
Gloria demos al Salvador.

2 Jesús disipa todo mal,
   Gloria demos al Salvador;
   Nos da pureza celestial,
   Gloria demos al Salvador.

3 Al pecador podrá limpiar,
   Gloria demos al Salvador;
   Su ser Él quiere transformar,
   Gloria demos al Salvador.

— H.T. Reza, Trad.

57. Hoy Es el Día del Señor
(This Is the Day)

1 Hoy es el día del Señor,
   Él lo santificó;
   Que cielo y tierra den loor
   A Cristo el Salvador.

2 En este día el Redentor
   Su tumba abandonó;
   Satán cayó, Jesús venció,
   Y el pueblo le aclamó.

3 Hosannas demos al Señor,
   Al Hijo de David;
   Nos da Jesús la salvación,
   Felicidad sin fin.

4 Bendito sea el Salvador
  Quien vida y gracia da;
  Al pobre mundo pecador
  Prodiga dulce paz.

— Ismael E. Amaya, Trad.

58. Rey de Mi Vida
(Lead Me to Calvary)

1 Rey de mi vida tú eres hoy,
  En ti me gloriaré;
  Es por tu cruz que salvo soy:
  No te olvidaré.

  Coro
  Después de tu Getsemaní,
  Subiste a la cruz más cruel;
  Todo sufrió tu amor por mí:
  Yo quiero serte fiel.

2 Mas ví la luz amanecer
  De la eternidad;
  Te ví, Señor, aparecer
  Con inmortalidad.

3 Rey de mi vida, Rey de luz,
  En ti me gloriaré;
  Por mí moriste en la cruz:
  No te olvidaré.

— E.D. Dresch, Trad.

59. A Ti, Señor
(We Turn to Thee)

1 ¿En quién podemos ya confiar?
  En Ti, Señor.
  ¿En quién descanso encontrar?
  En Ti, Señor.
  El hombre no puede salvar,
  Su brazo tiene que faltar,
  Vamos a quien puede salvar,
  A Ti, Señor.

Coro
A Ti, Señor,
A Ti, Señor
Venimos por tu bendición,
Venimos por tu comunión,
A Ti, Señor, venimos hoy,
Venimos hoy.

2 En medio de perplejidad,
A Ti, Señor,
Miramos por tu gran bondad,
A Ti, Señor,
Si se acerca destrucción,
Si vienen horas de aflicción,
Tenemos gran consolación,
En Ti, Señor,

3 En tiempo de calamidad,
A Ti, Señor,
Venimos con nuestra ansiedad,
A Ti, Señor,
Si reyes vemos perecer,
Y firmes tronos hoy caer,
Podemos siempre al mal vencer,
Por Ti, Señor.

— H.C. Ball, Trad.

60. El Placer de Mi Alma
(All That Thrills My Soul)

1 ¿Quién podrá con su presencia
Impartirme bendición?
Sólo Cristo y su clemencia
Pueden dar consolación.

Coro
Sólo Cristo satisface
Mi transido corazón;
Es el Lirio de los Valles
y la Rosa de Sarón.

2 Su amor no se limita,
  Es su gracia, sin igual;
  Su merced es infinita,
  Más profunda que mi mal.

3 Redención sublime y santa
  Imposible de explicar:
  Que su sangre sacrosanta
  Mi alma pudo rescatar.

4 Cristo suple en abundancia
  Toda mi necesidad;
  Ser de Él, es mi ganancia,
  Inefable es su bondad.

— Trad. Libre, Honorato Reza

61. Mi Salvador

(Wonderful Saviour)

1 Mi Salvador, mi Rey soberano,
  Toda mi vida te la entregué;
  Tu salvación bendita proclamo
  Pues por tu sangre libre quedé.

  Coro
  Cristo bendito, Rey soberano
  Siento que vives cerca de mí;
  Cristo bendito, Rey soberano
  Gloria y honores te rindo a ti.

2 Libre de mal, ¡oh cuadro glorioso!
  Limpio de manchas y de pecar;
  Mi corazón se siente dichoso
  Pues Cristo vino en él a morar.

3 Cristo mi Rey, postrado te adoro,
  De amor mis dones pongo a tus pies,
  Haz que tu gloria sea mi tesoro
  Y que tu gracia sea mi sostén.

4 Cuando por gracia llegue a tu gloria
  Tus bendiciones alabaré;
  Cantos alegres y de victoria
  Por las edades entonaré.

— H.T. Reza, Trad.

62. Es Jesús Mi Amante Guía
(All the Way My Saviour Leads)

1 Si Jesús es quien me guía,
  ¿Cómo más podré temer?
  ¿Dudaré de su porfía,
  Si mi herencia en Él tendré?
  Tierna paz en Él ya gozo,
  Suyo soy ya por la fe;
  En la lucha o el reposo
  En su amparo confiaré.
  En la lucha o el reposo
  En su amparo confiaré.

2 Es Jesús mi amante Guía,
  Mi Esperanza, mi solaz;
  Mi consuelo es en el día,
  Y en la noche grata paz.
  Mi poder en la flaqueza,
  Mi Maná, mi libertad;
  Es mi amparo en la tristeza:
  Suple mi necesidad.
  Es mi amparo en la tristeza:
  Suple mi necesidad.

3 Es Jesús mi amante Guía,
  De mi ser consolación;
  Lo que antes carecía
  Él me imparte en profusión.
  En la gloria me promete
  Divinal seguridad;
  Él será mi brazo fuerte,
  Guía por la eternidad;
  Él será mi brazo fuerte,
  Guía por la eternidad.

— H.T. Reza, Trad.

63. Más de Jesús
(More About Jesus)

1 Más de Jesús deseo saber,
  Más de su gracia y poder,
  Más de su salvación gozar,
  Más de su dulce amor gustar.

  Coro
  Más quiero amarle,
  Más quiero honrarle,
  Más de su salvación gozar,
  Más de su dulce amor gustar.

2 Más quiero a Jesús seguir,
  Más de su santa ley cumplir,
  Más de su voluntad saber,
  Más de su Espíritu tener.

3 Más de Jesús, más oración,
  Más cerca estar en comunión,
  Más su palabra meditar,
  Más sus promesas alcanzar.

4 Más de Jesús allá veré,
  Más semejante a Él seré,
  Más de su gloria he de gozar,
  Más su gran nombre alabar.

64. Al Bautizarme Hoy
(Jesus, the Very Thought of Thee)

1 Al bautizarme aquí Señor,
  Delante de tu grey,
  Testificando al mundo estoy
  Que cumplo con tu ley.

2 En tus caminos siempre voy,
  Feliz yo vivo aquí;
  Muerto al pecado, salvo soy
  Confiando sólo en ti.

3 Hoy te confieso yo mi fe,
　Mi vida rindo a ti,
　Pues derramada por mi fue
　Tu sangre carmesí.

4 Hoy te prometo, mi Señor
　En santidad vivir,
　Dame por siempre de tu amor
　Para poder servir.

— Ismael E. Amaya

65. Bautizarme Quiero
(Jesus Is My Refuge)

1 Bautizarme quiero,
　Hoy de corazón;
　Pues mi alma goza
　De célica salvación.

Coro
　Muerto estoy al mundo,
　Vivo para Cristo,
　Hoy me crucifico
　Con el Salvador.

2 Que doquier se enteren
　En esta ocasión;
　Que el Cordero quiere
　El férvido corazón.

3 Todos hoy cantemos
　Con sin par fervor;
　Hay gozo en el cielo
　Por esta feliz reunión.

— Ismael E. Amaya

66. Nunca Me Dejará
(Never Alone)

1 He visto el fúlgido rayo,
　Y oído el trueno rugir;
　Las olas con su estallido
　Queríanme destruir;

Oí la voz de Cristo,
Que ánimo daba a mi ser,
Pues prometió no dejarme,
Nunca ausentarse de mí.

Coro
No me desamparará, ni me dejará,
Pues prometió no dejarme,
Nunca ausentarse de mí.
No me desamparará, ni me dejará,
Pues prometió no dejarme,
Nunca ausentarse de mí,

2 Mundanas nubes me envuelven,
   Y tentaciones también;
   Ante Jesús se disuelven,
   Jesús es mi sostén:
   Me guarda en todo peligro,
   Se compadece de mí;
   Pues prometió no dejarme,
   Nunca ausentarse de mí.

3 Y cuando en oscuras pruebas
   Rebusco el mundo cruel,
   Aquí no hay fin de mis penas,
   No hay un amigo fiel,
   Mis pies en zarzas atados
   Casi me hacen caer;
   Entonces Cristo promete
   Nunca ausentarse de mí.

4 Por mí murió en el monte,
   Por mí su sangre vertió,
   Por mí abrió esa fuente
   Que libertad me dio.
   Me espera allá en la gloria,
   Sentado en majestad;
   y desde allá me promete
   Nunca ausentarse de mí.

67. ¿Deberá Jesús Llevar Su Cruz?

(Must Jesus Bear the Cross Alone?)

1 ¿Deberá Jesús llevar su cruz
   Y verlo el mundo así?
   No, hay cruces para cada quien
   Cual una para mí.

2 Los santos que hoy gozando están
   Aquí sufrir los vi,
   Mas hoy sin llanto gustan ya
   Eterno amor, sin fin.

3 Paciente llevaré mi cruz
   Pues me hace mucho bien;
   Imitaré al Señor Jesús
   Quien la cargó también.

4 Mi cruz sagrada llevaré
   Hasta que venga al fin;
   Después corona portaré,
   Pues una es para mí.

                    — *A. Fernández, Trad.*

68. El Redentor

(Let All the People Praise Thee)

1 Engrandeced conmigo a Dios,
   Sus loores repetid;
   Su dulce nombre ensalzad
   Y siempre bendecid.
   Nos vio en gran suplicio,
   Culpables yendo al juicio,
   ¡Nos dio en sacrificio
   Al Redentor!

   Coro
   Te alaben las naciones,
   Te alaben con canciones,

Por grandes bendiciones
Por los siglos de la eternidad,
La eternidad sin fin.
Te alaben tus criaturas
En tierra y las honduras
Y en todas las alturas,
Por los siglos de la eternidad.

2 Engrandeced al Salvador,
 Autor de la salud,
 Y dadle gracias por su amor,
 Su paz y su virtud.
 Cantad, cantad hosana
 Su ayuda está cercana,
 ¡Al ser doliente sana
 El Redentor!

3 Engrandeced con libertad
 Al gran Consolador,
 Que guía al hombre a la verdad,
 Le da perfecto amor.
 Alumbra al alma obscura,
 De paz le asegura,
 ¡Revela la dulzura,
 Del Redentor!

— *W.R. Adell, Trad.*

69. Cristo, Tu Santo Amor
(Something for Thee)

1 Cristo, tu santo amor, diste a mí;
 Nada a ti Señor, te niego aquí.
 Me postro en gratitud, cumplo con prontitud,
 Me obliga tu actitud, me rindo a ti.

2 Ante el Trono estoy, ruegas por mí,
 Cristo, al Padre, voy sólo a ti.
 La cruz podré llevar, tu amor ya proclamar,
 Un dulce canto alzar, algo por ti.

3 Un corazón de amor quiero Jesús
   Como el tuyo Señor, lleno de luz;
   A ti poder servir, el tiempo redimir
   Las almas dirigir, algo por ti.

4 Lo que yo tengo y soy, por tu favor,
   Alegre o triste voy, tuyo, Señor.
   Tu rostro yo veré, contigo estaré,
   y siempre yo seré, algo por ti.

— *H.C. Ball, Trad.*

70. Mora Conmigo
(Sun of My Soul)

1 Del alma el sol, mi Salvador,
   Jamás hay noche en donde estás;
   Que no me impida aquí, Señor,
   Terrena nube ver tu faz.

2 Que yo mis ojos al cerrar
   En blando sueño arrobador,
   ¡Cuán dulce! diga, es descansar
   Siempre en tu seno, mi Señor.

3 Conmigo sé al amanecer,
   No puedo yo sin ti vivir;
   Conmigo sé al anochecer,
   No quiero yo sin ti morir.

4 Y aquí la senda al continuar,
   Con todos ve, Jesús Señor,
   Hasta que al fin, allá en tu hogar,
   Nos cubra ya tu eterno amor.

— *V. Mendoza, Trad.*

71. Iglesia de Cristo
(Oh, Worship the King)

1 Iglesia de Cristo reanima tu amor,
   Y espera velando a tu augusto Señor;
   Jesús el Esposo, vestido de honor,
   Viniendo se anuncia con fuerte clamor.

2 Si falta en algunos el santo fervor,
   La fe sea de todos el despertador.
   Velad, compañeros, velad sin temor,
   Que está con nosotros el Consolador.

3 Quien sigue la senda del vil pecador,
   Se entrega en los brazos de un sueño traidor;
   Mas para los siervos del buen Salvador,
   Velar esperando es su anhelo mejor.

— M. Cosidó, Trad.

72. Decidí Jamás Dejarte
(Every Bridge Is Burned Behind Me)

1 Decidí jamás dejarte
   Cristo, cuando me salvé;
   Este mundo por salvarme
   He dejado por la fe.

Coro
   Más unido, más unido,
   Con Jesús reposaré;
   Del pecado me despido;
   Con fervor le seguiré.

2 Escuchaste mi plegaria,
   De tu gracia ya probé;
   Y mi voluntad contraria
   A tus plantas entregué.

3 Los cuidados de la vida
   No me harán retroceder;
   En tu fuente bendecida
   Hay raudales de poder.

4 Eres tú mi Suficiencia
   Tierno Amigo y Redentor;
   Me proteja tu paciencia
   Paz me dé tu santo amor.

— H.T. Reza, Trad.

73. Salvo en los Tiernos Brazos
(Safe in the Arms of Jesus)

1 Salvo en los tiernos brazos de mi Jesús seré,
   Y en su amoroso pecho dulce reposaré.
   Este es sin duda el eco de celestial canción,
   Que de inefable gozo llena mi corazón.

   Coro
   Salvo en los tiernos brazos
   De mi Jesús seré,
   Y en su amoroso pecho
   Dulce reposaré.

2 Tiende Jesús los brazos, bríndame su amistad:
   A su poder me acojo, no hay para mí ansiedad.
   No temeré si ruge hórrida tentación,
   Ni causará el pecado daño en mi corazón.

3 De sus amantes brazos la gran solicitud,
   Me libra de tristeza, me libra de inquietud.
   Y si tal vez hay pruebas, fáciles pasarán;
   Lágrimas si vertiere pronto se enjugarán.

4 Y cruzaré la noche lóbrega, sin temor,
   Hasta que venga el día de perennal fulgor.
   ¡Cuán placentero entonces con Él será morar!
   Y en la mansión de gloria siempre con Él reinar.

— J.B. Cabrera, Trad.

74. Allí No Habrá Tribulación
(Higher Ground)

1 En la mansión do Cristo está,
   Allí no habrá tribulación;
   Ningún pesar, ningún dolor,
   Que me quebrante el corazón.

Coro
Allí no habrá tribulación;
Ningún pesar, ningún dolor,
Y cuando esté morando allá
Diré que no hay tribulación.

2 Será muy triste estarme aquí,
Muy lejos, sí, del Salvador,
Pues moran ya con Él allí,
Los redimidos por su amor.

3 Perfecto amor encontraré,
En la mansión del Salvador;
Perfecta paz allí tendré,
Mejor que la que gozo hoy.

4 Entonces sí, yo gozaré,
De toda la felicidad,
Y ya con Cristo reinaré
Por toda la eternidad.

— *E. Rodríguez*

75. Puedo Entonces Conocerle
(My Saviour First of All)

1 Cuando aquí de la vida mis afanes cesen ya,
Y se anuncie bella aurora celestial,
En las playas del cielo mi llegada esperará,
Mi Señor con bienvenida paternal.

Coro
Puedo entonces conocerle,
Y seguro en su seno estaré,
Cara a cara espero verle,
Y con él redimido viviré.

2 ¡Oh! qué gozo tendré yo cuando pueda ver su faz,
Y en eterna vida esté con mi Señor;
De su lado ya nunca me podrán quitar jamás
Los halagos de mi fiero tentador.

3 He de ver a los seres que en la tierra yo perdí,
Cuando en brazos de la muerte los dejé,
Y aunque de ellos entonces, con dolor me
despedí,
Junto al trono de Jesús los hallaré.

4 Al entrar por las puertas de la célica ciudad,
Me uniré con los que ya triunfantes van;
Y del himno que alabe de mi Dios la majestad,
Los acentos por los siglos sonarán.

— *V. Mendoza, Trad.*

76. Te Cuidará el Señor
(God will Take Care of You)

1 Nunca desmayes: en todo afán
Te cuidará el Señor.
Sus fuertes alas te cubrirán:
Te cuidará el Señor.

Coro
Te cuidará el Señor:
No te verás, solo jamás;
Velando está su amor:
Te cuidará el Señor.

2 Cuando flaqueare tu corazón
Te cuidará el Señor.
En tus conflictos y tentación
Te cuidará el Señor.

3 De sus riquezas te proveerá;
Te cuidará el Señor.
Jamás sus bienes te negará,
Te cuidará el Señor.

4 Que pruebas vengan no importa, no;
   Te cuidará el Señor.
   Tus cargas todas en Cristo pon;
   Te cuidará el Señor.

— Ernesto Barocio, Trad.

77. Lo Entenderemos Más Allá
(We'll Understand It Better)

1 Cuántas veces en el mar de la vida al navegar,
   Densas nubes y huracanes nuestra dicha quitarán;
   Pero allá con mi Jesús cuando brille plena luz,
   Lo comprenderemos todo: ¡Gloria a Dios!

   Coro
   En la Sion, patria de mi Dios,
   Con los santos al estar allá,
   Veremos cara a cara al Salvador
   Y lo entenderemos todo más allá.

2 Esta vida temporal no por siempre he de gozar;
   Alimento, casa y todo puedo aquí necesitar;
   Hoy vivimos por la fe y confiamos siempre en Él,
   Pero entenderemos todo más allá.

3 Prueba y lucha en derredor, nos acosan con tesón,
   Mientras vamos caminando al país de leche y
   miel;
   Pero sólo mi Jesús nos guiará en clara luz,
   Y lo entenderemos más allá.

4 Imprevista tentación nos prepara Satanás,
   ¡Cuántas veces ya estamos casi a punto de caer!
   No sabemos porqué Dios esto lo permitirá,
   Mas lo entenderemos todo más allá.

— H.T. Reza, Trad.

78. Dulce Oración
(Sweet Hour of Prayer)

1 Dulce oración, dulce oración,
   De toda influencia mundanal
   Elevas tú mi corazón,
   Al tierno Padre celestial.
   ¡Oh, cuántas veces tuve en ti
   Auxilio en ruda tentación,
   Y cuántos bienes recibí,
   Mediante ti, dulce oración!

2 Dulce oración, dulce oración,
   Al trono excelso de bondad
   Tú llevarás mi petición
   A Dios que escucha con piedad.
   Por fe espero recibir
   La gran divina bendición,
   Y siempre a mi Señor servir
   Por tu virtud, dulce oración.

3 Dulce oración, dulce oración,
   Que aliento y gozo al alma das,
   En esta tierra de aflicción
   Consuelo siempre me serás.
   Hasta el momento en que veré
   Francas las puertas de Sion,
   Entonces me despediré
   Feliz, de ti, dulce oración.

— *J.B. Cabrera, Trad.*

79. Meditad
(The Home Over There)

1 Meditad en que hay un hogar
   En la margen del río de luz,
   Donde van para siempre a gozar
   Los creyentes en Cristo Jesús.

Coro
Más allá, más allá,
Meditad en que hay un hogar,
Más allá, más allá, más allá,
En la margen del río de luz.

2 Meditad en que amigos tenéis,
De los cuales marchamos en pos,
Y pensad en que al fin los veréis,
En el alto palacio de Dios.

Coro
Más allá, más allá,
Meditad en que amigos tenéis,
Más allá, más allá, más allá,
De los cuales marchamos en pos.

3 En que mora Jesús meditad,
Donde seres que amamos están,
Y a la patria bendita volad
Sin angustias, temores ni afán.

Coro
Más allá, más allá,
En que mora Jesús meditad,
Más allá, más allá, más allá,
Donde seres que amamos están.

4 Reunido a los míos seré,
Mi carrera a su fin toca ya;
Y en mi hogar celestial entraré,
Do mi alma reposo tendrá.

Coro
Más allá, más allá,
Reunido a los míos seré,
Más allá, más allá, más allá,
Mi carrera a su fin toca ya.

— P. Castro, Trad.

80. Jesús Yo He Prometido

(O Jesus, I Have Promised)

1 Jesús, yo he prometido, servirte con amor;
  Concédeme tu gracia, mi Amigo y Salvador.
  No temeré la lucha, si tú a mi lado estás,
  Ni perderé el camino, si tú guiando vas.

2 El mundo está muy cerca, Y abunda en tentación;
  Suave es el engaño, y es necia la pasión:
  Ven tú, Jesús más cerca, mostrando tu piedad,
  Y escuda al alma mía de toda iniquidad.

3 Cuando mi mente vague, ya incierta, ya veloz
  Concédeme que escuche, Jesús, tu clara voz:
  Anímame si dudo; inspírame también:
  Repréndeme, si temo en todo hacer el bien.

4 Jesús, tú has prometido a todo aquel que va,
  Siguiendo tus pisadas, que al cielo llegará.
  Sostenme en el camino, y al fin con dulce amor,
  Trasládame a tu gloria, mi Amigo y Salvador.

— J.B. Cabrera, Trad.

81. Gloria Sin Fin

(Oh, That Will Be Glory)

1 Cuando mis luchas terminen aquí
  Y ya seguro en los cielos esté,
  Cuando al Señor mire cerca de mí,
  ¡Por las edades mi gloria será!

Coro
  ¡Esa será gloria sin fin,
  Gloria sin fin, gloria sin fin!
  Cuando por gracia su faz pueda ver,
  Esa mi gloria sin fin ha de ser.

2 Cuando por gracia yo pueda tener
  En sus mansiones morada de paz,
  Y que allí siempre su faz pueda ver,
  ¡Por las edades mi gloria será!

3 Gozo infinito será contemplar,
  Todos los seres que yo tanto amé,
  Mas la presencia de Cristo gozar,
  ¡Por las edades mi gloria será!

— V. Mendoza, Trad.

82. La Puerta Oriental
(The Eastern Gate)

1 En el mundo la Iglesia,
  Peregrina ha de estar;
  Anhelante ella espera,
  Su feliz, eterno hogar.

Coro
Nos veremos, nos veremos,
Nos veremos en la tierra más allá;
Nos veremos, nos veremos,
Junto al río cristalino más allá.

2 Nada aquí es permanente,
  Todo ha de terminar;
  Mas miramos adelante,
  En el cielo nuestro hogar.

3 Las familias en la tierra,
  Se desunen al morir;
  Mas esperan la mañana,
  En que se han de reunir.

4 Con Jesús cual unos reyes,
  Pronto habremos de estar;
  Juntos miles de millares,
  Con Jesús para morar.

— H.C. Ball, Trad.

83. En la Nueva Jerusalén
(In the New Jerusalem)

1 Cuando cesen los conflictos de la vida terrenal,
Y dejemos este mundo de aflicción,
Entraremos por las puertas de la patria celestial
En la nueva Jerusalén.

Coro
Cantaremos con los santos la canción de
redención,
En Jerusalén, en Jerusalén,
Con acentos de alegría alabando al Salvador,
En la gran Jerusalén.

2 Aunque el mar embravecido y las olas del
turbión,
Siempre agiten nuestra pobre embarcación,
Fiando en Cristo llegaremos a la playa celestial
De la nueva Jerusalén.

3 Consagremos nuestras vidas al servicio del Señor,
Siempre hablemos de su grande salvación,
Si en su viña trabajamos nos espera galardón
En la nueva Jerusalén.

4 En aquel país hermoso do jamás se dice "adiós"
Gozaremos el descanso sin afán;
Cara a cara allá veremos a Jesús quien nos salvó
En la nueva Jerusalén.

— S.D. Athans, Trad.

84. Cerca de Ti, Señor
(Nearer, My God, to Thee)

1 Cerca de ti, Señor,
Quiero morar;
Tu grande, tierno amor
Quiero gozar.
Llena mi pobre ser,
Limpia mi corazón,
Hazme tu rostro ver
En comunión.

2 Pasos inciertos doy,
   El sol se va;
   Mas si contigo estoy,
   No temo ya.
   Himnos de gratitud
   Ferviente cantaré
   Y fiel a ti, Jesús,
   Siempre seré.

3 Día feliz veré
   Creyendo en ti,
   En que yo habitaré,
   Cerca de ti,
   Mi voz alabará,
   Tu dulce nombre allí,
   y mi alma gozará,
   Cerca de ti.

— *T.M. Westrup, Trad.*

85. En Aquella Patria Celestial
(Where They Need No Sun)

1 Al final de mi carrera,
   Cuando tenga que partir,
   Y la eternidad comience a vislumbrar.
   Entraré por anchas puertas
   De berilo y de zafir
   En aquella patria celestial.

Coro
   En aquella patria celestial,
   Donde el sol jamás se esconderá,
   A mi Redentor veré, su presencia gozaré,
   En aquella patria celestial.

2 Por los campos de la gloria,
   Con deleite yo andaré,
   Pues la pena y la tristeza cesarán.
   Sobre el mal tendré victoria,
   La pobreza olvidaré,
   En aquella patria celestial.

3 Con millones de salvados,
  En el cielo me uniré,
  Del Cordero sus loores al cantar.
  Cual estruendo de las aguas
  La triunfal entrada oiré,
  En aquella patria celestial.

— H.T. Reza, Trad.

86. Yo Escucho Buen Jesús
(I Am Coming, Lord)

1 Yo escucho, buen Jesús,
  Tu dulce voz de amor,
  Que desde el árbol de la cruz,
  Invita al pecador.
  Yo soy pecador,
  Nada hay bueno en mí.
  Ser objeto de tu amor
  Deseo, y vengo a ti.

2 Tú ofreces el perdón
  De toda iniquidad,
  Si el llanto inunda el corazón,
  Que acude a tu piedad.
  Yo soy pecador,
  Ten de mí piedad.
  Dame llanto de dolor,
  Y borra mi maldad.

3 Tú ofreces aumentar
  La fe del que creyó,
  Y gracia sobre gracia dar
  A quien en ti esperó.
  Creo en ti, Señor,
  Sólo espero en ti,
  Dame tu infinito amor,
  Pues basta para mí.

— J.B. Cabrera, Trad.

87. Cuando Allá Se Pase Lista
(When the Roll Is Called Up Yonder)

1 Cuando la trompeta suene
En aquel día final,
Y que el alba eterna rompa en claridad,
Cuando las naciones salvas
A su patria lleguen ya,
Y que sea pasada lista, allí he de estar.

Coro
Cuando allá se pase lista,
Cuando allá se pase lista,
Cuando allá se pase lista,
A mi nombre yo feliz responderé.

2 En aquél día sin nieblas
En que muerte ya no habrá,
Y su gloria el Salvador impartirá;
Cuando los llamados entren
A su celestial hogar,
Y que sea pasada lista, allí he de estar.

3 Trabajemos por el Maestro
Desde el alba al vislumbrar;
Siempre hablemos de su amor y fiel bondad,
Cuando todo aquí fenezca
Y nuestra obra cese ya,
Y que sea pasada lista, allí he de estar.

— *J.J. Mercado, Trad.*

88. ¡Oh, Cuán Dulce!
('Tis So Sweet to Trust in Jesus)

1 ¡Oh, cuán dulce es fiar en Cristo,
Y entregarse todo a Él;
Esperar en sus promesas,
Y en sus sendas serle fiel!

Coro
Jesucristo, Jesucristo
Ya tu amor probaste en mí;
Jesucristo, Jesucristo,
Siempre quiero fiar en ti.

2 Es muy dulce fiar en Cristo
   Y cumplir su voluntad,
   No dudando su palabra,
   Que es la luz y la verdad.

3 Siempre es grato fiar en Cristo
   Cuando busca el corazón
   Los tesoros celestiales
   De la paz y del perdón.

4 Siempre en ti confiar yo quiero
   Mi precioso Salvador;
   En la vida y en la muerte
   Protección me dé tu amor.

   — V. Mendoza, Trad.

89. Mi Padre Es un Rey

(A Child of the King)

1 Mi Padre es un Rey muy rico, sin par,
   Él tiene caudales inmensos doquier:
   Su oro y diamantes no puedo contar,
   Tesoros que nadie podrá contener.

   Coro
   ¡Soy el hijo de un Rey! ¡El hijo de un Rey!
   Con Cristo bendito, soy el Hijo de un Rey.

2 El Hijo de Dios, mi buen Salvador,
   Al mundo viniendo muy pobre vivió;
   Hoy reina en la gloria cubierto de honor,
   Y hogar en los cielos con Dios me ofreció.

3 Errante viví sin patria ni hogar,
   Un vil extranjero, sin Dios y sin fe;
   Mas Cristo bendito me quiso adoptar,
   Corona y mansión en los cielos tendré.

4 ¡Qué importa que yo no tenga ni hogar!
   ¡Yo tengo un palacio del sol más allá!
   Y mientras que llego yo puedo cantar:
   ¡Soy hijo de un Rey! ¡Aleluya a Jehová!

90. Dios Nos Guía
(God Leads Us Along)

1 A dulces remansos de dicha sin par
   Jesús a los suyos guiará;
   Los hace felices allí reposar,
   Jesús a los suyos guiará.

   Coro
   En las tristezas, en el dolor,
   En las penurias, en el sinsabor,
   Dios nos promete su fiel protección
   En todo tiempo y en toda ocasión.

2 Alturas sublimes sus ojos verán,
   Jesús a los suyos guiará;
   En valles oscuros o nieblas de afán,
   Jesús a los suyos guiará.

3 En hondas tristezas o lucha tenaz,
   Jesús a los suyos guiará;
   Su gracia bendita prodiga la paz,
   Jesús a los suyos guiará.

4 De inmundo pecado los apartará,
   Jesús a los suyos guiará;
   A eternas mansiones los trasportará,
   Jesús a los suyos guiará.

— H.T. Reza, Trad.

91. Sí, Yo Sé

(Yes, I Know)

1 Yo vagué en noche oscura,
   Pecador perdido fui,
   Caminé por senda dura
   Mas Jesús hallóme a mí.

   Coro
   Y yo sé, sí, yo sé,
   Que Jesús quiere salvar al malhechor.
   Y yo sé, sí yo sé,
   Que su sangre limpia al más vil pecador.

2 De mi Dios yo soy un hijo,
   Su poder me transformó
   Con amor me satisfizo
   Con su paz me consoló.

3 "Ven a mí", Jesús invita,
   "Soy tu amigo y Redentor",
   Su merced es infinita
   Hacia todo pecador.

— W.R. Adell, Trad.

92. Cariñoso Salvador

(Jesus, Lover ot My Soul)

1 Cariñoso Salvador,
   Huyo de la tempestad
   A tu seno protector,
   Fiándome de tu bondad.
   Sálvame Señor Jesús,
   De las olas del turbión.
   Hasta el puerto de salud
   Guía mi pobre embarcación.

2 Otro asilo ninguno hay;
   Indefenso acudo a ti;
   Mi necesidad me trae,
   Porque mi peligro vi.
   Solamente en ti, Señor,
   Puedo hallar consuelo y luz;
   Vengo lleno de temor
   A los pies de mi Jesús.

3 Cristo encuentro todo en ti,
   Y no necesito más;
   Caído me pusiste en pie:
   Débil, ánimo me das;
   Al enfermo das salud,
   Das la vista al que no ve;
   Con amor y gratitud
   Tu bondad ensalzaré

— *T.M. Westrup, Trad.*

93. No Puedo Estar Solo
(How Can I Be Lonely?)

1 Alguien va conmigo de la vida en el correr,
   A cada momento dándome de su poder;
   ¿Podré hallarme solo con la comunión y amor
   Como es la de mi Señor?

Coro
   ¿Puedo yo estar solo si Jesús me guía
   Cual mi compañero y mi Director?
   ¿Puedo yo estar triste yendo cada día
   Siempre al lado del Señor?

2 Mientras yo camino pruebas, cargas hallaré,
   Mas Jesús muy cerca está, su ayuda yo tendré;
   En mi vida encuentro cruces, pérdidas doquier,
   Mas Jesús me hará vencer.

3 En las amarguras o en las horas de dolor,
  La consolación encuentro al lado del Señor,
  Mis ayes y pruebas transformadas son por Él
  Si hablo y ando yo con Él.

4 Cuando de mi vida en la mañana tenga luz,
  Al cenit me encuentre con pesada y cruenta cruz;
  Cuando en la noche sombras nublen ya mi ser,
  Siempre a Cristo podré ver.

— *C.E. Morales, Trad.*

94. Alcancé Salvación
(It Is Well with My Soul)

1 De paz inundada mi senda ya esté
  Cúbrala un mar de aflicción,
  Mi suerte cualquiera que sea, diré:
  Alcancé, alcancé, salvación.

Coro
Alcancé, salvación
Alcancé, alcancé, salvación.

2 Ya venga la prueba o me tiente Satán,
  No amengua mi fe ni mi amor;
  Pues Cristo comprende mis luchas, mi afán
  Y su sangre obrará en mi favor.

3 Feliz yo me siento al saber que Jesús,
  Libróme de yugo opresor,
  Quitó mi pecado, clavólo en la cruz,
  Gloria demos al buen Salvador.

4 La fe tornaráse en gran realidad
  Al irse la niebla veloz,
  Desciende Jesús con su gran majestad,
  ¡Aleluya! Estoy bien con mi Dios.

— *Pedro Grado, Trad.*

95. Oh, Quién Pudiera Descifrar

(Oh, Could I Speak)

1 Oh, ¡quién pudiera descifrar
De mi Señor el gran poder
Poder para salvar!
Antemas dulces sonarán,
Sus alabanzas cantarán,
Honor le rendirán,
Honor le rendirán.

2 Por El yo pude recibir
Total perdón de mi maldad
Y fe para vivir;
La gloria de su gran poder,
Por las edades gozaré,
Honor le rendiré,
Honor le rendiré.

3 Y tú también gozar podrás,
De tu Señor la salvación
Perfecta dicha y paz.
Así feliz le servirás,
Su santidad bendecirás,
Honor le rendirás,
Honor le rendirás.

— *H.T. Reza*

96. Cristo Me Bastará

(Jesus Is All I Need)

1 En soledad, en tristeza y en mal
Cristo me bastará;
Hallo en su gozo salud eternal,
Cristo me bastará.

Coro

Me bastará, Cristo bastará,
Por las edades me sostendrá;
Me bastará por la eternidad,
Cristo me bastará.

2 Cuando tentado, su ayuda me da,
   Cristo me bastará;
   Cuando le llamo muy cerca Él está,
   Cristo me bastará.

3 El vendaval de la vida al pasar,
   Cristo me bastará;
   En su cuidado la paz he de hallar,
   Cristo me bastará.

4 Cuando este mundo por fin dejaré,
   Cristo me bastará;
   Su compañía feliz gozaré,
   Cristo me bastará.

— H.T. Reza, Trad.

97. La Cruz y la Gracia de Dios

(The Cross Is Not Greater)

1 La cruz no será más pesada
   Que la gracia que Él me da;
   Y si la tormenta me espanta
   No podrá esconder su faz.

Coro

La gracia de Dios me bastará,
Su ayuda jamás me faltará;
Consolado por su amor
Que echa fuera mi temor
Confiaré en mi Señor.

2 Mi cáliz nunca es tan amargo,
   Como el de Getsemaní;
   En mis días más apurados
   No se aparta Dios de mí.

3 La luz de su rostro me alumbra,
   En el tiempo de aflicción;
   Y mi alma gozosa vislumbra
   El palacio de mi Dios.

             — *Abraham Fernández, Trad.*

98. Tus Espinas Darán Rosas
(Your Roses May Have Thorns)

1 Punzantes los abrojos del camino,
   Nos vienen nuestra fe a confirmar,
   Enseñan de este modo al peregrino,
   Que el mundo no podrá ser nuestro hogar.

Coro
   Si en senda escarpada tú estás,
   No temas, Dios te ayudará;
   Sin el mundo en vez de rosas te da espinas,
   El Señor en rosas todas cambiará.

2 La cruda tentación nos aprovecha,
   Nos hace por el cielo suspirar,
   Quisiera el alma nuestra abrirse brecha,
   Y triunfante a la cumbre remontar.

3 Si a nuestra paz azotan tempestades,
   Tras tempestades, calma llegará,
   ¡Qué importa que haya siempre adversidades!
   La mano del Señor nos sostendrá.

4 En el poder de Dios hay eficacia,
   Para llevar la cruz con humildad,
   Dios dice que me bastará su gracia,
   En pruebas y la cruel necesidad.

             —*E. Rosales D., Trad.*

99. Bajo Sus Alas
(Under His Wings)

1 Bajo sus alas habito seguro,
   En densa noche y en cruel tempestad;
   Confiar yo puedo, pues sé que Él me guarda,
   Me ha rescatado su inmensa bondad.

   Coro
   Seguro estoy, seguro estoy,
   ¿Quién de Jesús me separa?
   Seguro estoy, sí, seguro estoy,
   Salvo y seguro Él me guarda.

2 Bajo sus alas refugio yo tengo,
   Con ansia búscale mi corazón;
   Cuando me asaltan del mal tentaciones,
   Jesús me brinda sin par protección.

3 Bajo sus alas hay gozo inefable,
   Seguro estoy del feroz Tentador;
   Si enfermedad o tristeza me agobian,
   Cristo me extiende su mano de amor.

   — Mario Uribe F., Trad.

100. Cristo Conmigo Irá
(Jesus Will Walk with Me)

1 Conmigo irá mi Señor por el valle,
   Conmigo irá por los montes y el mar,
   Cuando en tristeza o en gozo me halle,
   Si Él va conmigo no me he de quejar.

   Coro
   Cristo conmigo irá,
   Me consolará, me defenderá.
   En gozo o tristeza,
   En paz o pobreza,
   Yo sé que conmigo irá.

2 Conmigo irá cuando sea tentado,
   Dándome fuerza constante y sin par,
   Cuando de luchas me encuentre rodeado,
   Con su potencia mi ser sostendrá.

3 Conmigo irá con el fin de guardarme,
   De los peligros y la tempestad;
   Quiere en lo rudo del viaje ayudarme,
   Él es mi Guía, mi felicidad.

4 Conmigo irá de mi vida en el alba,
   Y en el ocaso, conmigo estará.
   En vida o muerte segura va mi alma,
   Pues Él mi senda conmigo andará.

— *H.T. Reza, Trad.*

101. Ya Todo Dejé
(The Heaven of Rest)

1 Tan triste y tan lejos de Dios me sentí,
   Y sin el perdón de Jesús,
   Mas cuando su voz amorosa oí,
   Que dijo, "Oh, ven a la luz".

Coro
   Ya todo dejé para andar en la luz,
   No moro en tinieblas ya más;
   Ya todo dejé por seguir a Jesús
   Y vivo en la luz de su faz.

2 ¡Qué Amigo tan dulce es el tierno Jesús!
   Tan lleno de paz y de amor,
   De todo este mundo es la fúlgida luz
   El nombre del buen Salvador.

3 De mi alma el anhelo por siempre será
   Más cerca vivir de la cruz,
   Do santo poder y pureza me da
   La sangre de Cristo Jesús.

4 ¡Oh! ven a Jesús, infeliz pecador,
  No vagues a ciegas ya más;
  Oh, ven a Jesús, nuestro gran Salvador,
  Y en Él salvación hallarás.

— T.H.

102. Por Siempre Salvará
(The Blood Will Never Lose Its Power)

1 La sangre que Jesús vertió
  En ruda cruz cual mi Redentor,
  La sangre que al malhechor compró,
  Por siempre salvará.

  Coro
  Poder tiene de salvar,
  Poder tiene de salvar.
  La sangre que Jesús vertió,
  Por siempre salvará.

2 En esa cruz feliz murió,
  Camino nuevo nos consagró,
  Sus bendiciones Él derramó,
  Por siempre salvará.

3 Refugio es del pecador
  Y de sus hijos el Mediador;
  Un cielo abierto nos da su amor,
  Por siempre salvará.

4 Sus hijos todos al llegar
  Y sus gavillas al presentar,
  Podrán con gozo testificar,
  Que siempre salvará.

— H.T. Reza, Trad.

103. Reposo Hallé en Cristo
(Jesus Took My Burden)

1 Vencido por mi culpa, sentí desilusión
  Mi vida atribulada, muy triste el corazón;
  Sabiendo bien que todo iría de mal en peor
  Mi alma compungida lloraba de dolor.

Coro
Muy triste por el mundo mis cuitas lamenté,
Hasta que en Jesucristo socorro encontré;
La carga onerosa por gracia me quitó
Y en ese mismo instante de gozo me llenó.

2 En vano busqué ayuda de fuerza mundanal,
  La lucha fue más cruda, más grave fue mi mal.
  ¡Qué carga tan gravosa, ya era mi vivir!
  Mi senda era tortuosa y mucho mi sufrir.

3 Por mí el santo Cordero en tosca cruz murió,
  Mis infracciones todas amante canceló;
  La sangre derramada es fuente de perdón
  A todo aquel que cree de todo corazón.

4 Del fardo del pecado, congojas y dolor,
  Serás emancipado si vienes al Señor.
  ¡Bendito sea mi Cristo! Mis culpas Él llevó,
  Aún late en mi pecho la paz que me otorgó.

— E. Rosales D., Trad.

104. Dame la fe de Mi Jesús
(Faith of Our Fathers)

1 Dame la fe de mi Jesús,
  La fe bendita del Señor,
  Que al afligido dé la paz,
  La fe que salva de temor
  Fe de los santos galardón,
  Gloriosa fe de salvación.

2 Dame la fe que trae poder,
  De los demonios vencedor;
  Que fieras no podrán vencer,
  Ni dominada el opresor,
  Que pueda hogueras soportar
  Premio de mártir alcanzar.

3 Dame la fe que vencerá,
  En todo tiempo, mi Jesús;
  Dame la fe que fijará
  Mi vista en tu divina cruz;
  Que pueda proclamar tu amor;
  Tu voluntad hacer, Señor.

4 Dame la fe que da el valor,
  Que ayuda al débil a triunfar,
  Que todo sufre con amor,
  Y puede en el dolor cantar,
  Que pueda el cielo escalar,
  Aquí con Cristo caminar.

105. Es Cristo Mi Amigo
(It's Just Like His Great Love)

1 Es Cristo mi Amigo
  Su amor es fuerte y fiel,
  Y me sostiene cada vez
  Que yo acudo a Él.
  Pequé yo contra ese amor,
  Mas Él me perdonó:
  Y cuando confesé mi mal
  Las nubes disipó.

  Coro
  Jesús el Cristo las nubes quitará,
  Jesús el Cristo su gran perdón dará,
  Jesús el Cristo siempre guardará,
  Es nuestro Dios de amor.

2 A veces cuando oscuro
  El cielo arriba esté,
  Yo temo porque el rostro fiel
  De Cristo no se ve;
  Mas Él, del trono celestial,
  Mi pena al contemplar
  Las nubes parte por piedad
  Y puédole mirar.

3 Si de aflicción las nubes
  Descienden sobre mí,
  Si lleno de tribulación
  Quisiera ya morir;
  A Cristo voy con mi pesar
  Confiando en su bondad,
  Y anímame su fuerte amor
  Cual sol tras tempestad.

106. La Fuente Eternal Hallé
(The Cleansing Wave)

1 Por fe contemplo redención,
  La fuente carmesí;
  Jesús capaz es de salvar,
  Su vida dio por mí.

  Coro
  La fuente sin igual hallé,
  De vida y luz el manantial;
  ¡Oh, gloria a Dios, me limpia a mí,
  Me limpia a mí, me limpia a mí!

2 Mi vida entrego a mi Jesús,
  Las dudas ya se van:
  El hombre viejo muerto está,
  En Cristo vivo ya.

3 ¡Cuán inefable gozo es,
  Saber que salvo soy!
  Entronizado está Jesús,
  En este corazón.

4 ¡Oh, gracia excelsa de mi Dios,
  Profundo es el amor!
  De mi Jesús, mi buen Jesús,
  Cordero de mi Dios.

— H.C. Ball, Trad.

107. En la Cruz
(At the Cross)

1 Me hirió el pecado, fui a Jesús,
  Mostréle mi dolor;
  Perdido, errante, vi su luz,
  Bendíjome en su amor.

  Coro
  En la cruz, en la cruz, do primero vi la luz,
  Y las manchas de mi alma yo lavé;
  Fue allí por fe do vi a Jesús,
  Y siempre feliz con Él seré.

2 Sobre una cruz, mi buen Señor,
  Su sangre derramó
  Por este pobre pecador
  A quien así salvó.

3 Venció la muerte con poder,
  Y al cielo se exaltó;
  Confiar en Él es mi placer,
  Morir no temo yo.

4 Aunque Él se fue, solo no estoy,
  Mandó al Consolador,
  Divino Espíritu, que hoy,
  Me da perfecto amor.
                          — *Pedro Grado, Trad.*

108. Tuyo Soy, Jesús
(I Am Thine, o Lord)

1 Tuyo soy, Jesús, ya escuché la voz,
  De tu amor hablándome aquí;
  Mas anhelo en alas de fe subir,
  Y más cerca estar de ti.

Coro
Aun más cerca, cerca de tu cruz,
Llévame, ¡oh, Salvador!
Aun más cerca, cerca, cerca de tu cruz,
Llévame, ¡oh, buen Pastor!

2 A seguirte a ti me consagro hoy,
Constreñido por tu amor,
Y mi espíritu, alma y cuerpo doy
Por servirte, mi Señor.

3 ¡Oh! cuán pura y santa delicia es,
De tu comunión gozar,
Y contigo hablar y tu dulce voz
Cada día escuchar.

4 De tu grande amor no comprenderé,
Cuál es la profundidad,
Hasta que contigo Jesús esté
En gloriosa eternidad.

109. Viviendo por Fe
(Living by Faith)

1 No tengo cuidados ni tengo temor
De lo que me espera aquí,
Confío tan sólo en mi buen Salvador
El cual cuida siempre de mí.

Coro
Vivo por fe en mi Salvador,
No temeré, es fiel mi Señor,
En dura lid, nunca me dejará,
Yo vivo por fe, Él me sostendrá.

2 Vendrán tempestades, lo sé yo muy bien;
La fuerza del sol faltará,
Amigos dejarme lo pueden también,
Jesús siempre me sostendrá.

3 Un día vendrá otra vez el Señor,
   Al cielo Él nos llevará,
   Allí cesarán el afán y el dolor,
   Pues Dios todo dominará.

— H.C. Ball, Trad.

110. Satisfacción
(Satisfied)

1 He buscado por doquiera
   De salud el manantial.
   Donde remediar pudiera
   De mi ser el negro mal.

   Coro
   ¡Aleluya! Cristo salva,
   Sólo Él sabe perdonar.
   Pudo consolar mi alma,
   Mi maldad pudo quitar.

2 De las cosas de este mundo
   No me pude alimentar;
   Pues mi mal era profundo
   Y era mucho mi pesar.

3 Las riquezas yo buscaba
   Con esfuerzo y ansiedad,
   Mas sólo eran la carnada
   De mi propia soledad.

4 Fuente de agua cristalina,
   Pan de Vida, Ser de amor;
   De riquezas una mina
   Es Jesús mi Redentor.

— H.T. Reza, Trad.

111. Dulce Comunión
(Leaning on the Everlasting Arms)

1 Dulce comunión la que gozo ya
   En los brazos de mi Salvador;
   ¡Qué gran bendición en su paz me da!
   ¡Oh! yo siento en mí su tierno amor.

Coro
Libre, salvo,
De cuidados y temor;
Libre, salvo,
En los brazos de mi Salvador.

2 ¡Cuán dulce es vivir, cuán dulce es gozar
En los brazos de mi Salvador!
Allí quiero ir y con Él morar,
Siendo objeto de su tierno amor.

3 No hay que temer, ni que desconfiar,
En los brazos de mi Salvador;
Por su gran poder Él me guardará
De los lazos del Engañador.

— Pedro Grado, Trad.

112. Ya Salvo Soy
(Saved, Saved)

1 Mis culpas todas borró Jesús
Con infinito amor;
Cargó con ellas en cruenta cruz,
En medio de mortal dolor.

Coro
Salvo por Él yo soy,
Salvo por su poder,
A vida nueva Jesús me ha llevado;
¡Ya salvo soy!

2 En densas sombras anduve yo
Cuando en maldad viví,
Y mi alma nunca la paz halló,
Ni gozo alguno yo sentí.

3 Gloriosa vida de libertad,
Disfruto yo por Él;
Ya no hay temores, no hay ansiedad,
Porque Él me guarda siempre fiel.

4 Eterno canto en mi corazón
  Elevo al Redentor;
  Negar no puedo su salvación,
  Negar no puedo, no, su amor.

  — V. Mendoza, Trad.

113. El Amor de Jesucristo
(Sweeter as the Years Go By)

1 Del santo amor de Cristo que no tendrá su igual,
  De su divina gracia, sublime y eternal;
  De su misericordia, inmensa como el mar
  Y cual los cielos alta, con gozo he de cantar.

  Coro
  El amor de mi Señor,
  Grande y dulce es más y más;
  Rico e inefable, nada es comparable
  Al amor de mi Jesús.

2 Cuando Él vivió en el mundo la gente lo siguió,
  Y todas sus angustias en Él depositó,
  Entonces bondadoso, su amor brotó en raudal,
  Incontenible, inmenso, sanando todo mal.

3 Él puso en las pupilas del ciego nueva luz,
  La eterna luz de vida que centellea en la cruz;
  Y dio a las almas todas la gloria de su ser,
  Al impartir su gracia, su Espíritu y poder.

4 Su amor, por las edades del mundo es el fanal,
  Que marca esplendoroso la senda del ideal;
  Y al paso de los años, lo hará más dulce y más
  Precioso al darle al alma su incomparable paz.

  — V. Mendoza, Trad.

114. ¡Dulces Momentos Consoladores!
(Come Ye, Disconsolate)

1 ¡Dulces momentos consoladores
  Los que yo paso junto a la cruz!
  Allí sufriendo crueles dolores
  Veo al Cordero, Cristo Jesús.

2 Veo los brazos de su amor abiertos
  Que me convidan llegar a Él,
  Y haciendo suyos mis desaciertos,
  Por mí sus labios gustan la hiel.

3 ¡Dulces momentos, ricos en dones,
  De paz y gracia, de vida y luz!
  Sólo hay consuelos y bendiciones,
  Cerca de Cristo, junto a la cruz.

— J. B. Cabrera, Trad.

115. Gloria a Dios
(Wonderful)

1 En mi ser cantaré himnos de alabanza,
  A Jesús quien me da gozo y esperanza,
  Mi maldad perdonó, dicha me promete,
  Cristo es mi Salvador, siempre me protege.

Coro
Gloria a Dios, gloria a Dios, Cristo es para
mí
Salvador, Protector, mi Guiador feliz;
Me buscó, me salvó, mi alma transformó,
Es grandioso Redentor, ¡oh gloria a Dios!

2 Preso anduve en maldad mas ya soy librado
  Cristo da libertad de todo pecado;
  Mi alma fue por la fe gratis redimida,
  Por Jesús gozaré abundante vida.

3 El vivir con Jesús ¡Qué gran experiencia!
  Al andar, junto a Él siento su presencia,
  Qué feliz bendición tierno ha provisto,
  Recibí por la fe salvación en Cristo.

— Ismael E. Amaya, Trad.

116. Por la Justicia de Jesús
(The Solid Rock)

1 Por la justicia de Jesús,
  La sangre que por mi vertió,
  Alcanzaré perdón de Dios,
  Y cuanto bien me prometió.
  Que solo Él rescata sé:
  Segura base es de mi fe,
  Segura base es de mi fe.

2 Y si turbado no veré,
  Mi paz, su incomparable don,
  Aunque Él oculto un tiempo esté,
  Me dejará su bendición.
  En mí no puede haber jamás
  Ninguna base real de paz,
  Ninguna base real de paz.

3 En la tormenta es mi sostén
  El pacto que juró y selló;
  Su amor es mi supremo bien,
  Su amor que mi alma redimió.
  La peña eterna que me da,
  Es base fiel que durará
  Es base fiel que durará.

— T.M. Westrup, Trad.

117. Ve y Vivirás
(Look and Live)

1 Un mensaje del Señor, ¡Aleluya!
  Mensaje de profunda paz:
  Es de Dios el santo amor, ¡Aleluya!
  Ve tan sólo a Cristo y vivirás.

  Coro
  Ven a Cristo y vivirás,
  Ven a Cristo y vivirás.
  Es de Dios el santo amor, ¡Aleluya!
  Ve tan sólo a Cristo y vivirás.

2 El mensaje del amor, ¡Aleluya!
  Infundirá la fe en ti;
  Que Jesús mi Salvador, ¡Aleluya!
  Dio por ti su sangre carmesí.

3 Vida puedes obtener ¡Aleluya!
  Que tu Señor te quiere dar;
  Si tan sólo quieres ver, ¡Aleluya!
  Por fe a quien podrá salvar.

4 Cómo vine, te diré, ¡Aleluya!
  A mi Jesús que me salvó.
  Fue tan sólo por la fe, ¡Aleluya!
  Y Jesús mi alma redimió.

                    — J.N. de los Santos, Trad.

118. Sobreabundó su Amor
(His Grace Aboundeth More)

1 Un Salvador admirable,
  En Cristo Jesús encontré;
  Diome su gracia inmutable,
  Mi ser rescató por la fe.

Coro
Sobreabundó su amor,
Sobreabundó su amor,
Cuando el pecado me abrumó
Sobreabundó su amor.

2 En la miseria vivía
  Sin una porción de bondad;
  Castigo cruel merecía,
  Mas Él rescatóme en verdad.

3 Mérito alguno no tengo
  Que pueda entregar a sus pies;
  Mas por la fe sólo vengo
  Buscando su gracia obtener.
  — *H.T. Reza, Trad.*

119. Mi Fe Espera en Ti
(My Faith Looks Up to Thee)

1 Mi fe espera en ti,
  Cordero, quien por mí,
  Fuiste a la cruz;
  Escucha mi oración;
  Dame tu bendición,
  Llene mi corazón tu santa luz.

2 Tu gracia en mi alma pon;
  Guarde mi corazón
  Tu sumo amor.
  Tu sangre carmesí
  Diste en la cruz por mí;
  Que viva para ti con fiel ardor.

3 A ruda lid iré,
  Y pruebas hallaré,
  Mi guía sé;
  Líbrame de ansiedad,
  Guárdame en santidad,
  Y por la eternidad te alabaré.
  — *B.S., Trad.*

120. Junto a la Cruz
(Glory to His Name)

1 Junto a la cruz do Jesús murió.
  Junto a la cruz do salud pedí,
  Ya mis maldades Él perdonó,
  ¡A su nombre gloria!

  Coro
  ¡A su nombre gloria!
  ¡A su nombre gloria!
  Ya mis maldades Él perdonó,
  ¡A su nombre gloria!

2 Junto a la cruz donde le busqué,
  ¡Cuán admirable perdón me dio!
  Ya con Jesús siempre viviré,
  ¡A su nombre gloria!

3 Fuente preciosa de salvación,
  Qué grande gozo yo pude hallar,
  Al encontrar en Jesús perdón,
  ¡A su nombre gloria!

4 Tú, pecador que perdido estás,
  Hoy esta fuente ven a buscar,
  Paz y perdón encontrar podrás,
  ¡A su nombre gloria!

  — Vicente Mendoza, Trad.

121. ¿Qué Me Puede Dar Perdón?
(Nothing but the Blood)

1 ¿Qué me puede dar perdón?
  Sólo de Jesús la sangre,
  ¿Y un nuevo corazón?
  Sólo de Jesús la sangre.

Coro
Precioso es el raudal,
Que limpia todo mal;
No hay otro manantial,
Sólo de Jesús la sangre.

2 Fue el rescate eficaz,
  Sólo de Jesús la sangre;
  Trajo santidad y paz,
  Sólo de Jesús la sangre.

3 Veo para mi salud,
  Sólo de Jesús la sangre,
  Tiene de sanar virtud,
  Sólo de Jesús la sangre.

4 Cantaré junto a sus pies,
  Sólo de Jesús la sangre,
  El Cordero digno es,
  Sólo de Jesús la sangre.

— H. W. Cragin, Trad.

122. Sé Que Son Verdaderas Sus Promesas
(I Know God's Promise Is True)

1 Dios de tal manera al mundo amó
  Que a su Hijo entregó,
  Para que todo aquel que crea
  Eterna vida hallará.

Coro
¡Oh, sí! es una verdad,
Lo que prometió nuestro Dios;
La creí, la probé y estoy cierto
Que es verdad lo que Él prometió.

2 Perdido era yo vagando doquier,
  Esclavo de mi maldad
  Hasta que oyó feliz mi ser
  Esta promesa eternal.

3 El "todo aquel" de mi Salvador
   Confié que era para mí,
   Y Él me lavó de mi maldad
   Desde que en Él creí.

4 Y ahora mi ser, rebosa feliz
   La vida eterna que Él dio.
   Por eso yo le alabo aquí
   Porque mi alma redimió.

— *C.E. Morales, Trad.*

123. Un Avivamiento Espiritual
(A Holy Ghost Revival)

1 Por un grande avivamiento te pedimos hoy,
   Que derrames sobre nos poder pentecostal;
   Anhelamos el servirte en santidad y amor,
   Da un avivamiento espiritual.

Coro
   Danos hoy avivamiento, ¡oh Dios!
   Y derrama tu Espíritu,
   Danos hoy avivamiento, ¡oh Dios!
   Que principie en mi ser.

2 Que la iglesia revivida sea por tu poder
   Y que en Cristo los perdidos salvos puedan
   ser;
   De tu fuerza y bendiciones danos a raudal,
   Y un avivamiento espiritual.

3 Por mundial avivamiento sea nuestra
   oración,
   Pues aún existe Dios, el de Pentecostés;
   Que reprende, que convierte, que da
   convicción,
   Danos un avivamiento tal.

— *C.E. Morales, Trad.*

124. Salvo por Cristo
(Saved by the Blood)

1 Salvo en la sangre de Cristo Jesús
  Limpio de toda maldad.
  De las tinieblas ya vine a la luz,
  Salvo ya soy en verdad.

  Coro
  Salvo, salvo ya soy de pecado y temor,
  Salvo, salvo por gracia de Cristo el Señor.
  Llevó mis cargas y grande aflicción,
  Diome en su sangre feliz redención,
  Sólo creyendo con todo mi ser
  Logré perdón obtener.

2 Salvo en la sangre de Cristo el Señor,
  Soy heredero del Rey;
  Fui rescatado de duda y temor,
  Salvo ya soy por la fe.

3 Salvo en la sangre de Cristo yo soy,
  Grandes riquezas me da,
  Siempre feliz en su senda yo voy,
  Salvo de toda maldad.

  — H.T. Reza, Trad.

125. El Señor Nos Manda
(He Rolled the Sea Away)

1 Cuando de la esclavitud salió
  El pueblo de Israel;
  Dios con mano fuerte los libró
  De una muerte cruel.

  Coro
  Jehová nos manda marchar con fe,
  Hasta el mar atravesar;
  Su mandato habremos de obedecer,
  Victoria al conquistar.

2 De pecado el mar inquieto y vil,
  Quería yo pasar;
  Y al Señor con gran poder le vi
  Las olas aquietar.

3 Al pasar en seco el turbio mar
  Tenía yo temor;
  Mas Jesús mi ser logró calmar,
  Me dio tenaz valor.

4 Cuando llegue de mi vida al fin
  Su gracia pediré;
  Y su voz se oirá por el confín:
  "Feliz te aceptaré".

— *H.T. Reza, Trad.*

126. ¡Oh Jóvenes Venid!
(Oporto)

1 ¡Oh! jóvenes venid, su brillante pabellón,
  Cristo ha desplegado ante la nación.
  A todos en sus filas os quiere recibir,
  Y con Él a la pelea os hará salir.

Coro
  ¡Vamos a Jesús, alistados sin temor!
  ¡Vamos a la lid, inflamados de valor!
  Jóvenes, luchemos todos contra el mal:
  En Jesús llevamos nuestro General.

2 ¡Oh! jóvenes venid, el Caudillo Salvador,
  Quiere recibiros en su derredor;
  Con Él a la batalla salid sin vacilar,
  Vamos pronto, compañeros vamos a luchar.

3 Las armas invencibles del Jefe guiador,
  Son el evangelio y su grande amor;
  Con ellas revestidos, y llenos de poder,
  Compañeros, acudamos, vamos a vencer.

4 Los fieros enemigos, engendras de Satán,
   Se hallan sostenidos por su capitán;
   ¡Oh! jóvenes, vosotros poneos sin temor
   A la diestra del Caudillo, nuestro Salvador.

5 Quien venga a la pelea, su voz escuchará;
   Cristo la victoria le concederá;
   Salgamos, compañeros, luchemos bien por Él;
   Con Jesús conquistaremos inmortal laurel.

127. Mi Vida Di Por Ti
(I Gave My Life for Thee)

1 Mi vida di por ti,
   Mi sangre derramé,
   Por ti inmolado fui,
   Por gracia te salvé;
   Por ti, por ti mi vida di,
   ¿Qué has dado tú por mí?

2 Mi celestial mansión,
   Mi trono de esplendor
   Dejé por rescatar
   Al mundo pecador;
   Sí, todo yo dejé por ti,
   ¿Qué dejas tú por mí?

3 Reproches, aflicción,
   Y angustias yo sufrí,
   La copa amarga fue
   Que yo por ti bebí;
   Reproches yo por ti sufrí,
   ¿Qué sufres tú por mí?

4 De mi celeste hogar
   Te traigo el rico don
   Del Padre Dios de amor
   La plena salvación;
   Mi don de amor te traigo a ti,
   ¿Qué ofreces tú por mí?

— *S.D. Athans, Trad.*

128. Mi Tierno Jesús
(My Wonderful Lord)

1 Fue profunda la paz que por fin encontré,
Santo gozo que el mundo no da;
Cuando vine con fe, cuerpo y alma entregué
A mi tierno, bendito Jesús.

Coro
Bendito Jesús, bendito Jesús,
Loado por célicas huestes en luz:
Me postro en amor, divino Señor,
Mi tierno, bendito Jesús.

2 Te suplico mis pasos ordenes aquí,
Que domines mi cruel voluntad;
Pues anhelo servir, tus deseos cumplir,
Mi bendito, mi tierno Jesús.

3 A tus pies mis talentos gozoso pondré
Tu cariño mi premio será.
Nada quiero guardar, todo quiero entregar
A mi tierno, bendito Jesús.

4 Eres Verbo de vida, Cordero de Dios,
El Anciano de días, mi Paz.
Digno eres, Señor, de mi honra y loor,
Mi bendito, mi tierno Jesús.

— H.T. Reza, Trad.

129. Con Gran Gozo y Placer

1 Con gran gozo y placer
Nos volvemos hoy a ver;
Nuestras manos otra vez
Estrechamos.
Se contenta el corazón
Ensanchándose de amor;
Todos a una voz a Dios
Gracias damos.

Coro
¡Bienvenido! ¡bienvenido!
Los hermanos hoy aquí
Nos gozamos en decir:
¡Bienvenido! ¡Bienvenido!
Al volvernos a reunir,
¡Bienvenido!

2 Hasta aquí Dios te ayudó,
Ni un momento te dejó,
Y a nosotros te volvió,
¡Bienvenido!
El Señor te acompañó,
Su presencia te amparó,
Del peligro te guardó,
¡Bienvenido!

3 Dios nos guarde en este amor,
Para que de corazón,
Consagrados al Señor,
Le alabemos.
En la eterna reunión
Do no habrá separación,
Ni tristeza ni aflicción.
¡Bienvenido!

130. Jubilosas Nuestras Voces
(Hallelujah, Praise Jehovah!)

1 Jubilosas nuestras voces
Elevamos con fervor,
Para dar la bienvenida
A los siervos del Señor.
Bienvenidos los campeones
De la fe y de la verdad,
A quien nuestros corazones
Hoy les brindan su amistad.

Coro
Bienvenidos, bienvenidos,
Adalides de Jehová;
Parabienes no fingidos,
Parabienes no fingidos,
Parabienes no fingidos,
La congregación os da.

2 Bienvenidos los soldados
De las huestes de Jesús,
Los que luchan denodados
Por el triunfo de la luz.
Uno solo es nuestro anhelo,
Trabajamos con tesón.
Para hacer que el Rey del cielo
Reine en cada corazón.

— *F.S. Montelongo*

131. Estad por Cristo Firmes
(Stand Up for Jesus)

1 ¡Estad por Cristo firmes,
Soldados de la cruz!
Alzad hoy la bandera,
En nombre de Jesús;
Es vuestra la victoria,
Con Él por Capitán;
Por Él serán vencidas,
Las huestes de Satán.

2 ¡Estad por Cristo firmes!
Os llama a la lid;
¡Con Él, pues a la lucha,
Soldados todos id!
Probad que sois valientes,
Luchando contra el mal;
Es fuerte el enemigo,
Mas Cristo es sin igual.

3 ¡Estad por Cristo firmes!
　　Las fuerzas son de Él;
　　El brazo de los hombres,
　　Es débil y es infiel;
　　Vestíos la armadura,
　　Velad en oración,
　　Deberes y peligros,
　　Demandan gran tesón.

— J.C., Trad.

132. Dios Os Guarde
(God Be with You)

1 Dios os guarde en su santo amor,
　　Hasta el día en que lleguemos,
　　A la patria do estaremos,
　　Para siempre con el Salvador.

Coro
　　Al venir Jesús nos veremos,
　　A los pies de nuestro Salvador;
　　Reunidos todos seremos,
　　Un redil con nuestro buen Pastor.

2 Dios os guarde en su santo amor;
　　En la senda peligrosa,
　　De esta vida tormentosa,
　　Os conserve en paz y sin temor.

3 Dios os guarde en su santo amor;
　　Os conduzca su bandera;
　　Y os esfuerce en gran manera,
　　Con su Espíritu Consolador.

4 Dios os guarde en su santo amor;
　　Con su gracia Él os sostenga,
　　Hasta que el Maestro venga,
　　A fundar su reino en esplendor.

133. Día Feliz
(O Happy Day!)

1 Feliz momento en que escogí,
  Servirte, mi Señor y Dios;
  Preciso es que mi gozo en Ti,
  Lo muestre hoy con obra y voz.

Coro
  ¡Soy feliz! ¡Soy feliz!
  Y en su favor me gozaré;
  En libertad y luz me ví,
  Cuando triunfó en mí la fe,
  Y el raudal carmesí,
  Salud de mi alma enferma fue.

2 ¡Pasó! Mi gran deber cumplí;
  De Cristo soy, y mío es Él;
  Me atrajo: con placer seguí,
  Su voz conoce todo fiel.

3 Reposa débil corazón;
  A tus contiendas pon ya fin,
  Hallé más noble posesión,
  Y parte en superior festín.

                   — *T.M. Westrup, Trad.*

134. Cristo No Quiere que Nadie Se Pierda
(He Was Not Willing)

1 Cristo no quiere que nadie se pierda,
  Nuestra tristeza quitó el Salvador;
  Vino a buscar a las almas perdidas,
  A consolarlas con célico amor.
  Están perdiéndose, pasa la siega,
  No hay obreros, el tiempo se va.
  Cristo te llama, te invita, te implora,
  Al pecador, con anhelo buscar.

2 Para placeres, tenemos el tiempo,
  Siempre buscamos al mundo y su afán,
  Mas a Jesús le negamos el tiempo
  Y muchos hay que al infierno se van.
  Están perdiéndose, y nos reclaman
  Dar el mensaje del gran Salvador.
  Sobrecargados de penas se hallan,
  Casi cansados de tanto esperar.

3 Cristo no quiere que nadie se pierda,
  ¿Cómo podré mi conciencia callar
  Cuando las almas se van condenando
  Sin el socorro que puedo prestar?
  Están perdiéndose, dales la mano.
  Cristo perdóname, dame tu amor;
  Quita el afán y pesar de este mundo,
  Lléname hoy de tu santo fervor.

  — H.C. Ball, Trad. — Alt. por H.T. Reza

135. En la Sangre de Jesucristo
(Power in the Blood of Jesus)

1 En la sangre de Jesucristo,
  Poder hay para perdonar;
  Es poder que quita toda culpa,
  Es poder para salvar.

  Coro
  En la sangre de Jesucristo
  Hay poder de purificar,
  Fuente carmesí, fluye para mí
  Con poder para salvar.

2 En la sangre de Jesucristo
  Poder hay de santificar;
  Es poder total y de victoria
  Sobre toda la maldad.

3 En la sangre de Jesucristo
  Poder habrá para guardar,
  Es poder de mantenerse limpio
  En el mundo al transitar.

  — H.T. Reza, Trad.

136. Aleluya, Cristo Me Salvó
(He Ransomed Me)

1 Oigan esta dulce historia
Del que vino de la gloria
Para rescatar al mundo y vida dar.
Él por su bondad me libra
De miseria y de castigo,
¡Aleluya! Cristo me salvó.

Coro
¡Aleluya que su Nombre
Puede dar salud al hombre,
Levantarlo del pecado y la maldad!
Cuento hoy la dulce historia,
Canto: gloria, gloria, gloria,
¡Aleluya! Cristo me salvó.

2 Del abismo de tristeza
Para darme su riqueza,
Cristo me sacó, mi paso enderezó.
Por su sangre fui comprado,
Y me siento transformado,
¡Aleluya! Cristo me salvó.

3 ¡Oh, bendita y dulce historia,
De su trono en la gloria,
Cristo vino aquí, para salvarme a mí!
Soy trofeo de su gracia,
Rescatóme su eficacia,
¡Aleluya! Cristo me salvó.

4 Más allá con grande gozo,
En aquel lugar hermoso,
Con mi Cristo allá, donde Él en gloria está,
Cantaré por las edades,
Su grandeza y sus verdades.
¡Aleluya! Cristo me salvó.

— *Matilde L. Haworth, Trad.*

137. Nos Veremos en el Río
(Shall We Gather at the River?)

1 Nos veremos en el río,
  Cuyas aguas cristalinas,
  Cuyas ondas argentinas
  Nacen del gran trono de Dios.

  Coro
  ¡Oh! sí, nos congregaremos
  En célica hermosísima ribera,
  Del río de la vida verdadera
  Que nace del trono de Dios.

2 En las márgenes del río,
  Que frecuentan serafines,
  Que embellecen querubines,
  Da la dicha eterna Dios.

3 El vergel que riega el río,
  De Jesús es la morada;
  El mal nunca tiene entrada
  Donde reina nuestro Dios.

4 Antes de llegar al río,
  Nuestra carga dejaremos;
  Vida eterna gozaremos
  En presencia del Señor.

— *La Lira, Trad.*

138. Los Brazos de mi Dios
(The Everlasting Arms)

1 De mi ser la paz pude al fin hallar
  Pues del vendaval no me espanta el mal,
  Con Jesús yo voy y feliz estoy
  En los brazos fuertes de mi Dios.

Coro
Oh, los brazos de mi Dios me sostienen,
Me previenen, me defienden;
En la vida al zozobrar
O la muerte al encarar,
Hallaré los brazos de mi Dios.

2 Al aquí viajar en oscuridad,
   O por fin dejar gozo y amistad,
   Puedo en Él hallar sin igual bondad,
   En los brazos fuertes de mi Dios.

3 Al flaquear mi fe su mandato oiré
   En mi desmayar, fuerza me ha de dar;
   El inquieto mar yo podré cruzar
   En los brazos fuertes de mi Dios.

4 Nada puede haber que Él no pueda hacer,
   Y en su tierno amor, no tendré temor.
   Pongo en Él mi fe, mi completo ser,
   En los brazos fuertes de mi Dios.

— Sergio Franco, Trad.

139. Cristo Te Ayudará
(He Will Carry You Through)

1 Si las pruebas por doquier
   Te amenazan con poder,
   En tu Salvador confianza pon;
   Nunca dudes de su amor,
   Él imparte fe y valor,
   Por siempre te ayudará.

Coro
Cristo te ayudará,
Cristo te ayudará,
En tu Salvador confianza pon;
En las pruebas y el temor
Fía en Dios y ten valor,
Por siempre te ayudará.

2 ¿Son tus cargas un pesar,
   Y te sientes desmayar?
   En tu Salvador confianza pon;
   Si no puedes soportar,
   Fuerzas Él te puede dar,
   Por siempre te ayudará.

3 En la ruda tentación
   Te dará su protección,
   En tu Salvador confianza pon;
   Y aunque el sol se oculte ya,
   El Señor contigo irá,
   Por siempre te ayudará.

4 Al cruzar las olas mil,
   De la muerte el río vil,
   En tu Salvador confianza pon;
   Tu alma no abandonará,
   En las aguas del Jordán,
   Por siempre te ayudará.

Coro final
Cristo me ayudará,
Cristo me ayudará,
En mi Salvador yo confiaré;
En las pruebas y el temor,
Confiaré y tendré valor,
Pues siempre me ayudará.

— Ismael E. Amaya, Trad.

140. Más Cual Jesús
(More Like the Master)

1 Más cual mi Cristo quiero siempre ser
   Más mansedumbre, más benignidad;
   Celo en servirle, fidelidad mostrar,
   Más consagrado a la obra que me da.

Coro
Toma mi ser, tan sólo tuyo es,
Toma mi ser, lo doy Señor a ti;
Mi corazón, imploro limpies sí,
Ténme, soy tuyo por la eternidad.

2 Más cual mi Cristo, es mi oración,
  Más fuerza tenga, más resignación;
  Más serio siempre, y más espiritual,
  Al que vagaba traerle al altar.

3 Más cual mi Cristo, más profunda fe,
  De su cariño, grande compasión;
  Cual Él, paciente, humilde y veraz,
  Es mi anhelo cual Cristo aquí andar.

— H.C. Ball, Trad.

141. Oh, Tierno Salvador

(Fairest Lord Jesus)

1 Oh, tierno Salvador,
  De este mundo Creador;
  Supremo eres y santo Dios.
  A ti te honraré
  Y siempre te amaré;
  Tú eres mi gozo y mi canción.

2 Bellísima es la flor,
  Y excelso el resplandor
  De las lumbreras del cielo azul.
  Mas Cristo es sin igual,
  Sublime y eternal
  Mi senda alumbra con su luz.

3 El aire del pensil,
  Es tan puro y tan gentil,
  Que mi alma inflama de inspiración;
  Mas Cristo el Salvador
  Me da perfecto amor,
  Él es supremo y santo Dios.

— H.T. Reza, Trad.

142. La Iglesia Sin Mancha Ni Arruga

(A Glorious Church)

1 ¿Quiénes son los que han venido?
¿Hacia dónde marcharán?
De pureza van vestidos,
Ropas blancas llevan ya.

Coro
Es la Iglesia fiel, sin mancha ni arruga,
Que el Salvador redimió.
Es la Iglesia fiel, sin mancha ni arruga,
Que el Salvador redimió.

2 ¿Puedes escuchar los cantos
Que conmueven todo ser?
Es el grupo de los santos
Que al Cordero quieren ver.

3 No te asusten las tristezas,
Nunca cedas ante el mal;
Triunfarás en tus pobrezas,
Tendrás gozo celestial.

4 El perdón de tu alabanza,
Debes hoy enarbolar;
En tu Rey pon tu esperanza
Y Él victoria te dará.

— H.T. Reza, Trad.

143. Suenan Melodías en mi Ser

(In My Heart There Rings a Melody)

1 Mi Dios me envió del cielo un canto
Melodioso arrobador;
Lo cantaré con gozo y gratitud,
Con muy dulce y tierno amor.

Coro
Suenan melodías en mi ser,
De un canto celestial, sonoro, angelical;
Suenan melodías en mi ser
De un dulce canto celestial.

2 Amo a Jesús que en el Calvario
   Mis pecados ya borró;
   Mi corazón se inflama en santo amor,
   Que en mi ser Él derramó.

3 Será mi tema allá en la gloria,
   Del gran trono en derredor,
   Cantar por siempre con los ángeles
   Alabanzas al Señor.

— S.D. Athans, Trad.

144. Jesús Es Mi Rey Soberano

1 Jesús es mi Rey soberano
   Mi gozo es cantar su loor;
   Es Rey y me ve cual hermano,
   Es Rey y me imparte su amor.
   Dejando su trono de gloria,
   Me vino a sacar de la escoria,
   Y yo soy feliz,
   Y yo soy feliz por Él.

2 Jesús es mi amigo anhelado,
   Y en sombras o en luz siempre va;
   Paciente y humilde a mi lado,
   Y ayuda y consuelo me da.
   Por eso constante lo sigo,
   Porque Él es mi Rey y mi amigo,
   Y yo soy feliz,
   Y yo soy feliz por Él.

3 Señor ¿qué pudiera yo darte
  Por tanta bondad para mí?
  ¿Me basta servirte y amarte?
  ¿Es todo entregarme yo a ti?
  Entonces acepta mi vida,
  Que a ti sólo queda rendida,
  Pues yo soy feliz,
  Pues yo soy feliz por ti.

— *V. Mendoza*

145. De Mi Tierno Salvador
(Meet Me There)

1 De mi tierno Salvador
  Cantaré el inmenso amor,
  Gloriaréme en el favor de Jesús;
  De tinieblas me llamó,
  De cadenas me libró,
  De la muerte me salvó, mi Jesús.

  Coro
  ¡Mi Jesús! ¡Mi Jesús!
  ¡Cuán precioso es el nombre de Jesús!
  Con su sangre me limpió,
  De su gozo me llenó,
  De su vida me dotó, mi Jesús.

2 ¡Oh, qué triste condición
  Del impío corazón!
  Me salvó de perdición, mi Jesús.
  Del pecado, el perdón,
  De la ruina, salvación:
  Por tristeza, bendición, dio Jesús.

3 En el mundo al vagar,
  Solitario sin hogar,
  No sabía que dulce paz da Jesús.
  Mas las lágrimas de ayer,
  Han pasado, y placer
  Ya comienzo a tener en Jesús.

4 De lo falso a su verdad,
   De lo inmundo, a santidad,
   Ya me trajo la bondad de Jesús.
   Hechos fuertes en virtud,
   De su perennal salud,
   Himnos dad de gratitud a Jesús.

146. Fiel Conmigo Va
(All the Way Along)

1 Un amigo tengo, un amigo fiel,
   Que conmigo va, que conmigo va.
   De su amor dependo, mi Defensa es Él,
   Fiel conmigo va Jesucristo.

   Coro
   Fiel conmigo va Jesucristo,
   Su poder me da Jesucristo.
   Él es mi solaz, mi perfecta paz,
   Fiel conmigo va Jesucristo.

2 Cristo es el que calma toda tempestad,
   Pues conmigo va, pues conmigo va.
   Él conforta mi alma en dificultad,
   Fiel conmigo va Jesucristo.

3 En Jesús del cielo yo me gozaré,
   Pues conmigo va, pues conmigo va;
   Y de su consuelo yo dependeré,
   Fiel conmigo va Jesucristo.

4 Tiernas alabanzas siempre le daré,
   Pues conmigo va, pues conmigo va.
   Y mis esperanzas sólo en Él, pondré,
   Fiel conmigo va Jesucristo.

—*H.T. Reza, Trad.*

147. Castillo Fuerte Es Nuestro Dios

(A Mighty Fortress Is Our God)

1 Castillo fuerte es nuestro Dios,
  Defensa y buen escudo;
  Con su poder nos librará
  En este trance agudo.
  Con furia y con afán
  Acósanos Satán;
  Por armas deja ver
  Astucia y gran poder;
  Cual Él no hay en la tierra.

2 Nuestro valor es nada aquí,
  Con Él todo es perdido;
  Mas por nosotros pugnará
  De Dios el Escogido.
  ¿Sabéis quién es? Jesús,
  El que venció en la cruz,
  Señor de Sabaoth.
  Y pues Él sólo es Dios,
  Él triunfa en la batalla.

3 Aunque estén demonios mil
  Prontos a devorarnos,
  No temeremos, porque Dios
  Sabrá aun prosperarnos.
  Que muestre su vigor
  Satán y su furor;
  Dañarnos no podrá;
  Pues condenado es ya
  Por la Palabra santa.

— *J.B. Cabrera, Trad.*

148. Todo en Todo Es Jesucristo
(Altogether Lovely)

1 Pues la gracia de mi Señor y Rey
　Me compró y libertó;
　En mi corazón hay alegre son
　De loor al Redentor.

Coro
　Todo en todo es Jesucristo,
　Más que el mundo para mí;
　Es más bello que los lirios,
　O que una rosa carmesí.

2 El desierto en huerto Jesús tornó
　Con su flor de buen olor;
　Y como el rubí más precioso a mí
　Es mi amante Salvador.

3 Él me da solaz y descanso y paz
　En la dulce comunión;
　Él vive en mi ser, soy feliz doquier
　Llena Él mi corazón.

4 Al venir desdén Él es mi sostén;
　Sustentado de Él yo voy;
　No me encanta más el poder falaz;
　Con Jesús saciado estoy.

— W.R. Adell, Trad.

149. El Mundo Perdido
(The Light ot the World Is Jesus)

1 El mundo perdido en pecado se vio;
　¡Jesús es la luz del mundo!
　Mas en las tinieblas la gloria brilló,
　¡Jesús es la luz del mundo!

Coro
¡Ven a la luz; no quieras perder
Gozo perfecto al amanecer!
Yo ciego fui, mas ya puedo ver,
¡Jesús es la luz del mundo!

2 En día la noche se cambia con Él;
  ¡Jesús es la luz del mundo!
  Irás en la luz si a su ley eres fiel,
  ¡Jesús es la luz del mundo!

3 ¡Oh, ciegos y presos de lóbrego error!
  ¡Jesús es la luz del mundo!
  Él manda lavaros y ver su fulgor,
  ¡Jesús es la luz del mundo!

4 Ni soles ni lunas el cielo tendrá,
  ¡Jesús es la luz del mundo!
  La luz de su rostro lo iluminará,
  ¡Jesús es la luz del mundo!

— H.C.T. Trad.

150. En la Tempestad Jesús Conmigo Está
(In the Shelter of His Wings)

1 En la tempestad Jesús conmigo está,
  Pues no temeré porque conmigo va,
  Con su gran poder las olas calmará,
  Con sus alas de amor Él me cubre.

  Coro
  Él me cubre, Él me cubre,
  Con sus alas de amor
  Él me cubre.
  Yo tranquilo estoy en la tempestad,
  Con sus alas de amor
  Él me cubre.

2 Si turbado por el tentador estoy,
  Si en medio de oscuridades voy,
  Por la gracia del Señor su hijo soy.
  Con sus alas de amor Él me cubre.

3 Si enfermo estoy, Jesús me sanará,
  Si no tengo amigo Él no faltará,
  Si perplejo estoy Él fiel me guiará.
  Con sus alas de amor Él me cubre.

4 Pues seré yo fiel y todo venceré,
  Con la gracia de Jesús, mi Dios y Rey,
  Su eterna gloria yo contemplaré.
  Con sus alas de amor Él me cubre.

— *H.C. Ball, Trad.*

151. Un Fiel Amigo Hallé
(Jesus Is Mine)

1 Un fiel Amigo hallé; mi buen Jesús;
  Su amor no perderé; mi buen Jesús.
  Ni amigos ni solaz, aquí no encuentro más,
  Me ofrece tierna paz, mi buen Jesús.

2 Dichoso yo seré; mi buen Jesús;
  Él sostendrá mi fe, mi buen Jesús.
  Él me socorrerá, su brazo cerca está,
  Y gracia me dará, mi buen Jesús.

3 El mundo pasará; mi buen Jesús;
  El día final vendrá; mi buen Jesús.
  ¡Oh, qué placer sin par, será mi Rey mirar!
  Su gloria celebrar, mi buen Jesús.

152. La Lucha Sigue
(The Fight Is On)

1 Luchando estáis, aun suena la trompeta hoy,
  Llamando a los soldados a la lid;
  A Jesucristo con valor decid: "Yo voy",
  Y Él os dirá: "¡Venid, oh sí, venid!"

Coro
La lucha sigue, oh cristianos,
Y brazo a brazo lucharéis;
En Jesucristo seguid confiando,
Y por la fe en Él venceréis;
La lucha sigue, oh, cristianos,
Sed fieles y en Jesús confiad;
La lucha siempre, seguid hermanos,
Y la victoria esperad.

2 Luchando estáis, soldados del Señor Jesús,
Luchando estáis, en contra de Satán;
Es Jesucristo nuestra fortaleza y luz,
Y Él también es nuestro Capitán.

3 Luchando estáis, confiados en Jesús marchad,
Haciendo huir al enemigo vil,
Y Jesucristo nuestro Jefe amante y fiel,
Sostén será de todos en la lid.
— *E.R., Trad.*

153. Quiero Ser Leal
(I Would Be True)

1 Quiero ser leal por los que en mí confían;
Por los que me aman puro quiero ser;
Fuerza tener, pues mucho ha de sufrirse;
Tener valor, pues mucho hay que emprender.
Tener valor, pues mucho hay que hacer.

2 Quiero de todos ser el fiel amigo;
Dar, olvidando luego lo que di,
Como soy débil, quiero ser humilde
La vista alzar, reír, amar, servir.
La vista alzar, reír, amar, servir.

3 Dame Señor, lealtad, pureza y fuerza;
Dame valor, templanza y humildad;
Dame el amor que da, y ayuda y sirve,
Hazme vivir según tu voluntad.
Hazme vivir según tu voluntad.
— *G. Báez-Camargo, Trad.*

154. Fe la Victoria Es
(Faith Is the Victory)

1 Soldados del Señor Jesús, pendones levantad,
  Luchad valientes que la luz muy pronto acabará;
  Al enemigo combatid, con gran celeridad,
  Por fe en Jesús al mundo vil, podréis así ganar.

  Coro
  Fe la victoria es,
  Fe la victoria es,
  Fe la victoria es,
  Del mundo vencedora.

2 Su amor pendón es de bondad, su ley, herencia fiel,
  La senda de la santidad seguimos por doquier.
  Por fe en Jesús el Salvador, y férvida oración,
  Conquistaremos con valor, en gloria una mansión.

3 Al que venciere Dios dará, ropaje sin igual,
  Su nombre allá confesará Jesús el Inmortal;
  Nuestra alma por la eternidad, a Dios alabará,
  Pues por la fe y la santidad, al mundo vencerá.

                                    — *H.T. Reza, Trad.*

155. Pronto la Noche Viene
(Work, for the Night Is Coming)

1 Pronto la noche viene, tiempo es de trabajar;
  Los que lucháis por Cristo, no habréis descansar;
  Cuando la vida es sueño, gozo, vigor, salud,
  Y es la mañana hermosa de la juventud.

2 Pronto la noche viene, tiempo es de trabajar;
  Para salvar al mundo hay que batallar;
  Cuando la vida alcanza toda su esplendidez,
  Cuando es el medio día de la madurez.

3 Pronto la noche viene, tiempo es de trabajar;
　　Si el pecador perece, idlo a rescatar,
　　Aun a la edad provecta, débil y sin salud,
　　Aun a la misma tarde de la senectud.

4 Pronto la noche viene, ¡listos a trabajar!
　　Listos, que muchas almas hay que rescatar.
　　¿Quién de la vida el día puede desperdiciar?
　　Viene la noche cuando nadie puede obrar.

— Epigmenio Velasco, Trad.

156. Victoria en Cristo
(Victory in Jesus)

1 Oí bendita historia,
　　De Jesús quien de su gloria,
　　Al Calvario decidió venir,
　　Para salvarme a mí.
　　Su sangre derramada,
　　Se aplicó feliz a mi alma,
　　Me dio victoria sin igual
　　Cuando me arrepentí.

Coro
　　Ya tengo la victoria,
　　Pues Cristo me salva.
　　Buscóme y compróme
　　Con su divino amor.
　　Me imparte de su gloria,
　　Su paz inunda mi alma,
　　Victoria me concedió
　　Cuando por mí murió.

2 Oí que en amor tierno,
　　Él sanó a los enfermos,
　　A los cojos los mandó correr,
　　Al ciego lo hizo ver.

Entonces suplicante,
Le pedí al Cristo amante,
Le diera a mi alma sanidad
Y fe para vencer.

3 Oí que en dulce gloria,
Hay mansiones de victoria
Que su santa mano preparó,
Para los que Él salvó.
Espero unir mi canto,
Al del grupo sacrosanto,
Que victorioso rendirá
Tributo al Redentor.

— *H.T. Reza, Trad.*

157. Haz Tu Voluntad
(Not My will, but Thine)

1 Haz tu voluntad, haz tu voluntad,
La tuya, no lo que yo quiero, Señor.
Que tu Espíritu fiel, llene todo mi ser,
Que tu voluntad hoy, se haga en mí.

— *H.T. Reza, Trad.*

158. Despliegue el Cristiano
(Truehearted, Wholehearted)

1 Despliegue el cristiano su santa bandera,
Y muéstrela ufano del mundo a la faz:
¡Soldados valientes! el triunfo os espera;
Seguid vuestra lucha constante y tenaz.

Coro
Cristo nos guía, es nuestro Jefe,
Y con nosotros siempre estará.
Nada temamos, Él nos alienta,
Y a la victoria llevarnos podrá.

2 Despliegue el cristiano su santa bandera,
   Domine baluartes y almenas a mil;
   La Biblia bendita conquiste doquiera,
   Y ante ella se incline la turba gentil.

3 Despliegue el cristiano su santa bandera,
   Predique a los pueblos el Libro inmortal
   Presente a los hombres la luz verdadera
   Que vierte ese claro, luciente fanal.

— J.B. Cabrera, Trad.

159. Cantaremos Hoy, Aleluya
(On the Victory Side)

1 Cantaremos hoy, Aleluya,
   Nuestro ser la paz halló;
   Por doquier el honor daremos
   A Jesús nuestro Rey y Dios.

Coro
   A la lucha voy,
   Con Jesús estoy,
   La victoria por fin dará;
   Con su gran poder,
   No hay porqué temer;
   A la gloria nos llevará.

2 Cantaremos hoy, Aleluya,
   Con nosotros Dios está;
   El fragor de la lucha se oye,
   La victoria nos dará.

3 Cantaremos hoy, Aleluya,
   Y el maligno correrá;
   El baldón que nos ha causado
   Por siempre se quitará.

4 Cantaremos hoy, Aleluya,
   Entusiasta el corazón;
   Vemos ya sin igual victoria
   Cuando Cristo reinará.

— H.T. Reza, Trad.

160. Firmes y Adelante
(Onward, Christian Soldiers)

1 Firmes y adelante, huestes de la fe,
  Sin temor alguno, que Jesús nos ve.
  Jefe soberano, Cristo al frente va,
  Y la regia enseña, tremolando está.

  Coro
  Firmes y adelante,
  Huestes de la fe,
  Sin temor alguno,
  Que Jesús nos ve.

2 Al sagrado nombre de nuestro Adalid,
  Tiembla el enemigo y huye de la lid.
  Nuestra es la victoria dad a Dios loor,
  Y oígalo el averno lleno de pavor.

3 Muévese potente, la Iglesia de Dios;
  De los ya gloriosos marchamos en pos;
  Somos sólo un cuerpo, y uno es el Señor,
  Una la esperanza, y uno nuestro amor.

4 Tronos y coronas pueden perecer;
  De Jesús la Iglesia fiel habrá de ser;
  Nada en contra suya prevalecerá,
  Porque la promesa, nunca faltará.

                      — *J.B. Cabrera, Trad.*

161. A la Lucha, Compañeros
(Soldiers of Immanuel)

1 A la lucha compañeros sin cesar marchad,
  Cristo es nuestro Jefe, jamás cejaremos;
  Pues nuestro Maestro la victoria nos dará,
  Fieles yendo hasta el final.

Coro
Marchad, marchad, luchando hasta el morir,
Que Cristo el Rey a nuestro lado está;
Luchad, luchad, hasta el triunfo alcanzar,
Si el son de la trompeta oís.

2 ¡Oh soldados del Maestro que en la brega estáis,
Sed valientes siempre en la ruda lucha,
Que Jesús el Capitán a nuestro lado va
Dándonos de su poder!

3 Habrá pruebas, habrá luchas y enemigos mil,
Mas si somos fieles, venceremos todo,
A Jesús sigamos, Él es nuestro paladín,
Y al triunfo nos llevará.

— C.E. Morales, Trad.

162. Despertad, oh Cristianos

1 ¡Despertad, despertad, oh cristianos!
Vuestro sueño funesto dejad,
Que el cruel enemigo os acecha,
Y cautivos os quiere lleva.
Despertad, las tinieblas pasaron:
De la noche no sois hijos ya,
Que lo sois de la luz y del día,
Y tenéis el deber de luchar.

2 Despertad y bruñid vuestras armas,
Vuestros lomos ceñid de verdad,
Y calzad vuestros pies aprestados,
Con el grato evangelio de paz.
Basta ya de profundas tinieblas,
Basta ya de pereza mortal:
Revestid, revestid vuestro pecho,
Con la cota de fe y caridad.

3 La gloriosa armadura de Cristo,
   Acudid con anhelo a tomar,
   Confiando que el dardo enemigo,
   No la puede romper ni pasar.
   ¡Oh cristianos! Antorcha del mundo;
   De esperanza el yelmo tomad;
   Embrazad de la fe el escudo
   Y sin miedo corred a luchar.

4 No temáis, pues de Dios revestidos,
   ¿Qué enemigo venceros podrá?
   Si tomáis por espada la Biblia
   La Palabra de Dios de verdad,
   En la cruz hallaréis la bandera,
   En Jesús hallaréis Capitán;
   En el cielo obtendréis la corona:
   ¡A luchar, a luchar, a luchar!

— *Vicente Mendoza*

163. La Historia de Amor
(Wonderful Story of Love)

1 Célica historia de amor, cuéntamela otra vez,
   Mística historia de amor, que cautivó mi ser;
   Ángeles hoy la proclaman,
   Y los pastores la aceptan,
   ¡Oh pecador, ven a Cristo!
   El de la historia de amor.

Coro
Eternal, sin igual, admirable,
Es la historia de amor.

2 Hermosa historia de amor, para el pecador,
   Hermosa historia de amor, la de mi Salvador;
   Desde el Calvario te llama,
   Donde su sangre derrama,
   Desde el principio te ama:
   ¡Oh dulce historia de amor!

3 Célica historia de amor: Jesús descanso da,
  Mística historia de amor, al que ya limpio está;
  Paz en celestes mansiones,
  Do redimidos se encuentran
  Cantando tiernas canciones:
  ¡Oh dulce historia de amor!

  — C.E. Morales, Trad.

164. Dime la Antigua Historia
(Tell Me the Old, Old Story)

1 Dime la antigua historia del celestial favor,
  De Cristo y de su gloria, de Cristo y de su amor.
  Dímela con llaneza propia de la niñez,
  Porque es mi mente flaca y anhelo sencillez.

  Coro
  Dime la antigua historia,
  Cuéntame la victoria.
  Háblame de la gloria
  De Cristo y de su amor.

2 Dime esa grata historia con lentitud, y así
  Conoceré la obra que Cristo hizo por mí.
  Dímela con frecuencia, pues soy dado a olvidar,
  Y el matinal rocío suele el sol disipar.

3 Dime tan dulce historia con tono claro y fiel;
  Murió Jesús, y salvo yo quiero ser por Él.
  Dime esa historia siempre, si en tiempo de
  aflicción
  Deseas a mi alma traer consolación.

4 Dime la misma historia, si crees que tal vez
  Me ciega de este mundo la falsa brillantez.
  Y cuando ya me alumbre de la gloria la luz,
  Repíteme la historia: "Quien te salva es Jesús".

165. Da la Luz
(Send the Light)

1 Un llamado llega desde el turbio mar,
   Da la luz, da la luz;
   Almas haya quienes hay que rescatar,
   Da la luz, da la luz.

   Coro
   Da la luz del Evangelio fiel
   Haz que brille por doquier;
   Que la senda alumbre del infiel
   Con sus rayos de poder.

2 Si este llamamiento quieres contestar,
   Da la luz, da la luz;
   Una buena ofrenda debes tú de dar;
   Da la luz, da la luz.

3 Que la gracia abunde: pide en oración,
   Da la luz, da la luz;
   Y que Cristo reine en cada corazón,
   Da la luz, da la luz.

4 Nunca nos cansemos de esta gran labor,
   Da la luz, da la luz;
   Llevaremos joyas para el Salvador
   Da la luz, da la luz.

— H.T. Reza, Trad.

166. Rodearemos el Mundo
(We'll Girdle the Globe)

1 Mirad la pobre humanidad
   Morando en densa oscuridad,
   Buscando luz y libertad,
   Divino amor y voluntad.

   Coro
   Rodearemos a todo el mundo,
   Con santidad a nuestro Dios,
   Con luz refulgente y hermosa
   La luz verdadera de Dios.

2 Oíd, hermanos, el clamor,
   De las ovejas sin pastor,
   Perdidas van en aflicción,
   Sin esperanza o salvación.

3 Las buenas nuevas predicad,
   A todo el mundo proclamad,
   Que Cristo puede ya salvar,
   Y los pecados perdonar.

4 Hambrientos hay al derredor
   Con ansiedad de conocer
   Cómo Jesús brinda poder
   A los que buscan salvación.

167. De Heladas Cordilleras
(From Greenland's Icy Mountains)

1 De heladas cordilleras,
   De playas de coral,
   De etiópicas riberas
   Del mar meridional,
   Nos llaman afligidas
   A darles libertad,
   Naciones sumergidas
   En densa oscuridad.

2 Nosotros, alumbrados
   De celestial saber,
   ¿A tantos errabundos
   Veremos perecer?
   A las naciones demos
   De Dios la salvación;
   El nombre proclamemos
   Que obró la redención.

3 Llevada por los vientos
   La historia de la cruz,
   Despierte sentimientos
   De amor hacia Jesús:

Prepare corazones,
Enseñe su verdad
En todas las naciones
Según su voluntad.

168. Dime la Historia de Cristo
(Tell Me the Story of Jesus)

1 Dime la historia de Cristo
 Grábala en mi corazón;
 Dime la historia preciosa:
 ¡Cuán melodioso es su son!
 Di cómo cuando nacía,
 Ángeles con dulce voz
 "Paz en la tierra" cantaron
 "Y en las alturas gloria a Dios".

Coro
 Dime la historia de Cristo
 Grábala en mi corazón;
 Dime la historia preciosa
 ¡Cuán melodioso es su son!

2 Dime del tiempo en que a solas
 En el desierto se halló;
 De Satanás fue tentado,
 Mas con poder le venció.
 Dime de todas sus obras,
 De su tristeza y dolor,
 Pues sin hogar, despreciado
 Anduvo nuestro Salvador.

3 Di cuando crucificado
 Él por nosotros murió
 Y del sepulcro sellado
 Di cómo resucitó.
 En esa historia tan tierna
 Miro las pruebas de amor,
 Mi redención ha comprado
 El bondadoso Salvador.

— *G.P. Simmonds, Trad.*

169. Yo Soy Testigo de Jesús
(We'll Work Till Jesus Comes)

1 Yo soy testigo de Jesús,
 Pues ando en su luz;
 No temeré llevar su cruz,
 Su gracia Él me da.

Coro
 Orad y trabajad,
 Orad y trabajad,
 Orad y trabajad,
 Pues Cristo viene ya.

2 ¡Qué bueno es andar con Dios!
 Oír su tierna voz,
 Saber que voy de Él en pos,
 Cumplir su voluntad.

3 Del cielo viene mi Señor
 Le espero con amor;
 No habrá más llanto ni temor,
 ¡Oh ven, Señor Jesús!

 — *H.C. Ball, Trad.*
 — *Coro de H. T. Reza*

170. En la Montaña podrá No Ser
(I'll Go Where You Want Me to Go)

1 En la montaña podrá no ser,
 Ni sobre rugiente mar;
 Podrá no ser en la ruda lid
 Do Cristo me quiere emplear.
 Mas si Él me ordenare seguir aquí
 Senderos que yo ignoré,
 Confiando en Él le diré:
 "¡Señor, Do tú quieras que vaya, iré!"

Coro
 Do tú necesites que vaya iré,
 A los valles, los montes o el mar.
 Decir lo que quieras, Señor, podré,
 ¡Lo que quieras que sea, seré!

2 Quizá hay palabras de santo amor
   Que Cristo me ordena hablar,
   Y en los caminos do reina el mal
   Algún pecador salvar.
   Señor, si quisieres mi guía ser,
   Mi oscura senda andaré;
   Tu fiel mensaje podré anunciar
   Y así lo que quieras diré.

3 El vasto mundo lugar tendrá
   Do pueda con noble ardor
   Gastar la vida que Dios me da
   Por Cristo mi Salvador.
   Y siempre confiando en tu gran bondad
   Tus dones todos tendré;
   Y alegre haciendo tu voluntad,
   Lo que quieras que sea, seré.

— Vicente Mendoza, Trad.

171. Ama a Tus Prójimos

(Rescue the Perishing)

1 Ama a tus prójimos, piensa en sus almas,
   Diles la historia del tierno Señor;
   Cuida del huérfano, hazte su amigo;
   Cristo le es Padre y fiel Salvador.

Coro
   Salva al incrédulo, mira el peligro;
   Dios le perdonará, Dios le amará.

2 Aunque recházanle, tiene paciencia
   Hasta que puédales dar la salud;
   Venle los ángeles cerca del trono;
   Vigilaránles con solicitud.

3 Dentro del corazón, triste abatido,
  Mora el Espíritu de salvación,
  Dándole el ánimo para salvarse,
  Llévalo al Maestro con abnegación.

4 Salva a tus prójimos Cristo te ayuda,
  Fuerza de Dios será tuya en verdad;
  Él te bendecirá en tus esfuerzos,
  Con Él disfrutarás la eternidad.

— P.H. Goldsmith, Trad.

172. La Historia de la Cruz
(Tell the Blessed Story)

1 Iglesia de Cristo, dice el Salvador,
  Te he llamado para ser la luz,
  Siempre inunda al mundo con tu resplandor,
  Cuéntale la historia de la cruz.

Coro
Cuéntales la historia del bendito Cristo,
Que a los pecadores compasivo ve;
Diles que en el Gólgota Dios ha provisto
Salvación eterna por la fe.

2 El gemido escucha de la humanidad
  Que perdida vaga sin Jesús,
  Dile que el Señor da plena libertad,
  Cuéntale la historia de la cruz.

3 ¿A quién enviaremos y quién nos irá?
  Como lo hizo Cristo en Emaús.
  ¿Quién el alma triste hoy consolará?
  Cuéntale la historia de la cruz.

4 Ve las multitudes que errabundas van,
  Diles del amor de mi Jesús;
  Piensa en los millares que muriendo están,
  Cuéntales la historia de la cruz.

— E. Rosales D., Trad.

173. Grato Es Decir la Historia
(I Love to Tell the Story)

1 Grato es decir la historia
 Del celestial favor;
 De Cristo y de su gloria
 De Cristo y de su amor;
 Me agrada referirla,
 Pues sé que es la verdad;
 y nada satisface
 Cual ella mi ansiedad.

 Coro
 ¡Cuán bella es esa historia!
 Mi tema allá en la gloria
 Será la antigua historia
 De Cristo y de su amor.

2 Grato es decir la historia
 Que brilla cual fanal,
 Y en glorias y portentos
 No reconoce igual;
 Me agrada referirla,
 Pues me hace mucho bien.
 Por eso a ti deseo
 Decírtela también.

3 Grato es decir la historia
 Que antigua, sin vejez,
 Parece al repetirla,
 Más dulce cada vez;
 Me agrada referirla,
 Pues hay quien nunca oyó
 Que para hacerle salvo
 El buen Jesús murió.

— J.B. Cabrera, Trad.

174. ¡Trabajad! ¡Trabajad!
(To the Work)

1 ¡Trabajad! ¡Trabajad! somos siervos de Dios.
 Seguiremos la senda que el Maestro trazó!
 Renovando las fuerzas con bienes que da,
 El deber que nos toca cumplido será.

Coro
¡Trabajad! ¡Trabajad!
¡Esperad, y velad!
¡Confiad! ¡Siempre orad!
Que el Maestro pronto volverá.

2 ¡Trabajad! ¡Trabajad! hay que dar de comer,
   Al que Pan de la vida quisiere tener;
   Hay enfermos que irán a los pies del Señor,
   Al saber que de balde los sana su amor.

3 ¡Trabajad! ¡Trabajad! Fortaleza pedid,
   El reinado del mal con valor combatid;
   Conducid los cautivos al libertador,
   Y decid que de balde redime su amor.
                              — *T.M. Westrup, Trad.*

175. La Merced de Nuestro Padre
(Let the Lower Lights Be Burning)

1 La merced de nuestro Padre,
   Es un faro en su brillar,
   Él nos cuida y nos protege
   Con las luces de alta mar.

   Coro
   ¡Mantened el faro ardiendo!
   ¡Arrojad su luz al mar!
   Que si hay nautas pereciendo
   Los podréis así salvar.

2 Reina noche de pecado,
   Ruge airada negra mar,
   Almas hay que van buscando
   Esas luces de alta mar.

3 Ten tu lámpara encendida
   Que en la tempestad habrá,
   Algún náufrago perdido
   Y tu luz le salvará.

                       — *J.N. de los Santos, Trad.*

176. El Reino de Dios Está Cerca
(God's Kingdom Is at Hand)

1 Enviados somos del Señor las nuevas a llevar,
De su grandiosa salvación que brinda libertad
Deseamos siempre obedecer y en su obra
siempre estar,
"Arrepentíos, porque Dios su reino acerca ya".

Coro
Decid doquier: "Su reino cerca está",
Y anunciad hoy: "Su reino cerca está"
Embajadores, predicad del mundo en derredor:
"Arrepentíos, porque Dios su reino acerca ya"

2 ¿Por qué más tiempo aquí arriesgáis vuestra
alma inmortal
Cuando Jesús el precio dio y quiere salvos seáis?
Es nuestro Padre Celestial quien con potente voz
Os llama a salvación buscar y el mal abandonar.

3 La vida pronto acabará tras pronto más vagar;
La eternidad pronto vendrá y cesará el correr:
El fin de todo viene ya do no habrá tiempo más
Cuando crujir y lloro habrá, el juicio al
contemplar.

— *C.E. Morales, Trad.*

177. ¡Aviva Tu Obra, Oh Dios!
(Ferguson)

1 Aviva tu obra, oh Dios
Ejerce tu poder,
Los muertos han de oír la voz
Que hoy hemos menester.

2 A tu obra vida da;
Las almas tienen sed;
Hambrientas de tu buen maná
Aguardan tu merced.

3 Aviva tu labor,
  Glorioso fruto dé;
  Mediante el gran Consolador
  Abunde nuestra fe.

4 La fuente espiritual
  Avive nuestro amor;
  Será tu gloria sin igual
  Y nuestro el bien, Señor.

— Alberto Midlane, Trad.

178. Buscando los Perdidos
(Seeking the Lost)

1 Buscando las ovejas perdidas,
  Lejos del redil del Buen Pastor;
  Venid a mí que yo os daré vida,
  Clama Jesús, el tierno Señor.

Coro
  Lejos están, por los collados,
  El buen Pastor, el buen Pastor,
  En el redil de los salvados
  Cristo, del mundo, Redentor.

2 Salid en busca de almas perdidas,
  Hay quebrantadas de corazón.
  Traedlas a la fuente de vida,
  En el camino de salvación.

3 Oíd la voz de Cristo que clama:
  ¿Quiénes irán a mi viña hoy?
  Heme aquí, Señor, tú me llamas,
  A tu trabajo con gozo voy.

— S.D. Athans, Trad.

179. En Busca de Obreros
(The Call for Reapers)

1 Cristo está buscando obreros hoy
　Que quieran ir con Él;
　¿Quién dirá: "Señor contigo voy,
　Yo quiero serte fiel"?

Coro
　¡Oh! Señor, es mucha la labor,
　Y obreros faltan ya;
　Danos luz, ardiente fe y valor,
　Y obreros siempre habrá. -

2 Cristo quiere mensajeros hoy,
　Que anuncien su verdad;
　¿Quien dirá: "Señor yo listo estoy,
　Haré tu voluntad"?

3 Hay lugar si quieres trabajar,
　De Cristo en la labor;
　Puedes de su gloria al mundo hablar,
　De su bondad y amor.

4 ¿Vives ya salvado por Jesús,
　Su amor conoces ya?
　¡Habla pues, anuncia que en la luz
　De Cristo vives ya!

— Vicente Mendoza, Trad.

180. Una Historia Tenemos, Preciosa
(We've a Story to Tell to the Nations)

1 Una historia tenemos, preciosa
　Que a las gentes bendecirá:
　Historia de misericordia,
　De paz y felicidad,
　De paz y felicidad.

Coro
Las tinieblas acabarán
Y la aurora por fin vendrá.
De Dios el reino dominará
En toda la humanidad.

2 Dulce canto tenemos, hermoso
Que a las gentes anunciará
Que en Cristo hay descanso y reposo
Y eterna felicidad,
Y eterna felicidad.

3 Un mensaje sublime tenemos
Que nos habla de salvación
En Cristo Jesús el Eterno:
¡Mensaje de inspiración!
¡Mensaje de inspiración!

4 Salvador inefable tenemos
A las gentes que demostrar,
Pues sólo así las veremos
Su vida por fin cambiar,
Su vida por fin cambiar.

— H.T. Reza, Trad.

181. Llama Pentecostal
(Throw Out the Lifeline)

1 Fuego divino, clamamos a ti,
Ven de lo alto, desciende aquí;
¡Oh, ven, despiértanos con tu fulgor!
¡Ven, y avívanos con tu calor!

Coro
Baja del cielo, bendito fuego,
Baja poder celestial;
Baja del cielo, bendito fuego,
Ven, llama pentecostal.

2 Baja, Espíritu consolador,
   Baja, y llénanos de santo amor;
   Al mundo baja cual dijo Jesús,
   Danos poder, vida, gracia y luz.

3 En mi alma arde, ¡oh! llama de amor,
   Arde en mi pecho y dame valor;
   Consume todos los restos del mal,
   Desciende ya, fuego pentecostal.

182. Escuchad, Jesús Nos Dice
(Hail, Thou Once Despised Jesus!)

1 Escuchad, Jesús nos dice:
   "¿Quiénes van a trabajar?
   Campos blancos hoy aguardan
   Que los vayan a segar".
   Él nos llama cariñoso,
   Nos constriñe con su amor;
   ¿Quién responde a su llamado:
   "Heme aquí, yo iré, Señor"?

2 Si por tierras o por mares
   No pudieres transitar
   Puedes encontrar hambrientos
   En tu puerta que auxiliar;
   Si careces de riquezas,
   Lo que dio la viuda da;
   Si por el Señor lo dieres,
   Él te recompensará.

3 Si como elocuente apóstol,
   No pudieres predicar,
   Puedes de Jesús decirles,
   Cuánto al hombre supo amar;
   Si no logras que sus culpas
   Reconozca el pecador,
   Conducir los niños puedes
   Al benigno Salvador.

183. Las Buenas Nuevas
(O Zion, Haste)

1 Ve, ve, oh Sion, tu gran destino cumple;
Que Dios es luz, al mundo proclamad,
Que el Hacedor de las naciones quiere,
Que nadie muera en densa oscuridad.

Coro
Alegres nuevas al mundo dad,
Nuevas de redención, de amor y libertad.

2 Ve cuántos miles yacen todavía,
En las oscuras cárceles del mal
Ignoran que de Cristo la agonía,
Fue para darles vida celestial.

3 Es tu deber que salves de la muerte,
Las almas por las cuales Él murió;
Sé fiel si no tendrás que ser culpable,
De que se pierda lo que Dios ganó.

4 Ve, di a toda tribu, pueblo y lengua,
Que el Dios en quien vivimos es amor,
Que en la tierra ha muerto porque tenga,
Todo mortal la vida en el Señor.

5 Tus hijos manda con el gran mensaje;
Con tu dinero impulso a ellos da,
En oración sustenta fiel sus almas,
Y cuanto gastes Cristo pagará.

184. Eternamente Salvo
(Saved to the Uttermost)

1 Eternamente nos puede salvar,
Cristo por siempre nos puede guardar;
En sus promesas confiado yo estoy,
Puede cuidarme pues Él me salvó.

Coro
Salvo eternamente soy yo, por divino poder;
Salvo mientras confío en Cristo
con todo mi ser.

2 Eternamente con Él andaré,
   Muy decidido siguiendo por fe;
   Obedeciéndole, ¡cuán dulces son
   Sus bendiciones a mi corazón!

3 Eternamente prevalecerán,
   Los que en Jesús su confianza pondrán,
   Consolación por su Espíritu da;
   Eternamente a sus fieles guiará.

4 Eternamente me da de su amor,
   No hay más tinieblas, ni afán, ni temor,
   Una corona de vida tendré;
   Eternamente con Él reinaré.

— W.R. Adell, Trad.

185. El Poder del Espíritu
(Let the Holy Ghost Come In)

1 ¿Quieres tú ser salvo de tu innato mal
   Y crucificar el ánimo carnal?
   Pide a Dios su gran bautismo celestial
   Por su gran Consolador.

   Coro
   Cuando el gran Consolador
   Llene tu alma de virtud,
   Tú tendrás victoria y el perfecto amor
   Por el gran Consolador.

2 ¿Quieres que este Huésped venga a consolar,
   A santificarte y aconsejar?
   Ven a consagrarte y Él te habrá de dar
   Este gran Consolador.

3 ¿Quieres libertad del egoísmo vil?
   ¿Quieres demostrar espíritu gentil?
   ¡Y tener descanso de tus cuitas mil?
   Busca el gran Consolador.

— W.R. Adell, Trad.

186. El Poder Pentecostal

(How the Fire Fell)

1 Recibí de Cristo la promesa:
   El poder pentecostal.
   Por la fe ya tengo la pureza
   Del poder pentecostal.

   Coro
   Oh, jamás olvidaré la experiencia,
   La eficacia de su gracia.
   Oh, jamás olvidaré la experiencia
   Del poder pentecostal.

2 De mi ser quitó la desconfianza,
   El poder pentecostal.
   Infundió completa la esperanza
   Del poder pentecostal.

3 Una vida santa yo prefiero,
   El poder pentecostal.
   La bendita herencia gozar quiero
   Del poder pentecostal.

4 Llevaráme fiel a la ribera,
   El poder pentecostal.
   A gozar por siempre aquella tierra,
   Del poder pentecostal.

                    — *H.T. Reza, Trad.*

187. ¡Gloriosa Paz!

(Wonderful Peace)

1 Vine a Cristo Jesús y encontré,
   Gloriosa paz, perfecta paz;
   Aunque las olas azoten mi ser,
   Tengo dulce paz.

Coro
¡Paz, paz, gloriosa paz!
¡Paz, paz, perfecta paz!
Desde que Cristo mi alma salvó,
Tengo dulce paz.

2 Paz insondable cual es el mar,
   Gloriosa paz, perfecta paz;
   Puedo en el seno de Dios reposar,
   Tengo dulce paz.

3 Paz inefable de Dios rico don,
   Gloriosa paz, perfecta paz;
   Infunde aliento a mi corazón,
   Tengo dulce paz.

4 En los conflictos con el tentador,
   Gloriosa paz, perfecta paz;
   Cristo amante me hará vencedor,
   Tengo dulce paz.

— S.D. Athans, Trad.

188. Maravillosa Gracia
(Wonderful Grace of Jesus)

1 Maravillosa gracia vino Jesús a dar,
   Más alta que los cielos, más honda que la mar,
   Más grande que mis culpas clavadas en la cruz
   Es la maravillosa gracia de Jesús.

Coro
Inefable es la divina gracia,
Es inmensurable cual la mar,
Como clara fuente, siempre suficiente
A los pecadores rescatar.
Perdonando todos mis pecados
Cristo me limpió de mi maldad;
Alabaré su dulce nombre por la eternidad.

141

2 Maravillosa gracia, gracia de compasión,
   Gracia que sacia el alma con plena salvación,
   Gracia que lleva al cielo, gracia de paz y luz
   Es la maravillosa gracia de Jesús.

3 Maravillosa gracia, llama con dulce voz,
   Llámanos a ser hechos hijos de nuestro Dios;
   Colma de su consuelo nos llena de virtud
   Es la maravillosa gracia de Jesús.

                              — *W.R. Adell, Trad.*

189. Para Siempre Santidad
(Holiness Forevermore)

1 Mucho más es que un ideal,
   La preciosa santidad,
   Palpitante bendición actual,
   Axiomática verdad.

   Coro
   ¿Quién a Dios su ser le da?
   ¿Quién hoy se consagrará?
   Con gran eficacia, obra la gracia,
   Para siempre santidad.

2 Cristo quiere que seamos luz,
   Al mundo de oscuridad,
   Irradiemos esta santa luz,
   Viviendo la santidad.

3 La experiencia de la santidad,
   Es templanza, paz, amor,
   Fe, paciencia, gratitud, bondad,
   Tolerancia y valor.

4 Es el Santo Espíritu, virtud,
   Y la santidad cabal,
   Emancipa de la esclavitud,
   Del pecado original.

                              — *E.Rosales D., Trad.*

190. Gozo sin Igual
(Joy Unspeakable)

1 En Jesús hallé completa paz:
  Mi necesidad suplió.
  A sus pies encuentro gran solaz,
  Del pecado me libró.

  Coro
  Gozo sin igual, feliz y perdurable,
  Inefable, inmutable,
  Gozo sin igual, feliz y perdurable,
  Tengo en Cristo, mi fiel Redentor.

2 La satisfacción que yo busqué
  Nadie me la pudo dar;
  Mas ahora vivo por la fe,
  Libre de toda maldad.

3 Esperanza sin igual hallé
  Cerca de mi Salvador;
  Su presencia imparte gran poder,
  Siento el fuego de su amor.

4 No podré en palabras describir
  La experiencia de mi ser.
  Es cual fuente eterna para mí
  Que mitiga toda sed.

-H. T. Reza, Trad.

191. Salvo de Seguro
(I Know It)

1 ¿Debo yo vivir en grande incertidumbre
  Sin saber si un heredero real yo soy?
  ¿Debo andar en vías obscuras y sin lumbre,
  Y vagar y no saber a dónde voy?

Coro
Salvo soy de seguro, ¡aleluya!
Redimido por la sangre de Jesús,
Y yo sé que me libró y mis culpas perdonó;
Salvo soy de seguro, ¡aleluya!

2 ¿Tengo que salvarme por algún esfuerzo?
 ¿Por mis obras ganaré la redención?
 ¿Llevaré por siempre un corazón perverso?
 ¿No hay seguridad que tenga salvación?

3 La cultura y la fineza no transforman,
 Ni los vínculos de vicio quebrarán;
 Por sus fuerzas unos hombres se reforman,
 Mas se quedan siempre siervos de Satán.

4 Por los méritos de Cristo solamente
 Mis pecados son clavados en la cruz;
 Siendo ahora perdonado libremente,
 Ya no hay duda, mas yo ando en plena luz.

 — *W.R. Adell, Trad.*

192. Nada Hay que Me Pueda Apartar
(The Half Has Never Been Told)

1 Nada hay que me pueda apartar,
 De Cristo y de su amor,
 Pues Él de veras sabe amar
 Al pobre pecador.

Coro
Yo te amo ¡oh mi Salvador!
Más que a lo terrenal;
Me das consuelo, paz y amor,
Y el reino celestial.

2 Saber que Cristo es mi sostén,
 Me alegra el corazón,
 Pues Él es mi supremo bien,
 Me da la salvación.

3 Señor, si cerca estás de mí,
  Ahuyéntase el temor;
  Perdón completo encuentra en ti,
  El pobre pecador.

4 Jesús, mi amable y buen Pastor,
  De Dios supremo Don,
  Aparta mi alma de dolor,
  Me da consolación.

— Pedro Grado

193. He Consagrado a Mi
(Hidden Peace)

1 He consagrado a mi Jesús,
  Mi vida y mi amor;
  Y siento en mí la dulce paz,
  Que da mi Redentor.

Coro
  En Jesús tengo paz, dulce paz;
  En Jesús tengo paz, dulce paz;
  El Espíritu mora en mí,
  Y en mi alma hay dulce paz.

2 En cada lucha terrenal,
  Jesús conmigo está;
  No temeré llevar la cruz,
  Su gracia me dará.

3 Con sufrimientos mi Jesús,
  Compró mi salvación;
  Muriendo allá en una cruz,
  La paz me concedió.

— H.C. Ball, Trad.

194. Me Limpia a Mí
(It Cleanseth Me)

1 Del Gólgota una fuente fluye hoy,
  Profunda, hermosa, carmesí,
  Que purifica a todo pecador,
  Y en ella limpio fui.

Coro
¡Aleluya! con su sangre me limpió,
Con su gracia me libró,
Puede hacer lo mismo en ti.
Oh ¡aleluya! salvación plena me dio,
Y me limpia, sí, me limpia a mí.

2 Por siempre salvador poder tendrá
   Pues limpia aún y limpiará,
   Por ella el malo a Cristo podrá ver
   Y gratis salvo ser.

3 No hay otra fuente que el mal pueda expiar,
   Sólo la sangre de Jesús,
   Y todo aquel que en ella logre entrar,
   Tendrá eternal salud.

— C.E. Morales, Trad.

195. Un Sacrificio Vivo
(Is Your All on the Altar?)

1 ¿Has buscado la paz y divino solaz
   Y deseas que crezca tu fe?
   Pero te es menester alma y cuerpo traer
   Al altar cual ofrenda a tu Rey.

Coro
¿Te has puesto en el santo altar de tu Dios?
¿Te has entregado al Señor?
Sólo así tú tendrás su descanso y solaz,
Y sus ricas delicias de amor.

2 Para andar con Jesús y gozarte en la luz,
   Y vivir libre de la maldad;
   Lleva presto al altar para sacrificar
   Lo que tengas a su voluntad.

3 No podemos saber, ni por gracia tener,
   La dulzura de su bendición;
   De colmarnos de amor del bendito Señor,
   Sin rendirnos en consagración.

4 Satisfecho estarás, paz y gozo tendrás,
  Un amor cual las ondas del mar;
  Y verás lo que es el sentarte a sus pies
  Cuando traigas tu todo al altar.

— W.R. Adell, Trad.

196. Santo Espíritu, Desciende
(Fill Me Now)

1 Santo Espíritu, desciende
  A mi pobre corazón,
  Llénalo de tu presencia,
  Y haz en él tu habitación.

  Coro
  ¡Llena hoy, llena hoy,
  Llena hoy mi corazón!
  ¡Santo Espíritu desciende
  Y haz en mí tu habitación!

2 De tu gracia puedes darme
  Inundando el corazón,
  Ven, que mucho necesito,
  Dame hoy tu bendición.

3 Débil soy, ¡oh! sí muy débil,
  Y a tus pies postrado estoy,
  Esperando que tu gracia
  Con poder me llene hoy.

4 Dame paz, consuelo y gozo,
  Cúbreme hoy en tu perdón;
  Tú confortas y redimes,
  Tú das grande salvación.

5 Santo Espíritu, tú eres
  Ese prometido don;
  Mucho anhelo recibirte,
  Dame hoy tu santa unción.

6 Ven, bautízame ahora,
   Obediente espero aquí;
   Ven a ser mi eterno guía,
   Haz tu voluntad en mí.

— Vicente Mendoza, Trad.

197. Dios Me Santificó
(Like a Mighty Sea)

1 Andando yo errante sin Dios y sin perdón,
   Jesús amante y tierno me tuvo compasión,
   En su bondad me invita, con gozo acepté,
   De gracia infinita, mi alma llena fue.

   Coro
   ¡Me santificó! ¡Con su gran poder!
   En aquel instante cambio yo sentí;
   Su gracia me llenó y transformó mi ser,
   El amor triunfante vino sobre mí.

2 En abrumante prueba, sentía desmayar,
   Pedí potencia nueva para poder triunfar,
   Buen Dios omnipotente, mi alma tiene sed,
   De tu preciosa fuente; de gracia y merced.

3 Pedí su gran promesa, "bautízame Señor",
   Quemando la impureza me dio perfecto amor.
   Con fuego de los cielos purificó mi ser,
   Conforme a mi ruego me dio su gran poder.

4 ¡Ya vino! Sí, ¡ya vino! mi alma cantará,
   Espíritu Divino que me confortará,
   De herencia de pecado, Él limpiará mi ser,
   Mi vida ha cambiado: ¡Glorioso amanecer!

— E.Rosales D., Trad.

198. Donde Me Guíe, Seguiré
(I Remember Calvary)

1 Donde me guíe, seguiré,
  Pongo en Jesús mi humilde fe;
  Lo que sufrió en Getsemaní,
  Y en el Calvario fue por mí.

Coro
  Cristo por siempre vivirá,
  Me cuidará y me guiará,
  Él es mi amigo fiel, yo sé,
  Porque al Calvario por mi fue.

2 Grato es su voluntad hacer
  Y por su mano guiado ser;
  En sus pisadas quiero ir,
  Siéndole fiel hasta el morir.

3 Voy adelante sin temor,
  Fiando por siempre en mi Señor;
  Un día feliz su faz veré,
  Porque al Calvario por mi fue.

— *W.R. Adell, Trad.*

199. Santidad a Jehová
(Holiness unto the Lord)

1 Llamado a santidad, pueblo de Dios,
  Que con su sangre Jesús os compró,
  Que de entre el mundo de mal os sacó
  De esclavitud de pecado os libró,

Coro
  Santidad hoy a Jehová, nuestro canto y loor,
  Santidad hoy a Jehová, mientras vamos a Sion,
  Sí, cantad, cantad canción,
  Santidad hoy a Jehová sea por siempre.

2 Creados a santidad, hijos de luz,
   Con Jesucristo debéis siempre andar,
   Con albo manto, sin mancha o pecar,
   Llena vuestra alma de espíritu y luz.

3 Llamada a santidad, esposa fiel,
   Espera siempre al Esposo y Señor,
   Al cielo eleva tu rostro y amor
   Hasta que en gloria aparezca Emmanuel.
                              — *C.E. Morales, Trad.*

200. ¡Oh, Qué Amigo!
(What a Friend We Have in Jesus!)

1 ¡Oh, qué Amigo nos es Cristo!
   Él llevó nuestro dolor,
   Y nos manda que llevemos
   Todo a Dios en oración.
   ¿Vive el hombre desprovisto
   De paz, gozo y santo amor?
   Esto es porque no llevamos
   Todo a Dios en oración.

2 ¿Vives débil y cargado
   De cuidados y temor?
   A Jesús refugio eterno
   Dile todo en oración.
   ¿Te desprecian tus amigos?
   Cuéntaselo en oración;
   En sus brazos de amor tierno
   Paz tendrá tu corazón.

3 Jesucristo es nuestro Amigo,
   De esto pruebas Él nos dio
   Al sufrir el cruel castigo
   Que el culpable mereció.
   Y su pueblo redimido
   Hallará seguridad
   Fiando en este Amigo eterno
   Y esperando en su bondad.
                              — *L.G. y M., Trad.*

201. La Segunda Bendición
(I'm Glad I'm One of Them)

1 Para los regenerados hay segunda bendición;
Pueden ser santificados y tener un corazón,
Ya limpiado enteramente, no habrá condenación;
Esta bendición se llama santidad.

Coro
Hoy buscad santidad,
Dios ofrece este don, perfecto amor;
Suplicad santidad;
Sin la cual jamás veréis al Salvador.

2 Da en sacrificio vivo tu alma y cuerpo al Señor
Ponte en el santo altar, y el fuego purificador
Quemará raíz de mal, te alumbrará con su fulgor,
Y tendrás la bendición de santidad.

3 Pues la voluntad de Dios es vuestra santificación,
De justicia, paz y gozo llenará tu corazón,
Él os guardará por siempre
sin temor o reprensión
En la hermosura de la santidad.

— *W.R. Adell, Trad.*

202. Me Guía Él, con Cuánto Amor
(He Leadeth Me)

1 Me guía Él, con cuánto amor,
Me guía siempre mi Señor;
Al ver mi esfuerzo en serle fiel,
Con cuánto amor me guía Él.

Coro
Me guía Él, me guía Él,
Con cuánto amor me guía Él,
No abrigo dudas ni temor,
Pues me conduce el buen Pastor.

2 En el abismo del dolor
  En donde brille el sol mejor,
  En dulce paz o en lucha cruel,
  Con gran bondad me guía Él.

3 Tu mano quiero yo tomar
  Jesús, y nunca vacilar,
  Pues sólo a quien te sigue fiel
  Se oyó decir: Me guía Él.

4 Y mi carrera al terminar
  Y así mi triunfo realizar
  No habré ni dudas ni temor
  Pues me guiará mi buen Pastor.

                    — *Epigmenio Velasco, Trad.*

203. Hay Pureza y Libertad
(Sanctifying Power)

1 Hay pureza, libertad y en Jesús seguridad
  Para el consagrado corazón;
  Hay vigor y dulce paz y victoria más y más
  Frutos de la santificación.

Coro
  Hay poder, hay poder de salvar y de santificar;
  Tengo paz y libertad
  Desde que ando en santidad;
  Hay poder de limpiar y de guardar.

2 Aunque tu alma tropezó con el mal que heredó,
  Hay remedio eficaz del mal;
  Tu maldad se quitará, lo carnal se deshará
  Por aquel poder pentecostal.

3 Gracia tiene en plenitud, gozo, gloria y virtud
  Para ti si quieres recibir;
  Cristo da el perfecto amor que echa
  fuera tu temor
  Y en la santidad podrás vivir.

                    — *W.R. Adell, Trad.*

204. Oh, Cantádmelas Otra Vez
(Wonderful Words of Life)

1 ¡Oh! cantádmelas otra vez,
   Bellas palabras de vida;
   Hallo en ellas mi gozo y luz,
   Bellas palabras de vida,
   Sí de luz y vida son sostén y guía;

   Coro
   "¡Qué bellas son,
   Qué bellas son!
   Bellas, palabras de vida,
   ¡Qué bellas son,
   Qué bellas son!
   Bellas palabras de vida".

2 Jesucristo a todos da
   Bellas palabras de vida;
   Oye su dulce voz, mortal,
   Bellas palabras de vida.
   Bondadoso te salva, y al cielo te llama:

3 Grato el cántico sonará,
   Bellas palabras de vida;
   Tus pecados perdonará,
   Bellas palabras de vida.
   Sí, de luz y vida son sostén y guía.

                              —J.A.B., Trad.

205. La Llama de Su Amor
('Tis Burning in My Soul)

1 Poder le dio el Señor a mi contrito ser,
   Su gracia, fe y valor para poder vencer.
   Y desde que mi Dios su Espíritu mandó
   La llama de su amor mi alma controló.

Coro
En mi alma brilla hoy la llama de su amor,
El fuego de los cielos arde ya en mi ser.
Su Espíritu bajó, mi ser purificó:
El fuego de los cielos arde ya en mi ser.

2 Consagro lo que soy ante su santo altar,
Mi entero ser le doy su rostro por mirar.
Y cuando con fervor le pido su poder,
La llama de su amor inunda fiel mi ser.

3 Mis obras nada son para poder salvar:
Limpieza el corazón en Cristo puede hallar
¡Bendito Redentor, el que por mí murió!
La llama de su amor mi alma controló.

— H.T. Reza, Trad.

206. Es Jesús, Mi Salvador
(Near the Cross)

1 Lejos de mi Padre Dios
Por Jesús fui hallado.
Por su gracia y por su amor
Sólo fui salvado.

Coro
En Jesús, mi Señor,
Sea mi gloria eterna;
Él me amó y me salvó,
En su gracia tierna.

2 En Jesús, mi Salvador,
Pongo mi confianza;
Toda mi necesidad,
Suple en abundancia.

3 Cerca de mi buen Pastor,
Vivo cada día;
Toda gracia en su Señor,
Halla el alma mía.

4 Guárdame, Señor Jesús,
   Para que no caiga;
   Cual sarmiento en una vid,
   Vida de ti traiga.

207. El Consolador Ha Venido
(The Comforter Has Come)

1 Doquier el hombre esté, la nueva proclamad,
   Doquier haya aflicción miserias y dolor,
   Cristianos, anunciad que el Padre nos envió
   El fiel Consolador.

   Coro
   El fiel Consolador, el fiel Consolador,
   Que Dios nos prometió, al mundo
   descendió;
   Doquier el hombre esté, decid que vino ya
   El fiel Consolador.

2 La noche ya pasó, y al fin brilló la luz
   Que vino a disipar las sombras del terror;
   Así del alma fue aurora celestial
   El fiel Consolador.

3 Él es quien da salud, y plena libertad
   A los que encadenó el fiero tentador;
   Los rotos hierros, hoy dirán que vino ya
   El fiel Consolador.

4 ¡Oh, grande eterno amor! mi lengua débil es
   Para poder hablar del don que recibí,
   Al renovar en mí la imagen celestial
   El fiel Consolador.

—V. Mendoza, Trad.

208. Templos de Dios Sois
(Have Ye Received the Holy Ghost?)

1 Templos de Dios sois, así está escrito,
Templos de su Espíritu de verdad;
¿A Él le es dada, libre entrada?
¿Franca es la puerta de tu voluntad?

Coro
Deja entrar, para morar,
Al Santo Espíritu;
Él ha venido, pacto cumplido,
Bendito Espíritu de Dios.

2 El que perdona, quiere limpiarte;
Toda la escoria de tu alma quitar;
Purificado, muerto al pecado,
El Santo Espíritu podrá entrar.

3 ¡Oh! peregrino en el desierto,
Entra en la tierra de leche y miel;
Santificado, de Dios llenado,
Guiado serás por su Espíritu fiel.

209. Cuando Me Santificó
(Since the Holy Ghost Abides)

1 Paz, dulce paz, mi alma recibió
Cuando Dios me perdonó:
Perfecto amor su Espíritu me dio
Cuando me santificó.

Coro
Perfecta paz, perfecto amor
Siento yo en mi alma rebosar,
Descanso hallé, gozo eternal
En Dios, cuando me santificó.

2 Descanso hallé de mi desilusión,
Al confiar en su poder,
Placer total llenó mi corazón
Cuando a Él me consagré.

3 Calor extraño siento yo en mi ser,
  Su promesa se cumplió:
  Poder completo puedo retener
  Pues la santidad me dio.

4 Luz, clara luz alumbra ya mi pie,
  Mi ceguera disipó;
  Visión celeste diome por la fe
  Cuando me santificó.

— H.T. Reza, Trad.

210. Un Nuevo Toque
(A New Touch of Fire)

1 Por un nuevo toque de lo alto,
  Hoy venimos ante ti, Señor;
  El poder pentecostal y santo,
  Llene nuestras almas de tu amor.

Coro
Danos hoy nuevo toque del cielo
Danos hoy, sí, danos hoy, sí,
Hoy mis labios purifica tú, Señor,
Con el fuego del Consolador.

2 Que la historia al dar del evangelio,
  Libertad podamos demostrar,
  De tu excelsa gracia sólo quiero;
  Tú tienes poder para salvar.

3 Todo lo entregamos, Ser divino,
  Como un sacrificio para ti,
  Fiando sólo en ti nuestros destinos,
  Y en tu sangre pura, carmesí.

4 Nuestro ser refina cual la plata,
  Purifica nuestro corazón,
  Danos de tu gracia sacrosanta,
  Úngenos de plena bendición.

— Ismael E. Amaya, Trad.

211. Más Cerca de Mi Dios
(Deeper, Deeper)

1 Cerca, cerca, del Señor más cerca
   Quiero yo vivir;
   De su amor y de su gracia tierna,
   Quiero compartir.

   Coro
   Muy cerca de mi Dios
   Deseo siempre andar,
   Seguirle quiero en pos
   Hasta el cielo arribar.

2 De tu gracia, céfiro divino
   Quiero yo gozar;
   Luz del cielo, brille en mi camino
   Para fiel andar.

3 Guiado, guiado, en tu santa senda
   Quiero siempre ser.
   Que tu vida mi querer encienda
   Para obedecer.

4 Firme, firme, en la dura prueba,
   Firme quiero ser;
   Dame fuerza, dame fuerza nueva
   Para yo vencer.
                        — E. Rosales D., Trad.

212. A Los Sedientos, Venid
(Ho! Every One That Is Thirsty)

1 A los sedientos, venid a las aguas
   Y los cansados, venid con valor;
   Hay una fuente preciosa de vida
   Que satisface del alma el clamor.

   Coro
   Agua tendrá el que vive sediento,
   Ríos habrá en el secadal,
   Busca al Señor mientras puedes hallarlo,
   Dale tu ser y salvado serás.

2 ¿Vives atado a los goces del mundo?
   ¿Vives cansado de tanto esperar?
   ¿Hay en tu ser un anhelo profundo?
   Ven a Jesús; Él te quiere salvar.

3 A los creyentes se ofrece la gracia,
   Que satisface de toda ansiedad;
   Que capacita, que limpia, que sacia:
   Santa promesa de toda verdad.

— H.T. Reza, Trad.

213. Es para Todos Ya
(It Is for Us All Today)

1 ¡Oh hermano! ¿Has sentido el poder pentecostal
   Ingresar a tu alma y quemar el ánimo carnal?
   Con su fuego el Espíritu te santificará
   Si ahora le recibes, y es para todos ya.

Coro
Sí, es para todos ya;
Quién buscare hallará;
Cristo en la cruz murió
Y esta bendición compró
¡Oh sí! para dada a todos ya.

2 Dios ofrece este don de santidad de corazón,
   A sus hijos obedientes, los que tienen su perdón;
   Purifica los deseos, quita la raíz del mal,
   Y consume cada ansia y tendencia
   mundanal.

3 El divino fuego quitará tus dudas y temor
   Y no más habrá tinieblas, mas habrá perfecto
   amor:
   A vivir te ayudará en este mundo sin pecar,
   Y con libertad gozosa tú podrás testificar.

4 La presencia milagrosa de este gran Consolador
Nos da fuerzas y virtud en el servicio del Señor;
Nos da paz inexplicable, santo gozo celestial,
Nos da himnos de victoria y la vida eternal.

— *W.R. Adell, Trad.*

214. ¡Aleluya, Amén!
(Hallelujah, Amen!)

1 Mil veces con el Maestro,
En santa comunión,
Escucho los acentos,
De hermosa agrupación.

Coro
"¡Aleluya, amén! ¡Aleluya, amén!
¡Aleluya, amén!
¡Amén, amén!"

2 De aquellos que sufrieron,
Desprecios, hambre y sed,
Mas hoy glorificados,
Están con el Señor.

3 Escucho los acentos
Del canto sin igual,
Y mi alma al punto se une,
Al coro celestial.

4 Unido estoy con ellos,
Ahora por la fe,
Mas pronto frente al trono,
Con ellos cantaré.

— *M. Lechuga, Trad.*

215. Más Blanco Que la Nieve
(Whiter than Snow)

1 Yo quiero ser limpio, oh mi buen Jesús,
Deseo por siempre andar en tu luz;
Tan sólo en tu sangre limpieza tendré,
Lavado y más blanco que nieve seré.

Coro
Más blanco, sí, que la nieve seré;
Lavado en la sangre y limpio por fe.

2 Que en mi alma no puede lo impuro quedar,
Tu sangre mis manchas las puede quitar
Pecados e ídolos desecharé
Lavado y más blanco que nieve seré.

3 Tú, Cristo me ayudas a sacrificar
Humilde llevando mi todo a tu altar,
Te entrego mi vida y así por la fe
Lavado y más blanco que nieve seré.

4 Por esta pureza doy gracias a ti
Que santificado por tu gracia fui;
Tu sangre limpiándome vi por la fe
Lavado y más blanco que nieve quedé.

Coro Final
Más blanco, sí, que la nieve quedé;
Lavado en tu sangre soy limpio por fe.

— H.W. Cragin, Trad.

216. Entera Consagración
(Take My Life and Let It Be)

1 Que mi vida entera esté
Consagrada a ti, Señor;
Que a mis manos pueda guiar
El impulso de tu amor.

Coro
¡Lávame en tu sangre, Salvador!
Límpiame de toda mi maldad,
¡Traigo a ti mi vida, para ser Señor,
Tuya por la eternidad!

2 Que mis pies tan sólo en pos
   De lo santo puedan ir,
   Y que a ti, Señor, mi voz
   Se complazca en bendecir.

3 Que mi tiempo todo esté
   Consagrado a tu loor,
   Que mis labios al hablar
   Hablen sólo de tu amor.

4 Toma ¡oh Dios! mi voluntad,
   Y hazla tuya nada más;
   Toma, sí, mi corazón
   Por tu trono lo tendrás.

                                    — *Vicente Mendoza, Trad.*

217. Jesús Es Precioso
(He Is So Precious to Me)

1 Jesús es precioso, mi buen Salvador,
   Por siempre le alabo por su gran amor;
   Si débil me encuentro me ayuda el Señor,
   Él es mi precioso Jesús.

   Coro
   Precioso es Jesús, mi Jesús,
   Precioso es Jesús, mi Jesús,
   Mi gloria será su rostro al mirar,
   Él es mi precioso Jesús.

2 Y cuando en pecado y sin salvación,
   Llamando a las puertas de mi corazón,
   Me dijo: Acepta hoy mi gran perdón.
   Él es mi precioso Jesús.

3 Mas ya por su gracia mi alma salvó,
   Quitó mi tristeza, mi llanto enjugó,
   Mis dudas y males ya me los quitó,
   Él es mi precioso Jesús.

4 Jesús es precioso, mi fiel Redentor,
   Mi senda ilumina con su gran fulgor,
   Yo sé que por mí viene mi Salvador,
   Él es mi precioso Jesús.

— H.C. Ball, Trad.

218. Mi Culpa Él Llevó
(He Took My Sins Away)

1 Cansado y triste vine al Salvador,
   Mi culpa Él llevó, mi culpa Él llevó;
   Mi eterna dicha hallé en su amor,
   Mi culpa Él llevó.

Coro
Mi culpa Él llevó, mi culpa Él llevó,
Alegre siempre cantaré.
Al Señor gozoso alabaré,
Porque Él me salvó.

2 Borrados todos mis pecados son,
   Mi culpa Él llevó, mi culpa
   Él llevó; A Él feliz elevo mi canción,
   Mi culpa Él llevó.

3 Ya vivo libre de condenación,
   Mi culpa Él llevó, mi culpa Él llevó;
   Su dulce paz ha puesto en mi ser,
   Mi culpa Él llevó.

4 Si vienes hoya Cristo pecador,
   Tu culpa llevará, tu culpa llevará;
   Perdón tendrás si acudes al Señor,
   Tu culpa llevará.

Coro Final
Tu culpa llevará, tu culpa llevará,
Y limpiará tu corazón;
Y dirás feliz en tu canción:
"Mi culpa Él llevó".

— H.C. Ball, Trad.

219. Admirable Es en Verdad
(It Is Truly Wonderful)

1 Quitó mis transgresiones,
  Santificó mi ser;
  Acepta corazones
  Que vienen hacia Él.

  Coro
  Admirable es en verdad,
  Lo que hace Dios;
  Admirable es en verdad,
  Admirable es en verdad,
  Admirable es en verdad
  Lo que hace Dios.
  Gloria sea a Él.

2 Me guarda cada día
  Me da de su sostén;
  Me imparte su alegría,
  Prodiga todo bien.

3 Me guarda en la tristeza,
  Me da su protección;
  En Él hallé pureza
  Y entera salvación.

4 No hay cosa que propenda
  Nuestra alma a bendecir,
  Que del Señor no venga,
  La Fuente del vivir.
                    — H.T. Reza, Trad.

220. Paz Inefable
(Wonderful Peace)

1 En el seno de mi alma una dulce quietud
  Se difunde embargando mi ser,
  Una calma infinita que sólo podrán
  Los amados de Dios comprender.

Coro

¡Paz! ¡paz! cuán dulce paz,
Es aquella que el Padre me da,
Yo le ruego que inunde por siempre mi ser,
En sus ondas de amor celestial.

2 Esta paz inefable consuelo me da
  Descansando tan sólo en Jesús,
  Y ningunos peligros mi vida tendrá
  ¡Si me siento inundado en su luz!

3 Sin cesar yo medito en aquella ciudad
  Do al Autor de la paz he de ver,
  Y en que el himno más dulce que habré de
  cantar
  De su paz nada más ha de ser:

4 Alma triste que en rudo conflicto te ves,
  Sola y débil tu senda al seguir,
  Haz de Cristo el amigo, que fiel siempre es,
  ¡Y su paz tú podrás recibir!

— *Vicente Mendoza, Trad.*

221. Divina Luz, con Tu Esplendor Benigno
(Lead, Kindly Light)

1 Divina Luz, con tu esplendor benigno
  Guarda mi pie;
  Densa es la noche y áspero el camino;
  Mi guía sé.
  Harto distante de mi hogar estoy;
  Que al dulce hogar de las alturas voy.

2 Amargos tiempos hubo en que tu gracia
  No supliqué;
  De mi valor fiando en la eficacia,
  No tuve fe.
  Mas hoy deploro aquella ceguedad;
  Préstame ¡oh Luz! tu grata claridad.

3 Guiando tú, la noche es esplendente,
   Y cruzaré
   El valle, el monte, el risco y el torrente,
   Con firme pie.
   Hasta que empiece el día a despuntar,
   Y entre al abrigo de mi dulce hogar.

— J.B. Cabrera, Trad.

222. Poderoso y Bueno Es Dios
(He Is Able to Deliver Thee)

1 Qué sublime son se oye en un cantar,
   Otro igual jamás, dulce resonó;
   De una en otra edad siempre nos dirá
   Que al mortal perdido Dios podrá librar.

   Coro
   ¡Poderoso y bueno es nuestro Dios!
   ¡Poderoso y bueno es nuestro Dios!
   Ya no sufras más, pobre pecador,
   Que al mortal por siempre Dios podrá librar.

2 Ni en el cielo azul ni en el fiero mar,
   Con mayor solaz canto no se oyó;
   Hoy se vuelve a oír sin igual canción:
   Que al mortal perdido Dios podrá librar.

3 Eras mil vendrán y subsistirá,
   Nuevas de salud habla al corazón;
   Yérgase tu fe, canta en derredor
   Que al mortal perdido Dios podrá librar.

— Severa Euresti, Trad.

223. Los Que Aman al Señor
(We're Marching to Zion)

1 Los que aman al Señor,
   Eleven su canción,
   Que en dulces notas de loor.

166

Que en dulces notas de loor,
Ascienda a su mansión,
Ascienda a su mansión.

Coro
A Sion caminamos,
Nuestra mansión, la gloriosa,
Cantando todos marchamos
De Dios a la bella mansión.

2 Que callen los que a Dios,
No anhelen conocer,
Mas canten todos a una voz.
Mas canten todos a una voz,
Los hijos del gran Rey,
Los hijos del gran Rey.

3 En Sion disfrutaréis,
La gracia del Señor,
Desde hoy ofrece que tendréis,
Desde hoy ofrece que tendréis,
Del trono en derredor.
Del trono en derredor.

4 Cantemos con fervor,
Dejando de llorar,
Vayamos libres de temor,
Vayamos libres de temor,
Al más feliz hogar,
Al más feliz hogar.

— Vicente Mendoza, Trad.

224. Tiene Poder Jesús de Salvarnos
(Jesus Is Mighty to Save)

1 Cuando el huracán ruge con furor,
Un refugio tengo do descansar;
El que vientos puede por mí calmar,
Es Jesús mi Dios y mi Salvador.

Coro
Tiene poder Jesús de salvarnos,
De toda dificultad.
Tiene poder Jesús de salvarnos,
De toda dificultad.

2 En la ruda niebla su brillantez,
Toda negra sombra disipará;
Su potente brazo protegerá,
Al que en humildad busca su poder.

3 Lo que aquí nos pasa lo sabe Dios,
Él entiende nuestra necesidad;
Pero abunda siempre su fiel bondad,
Pues nuestro dolor Él ya conoció.

4 Al contrito ser nunca despreció;
Ni de balde vino a la cruenta cruz;
Si le pides hoy, te dará su luz,
Y en su brazo fiel gozarás perdón.

— H.T. Reza, Trad.

225. Cuando Todos Den Sus Diezmos
(When the Veil Is Lifted)

1 Cuán glorioso será cuando el pueblo leal
A la casa del Padre sus diezmos traerán,
Cuando todos unidos por gracia eternal
A la causa de Cristo colaborarán.

Coro
Cuando todos sus diezmos a Cristo le den,
Cuando todos sus diezmos a Cristo le den,
No habrá nunca pobreza
Ni ansiedad ni tibieza,
Cuando todos sus diezmos a Cristo le den.

2 Ni escaceces, ni crisis entonces habrá,
   Ni pobreza ni falta la iglesia tendrá.
   Al contrario: potente el Señor obrará,
   Cuando el pueblo sus diezmos a Cristo traerá.

3 En el pueblo de Dios robadores no habrá,
   Que la parte de Dios para sí retendrán;
   Pues la viña de Cristo doquier crecerá
   Y abundante su pueblo sus dones traerá.

4 Nuestro Padre sus dones más ricos dará,
   Y favores preciosos a su pueblo fiel;
   Las ventanas del cielo con gozo abrirá
   Cuando todos sus diezmos le den a Emmanuel.

— C.E. Morales

226. Mi Espíritu, Alma y Cuerpo
(Beneath the Cross of Jesus)

1 Mi espíritu, alma y cuerpo,
   Mi ser, mi vida entera,
   Cual viva, santa ofrenda,
   Entrego a ti, mi Dios.

   Coro
   Mi todo a Dios consagro
   En Cristo, el vivo altar;
   ¡Descienda el fuego santo,
   Su sello celestial!

2 Soy tuyo, Jesucristo,
   Comprado con tu sangre;
   Contigo haz que ande,
   En plena comunión.

3 Espíritu Divino,
   Del Padre la promesa;
   Sedienta mi alma anhela
   De ti la santa unción.

— H.C.E.

227. El Diezmo del Señor
(When the Tithes Are Gathered In)

1 Grandes bendiciones el Señor dará;
Su Palabra fiel lo ha prometido ya.
Dios invita al pueblo a probar su ley
Con el diezmo del Señor.

Coro
Diezmos y primicias son de Él.
A Jehová rindamos hoy
Y probemos al Señor;
Ellos cielos abrirá
Y sus bendiciones derramará
Si el diezmo damos hoy.

2 No robemos más a nuestro amante Dios;
Con alegre corazón traigámosle
De los bienes que Él mismo nos impartió,
Pues el diezmo es de Él.

3 Al devorador maligno increpará,
Y pan en la casa de Dios siempre habrá,
Sobre abundará la gloria celestial,
Con el diezmo del Señor.

— M.L.H., Trad.

228. Vida Plena, Salvador
(Saviour, More than Life)

1 Vida plena, Salvador,
A tu lado puedo disfrutar;
Ya tu sangre se aplicó,
Y contigo siempre quiero andar.

Coro
Tu poder, oh Señor,
Cada instante quiero ver,
Que las cuerdas de tu amor
Me sostengan cerca de tu ser.

2 De este mundo en el trajín,
  Puedas tú mi débil paso guiar;
  Si me afirmo siempre en ti
  Nunca, nunca me podrás dejar,

3 Quiero amarte más y más,
  Con el alma, con mi voluntad;
  Haz que pueda yo gozar
  Los deleites de tu santidad.

— H.T. Reza, Trad.

229. Yo Daré Mis Diezmos
(Willing Am I)

1 Para la causa de mi Señor
  Para su Iglesia, salva por Él,
  Para su viña cristiana y fiel
  Daré mis diezmos con gran amor.

Coro
  Mis diezmos todos yo voy a dar,
  Y mis ofrendas de gratitud,
  Por su potencia y su virtud,
  Mi Dios harálos multiplicar.

2 En mis pobrezas y en mi aflicción,
  En mi abundancia y prosperidad,
  Solemnemente, con gran lealtad,
  Daré mis diezmos con devoción.

3 Soy responsable de cooperar
  Para la causa de mi Señor,
  Y por lo mismo con gran amor
  Diezmos y ofrendas prometo dar.

4 A contribuir me invita el Señor
  Según mis fuerzas, según mi fe,
  Mi diezmo a Cristo yo le daré,
  Él ama a todo feliz dador.

— C.E. Morales, Trad.

230. Cuando Estemos en Gloria
(When We All Get to Heaven)

1 Canten del amor de Cristo,
  Ensalzad al Redentor;
  Tributadle santos todos,
  Grande gloria y loor.

Coro
Cuando estemos en gloria,
En presencia de nuestro Redentor,
A una voz la historia,
Diremos del gran Vencedor.

2 La victoria es segura,
  A las huestes del Señor.
  ¡Oh, pelead con la mirada
  Puesta en nuestro Protector!

3 El pendón alzad, cristianos,
  De la cruz, y caminad;
  De triunfo en triunfos,
  Siempre firmes avanzad.

4 Adelante en la lucha,
  ¡Oh, soldados de la fe!
  Nuestro el triunfo, ¡oh!, escucha
  Los clamores, ¡Viva el Rey!
                — *H.C. Ball, Trad.*

231. Cuando Andemos con Dios
(Trust and Obey)

1 Cuando andemos con Dios, escuchando su voz,
  Nuestra senda florida será;
  Si acatamos su ley, Él será nuestro Rey,
  Y con Él reinaremos allá.

Coro
Obedecer, cumple a nuestro deber;
Si queréis ser felices,
Debéis obedecer.

2 Cuando Cristo murió, nuestro llanto enjugó,
   Proclamarle debemos doquier;
   Gozarás del amor de tu Rey y Señor
   Si obediente le quieres tú ser.

3 No podremos probar sus delicias sin par,
   Si seguimos mundano el placer;
   Obtendremos su amor, y el divino favor,
   Si sus leyes queremos hacer.

— P. Grado, Trad.

232. Ven a la Cena
(Come to the Feast)

1 Ven a la Cena, dice el Señor,
   Ven al banquete celestial;
   Tu hambre y sed allí saciarás;
   De dicha y paz eternal.

Coro
   Oye el gran convite,
   Quien quiera venga ya;
   Hay salvación gratuita,
   Jesús te salvará.

2 Ven a la Cena es para ti,
   Deja tus ansias y temor;
   Un puesto de honra tendrás allí
   Al lado del Salvador.

3 Ven a la Cena te llama a ti;
   Ven, mientras puedes alcanzar;
   Tal vez la puerta se cerrará,
   Y nunca podrás entrar.

4 Ven a la Cena, Cena de amor;
   El pan de vida comerás;
   El agua eterna de salvación
   Por siempre tu beberás.

— W.R. Adell, Trad.

233. Luz Celestial
(Heavenly Sunlight)

1 Ando en la luz por toda mi vida,
En las montañas o el valle cruel.
Cristo me dice con voz bendita.
"Contigo estoy, no te dejaré".

Coro
¡Oh luz celeste! ¡Luz bendecida!
Mi ser inundas de gozo y paz.
¡Aleluya! Toda mi vida
Te la dedico, tuya en verdad.

2 Aunque me cerquen densas tinieblas
Mis ojos miran al Salvador;
Él es la luz que alumbra doquiera,
Que me dirige con dulce amor.

3 Voy caminando siempre gozoso
Hacia el hogar do está mi mansión;
Pues esta luz, con rayos hermosos
Tierna me guía con devoción.

— H.T. Reza, Trad.

234. Yo Sé en Quién He Creído
(I Know Whom I Have Believed)

1 No sé porqué con todo amor
Su gracia reveló;
Pues siendo un triste pecador,
Jesús me redimió.

Coro
Mas yo sé en quién he creído
Y estoy seguro que es poderoso,
De guardar lo que le he confiado,
Hasta aquel día final.

2 No sé porqué su grande fe
  Me quiso impartir,
  Y así creyendo en su poder
  Pudiera yo vivir.

3 No sé porqué la convicción
  Conmueve el corazón;
  Por qué en humilde contrición
  Se obtiene salvación.

4 Lo que el mañana me dará
  No lograré saber;
  Si dicha o paz me rodeará
  O quieto moriré.

— H.T. Reza, Trad.

235. La Fuente Viva
(The Crystal Fountain)

1 Por mucho tiempo yo vagué sediento
  Sin encontrar feliz satisfacción,
  Mas cuando a Cristo vine en mi tormento,
  En Él hallé respuesta a mi clamor.

Coro
  He descubierto la Fuente Viva,
  Donde mi ser halló satisfacción.
  Desde el calvario fluye y da vida,
  Fuente preciosa de la salvación.

2 Busqué del mundo vanas alegrías
  Que sólo fueron causa de sufrir.
  Perfecto gozo y gracia cada día
  En Cristo hallé, que es Fuente del vivir.

3 Oh corazón, que vagas extraviado,
  A Cristo ven, y sacia tu clamor.
  Si con tus culpas vas a Él confiado,
  Encontrarás la fuente de su amor.

— H.T. Reza. Trad.

236. Sed Puros y Santos

(Take Time to Be Holy)

1 Sed puros y santos, mirad al Señor,
  Permaneced fieles, siempre en oración;
  Leed la Palabra del buen Salvador,
  Socorred al débil, mostradle amor.

2 Sed puros y santos, Dios nos juzgará,
  Orad en secreto, respuesta vendrá;
  Su Espíritu Santo revela Jesús,
  Y su semejanza en nos Él pondrá.

3 Sed puros y santos, pues Dios nos guiará;
  Seguid su camino, en Él esperad;
  En gozo y en pena, su paz nos dará,
  Él nos ha salvado de nuestra maldad.

237. Sé que Es Real

(It's Real)

1 Hubo tiempo, bien recuerdo cuando en
  dudas yo viví,
  Sin saber que de mis culpas Cristo puede
  redimir.
  Si el Espíritu me hablaba, no sabía yo qué
  hacer,
  Me esforzaba por gozarme, me esforzaba
  por creer.

Coro
Pero es real, es real,
¡Oh! yo sé que es real,
No tengo ni una duda
Pues yo sé que es realidad.

2 Cuando en convicción andaba, no
encontraba yo la paz,
No podía hallar sosiego, ni de Cristo ver la faz;
En mi mente mi castigo en ocasiones pude ver
Pues no había el testimonio del Espíritu en
mi ser.

3 Agobiado de vivir al fin en dudas y temor
Anhelaba cada día más y más de su favor,
Que su luz brillase clara, su verdad triunfara
fiel.
Hoy su Espíritu asegura que Él es mío y yo
de Él.

4 De rodillas ante Cristo imploré en contrición,
Mi alma hambrienta de su gracia encontró la
bendición,
Cuando al fin por fe mi vida pude toda
consagrar
Al instante Él otorgóme salvación en
realidad.

— *C. Hernández y H.T. Reza, Trad.*

238. Guárdame, Gran Jehová
(Guide Me, O Thou Great Jehovah)

1 Peregrino en el desierto,
Guárdame, gran Jehová;
Yo soy débil, tú potente:
Tu poder me sostendrá;
Nútreme con pan del cielo, oh Jehová,
Nútreme con tu benéfico maná.

2 Ábreme esa fuente pura,
Ese vivo manantial,
En que pueda yo la mancha
De mi corazón lavar.
Oh, Jesús, sé tú mi fuerza y bendición,
Oh, Jesús sé tú mi luz y protección.

3 Líbrame de todo miedo
  En el paso del Jordán;
  Vencedor de pena y muerte,
  Hazme entrar en Canaán;
  Y cantares de alabanza he de entonar;
  y cantares de alabanza he de entonar.
  — *José M. de Mora, Trad.*

239. Tentado No Cedas
(Yield Not to Temptation)

1 Tentado no cedas; ceder es pecar;
  Mejor y más noble es luchar y triunfar;
  Valor pues cristiano, domina tu mal;
  Dios puede librarte, de asalto mortal.

  Coro
  En Jesús pues confía,
  En sus brazos tu alma,
  Hallará dulce calma,
  Él te hará vencedor.

2 Evita el pecado, procura agradar,
  A Dios a quien debes, por siempre ensalzar
  No manche tus labios, impúdica voz,
  Preserva tu vida, de ofensas a Dios.

3 Amante, benigno, y enérgico sé;
  En Cristo tu amigo, pon toda tu fe;
  Veraz sea tu dicho, de Dios es tu ser;
  Corona te espera y vas a vencer.

240. La Paz que Cristo Da
(The Peace That Jesus Gives)

1 Como sol tras lluvia cruel,
  Cual descanso tras dolor;
  Como una esperanza fiel,
  Es la paz que da el Señor.

Coro
¡Oh! la paz que Cristo da,
Nunca, nunca acabará,
Es cual salmo musical,
Y cual calma celestial,
Es la paz que Cristo da,
Sí, la paz que Cristo da.

2 Cual rocío bienhechor,
  Cual del alba bella luz,
  Cual una amistad de amor
  Es la paz que da Jesús.

3 Cual arroyo encantador
  Cuyas aguas dan salud,
  Cual angélica canción,
  Es la paz que da Jesús.

— C.E. Morales, Trad.

241. Yo Le Seguiré
(Where He Leads I'll Follow)

1 Promesas sin igual Cristo nos dio.
  Otras nuevas más hermosas nadie escuchó.
  Inmaculado fue el buen Jesús
  Él es nuestro ejemplo, nuestra guía y luz.

Coro
A doquier me guíe, yo le seguiré,
A doquier me guíe, fiel a Cristo yo seré.

2 Sublime amor mostró el Salvador;
  En dulzura y pureza no hay otro amor.
  Al que perdido está llama Jesús
  Él es nuestro ejemplo, nuestro guía y luz.

3 Escucha su llamar: Oh ven a mí;
  Hay en Él reposo y lugar para ti.
  En sus promesas cree, toma su cruz,
  Él es nuestro ejemplo, nuestro guía y luz.

  — Pedro Grado, Trad.

242. Si Creyere Puede a Él Venir
(Whosoever Meaneth Me)

1 ¡Oh, qué gozo yo siento en mi corazón
  No hay más oscuridad!'
  Pues Jesús me ha dicho que todo aquel
  Que cree salvo será.

  Coro
  Si creyere puede a Él venir,
  Puede a Él venir, sí, puede a Él venir
  Si creyere, puede a Él venir;
  Jesucristo salvará.

2 Alabado es Cristo el Redentor,
  Su gloria desciende aquí;
  Él transforma la vida del pecador,
  Su sangre es eficaz.

3 ¡Qué merced! ¡qué amor el Señor mostró!
  Muriendo en dura cruz,
  Y las puertas abrió el buen Salvador,
  Al gozo celestial.

  — H.C. Ball, Trad.

243. Todo Aquel que Oye
(Whosoever Will)

1 Todo aquel que oye vaya a proclamar:
  Salvación de gracia lléguese a aceptar,
  Al perdido mundo débese anunciar:
  Id al Salvador Jesús.

Coro
Todo aquel que cree debe procurar
Estas buenas nuevas siempre predicar:
Que Jesús de balde quiere perdonar;
Id al Salvador Jesús.

2 Todo aquel que quiere vaya sin tardar;
Franca está la puerta y podéis entrar;
Cristo es el camino al celestial hogar;
Id al Salvador Jesús.

3 Firme es la promesa, oye pecador;
¿Quieres tú la vida? Mira al Salvador;
Él a todos llama con divino amor;
Id al Salvador Jesús.

244. Cuando Dios la Sangre Ve
(When I See the Blood)

1 Mi Redentor murió en la cruz,
Quien le reciba, tendrá la luz;
Por pecadores todo El pagó,
Ya sus maldades Jesús perdonó.

Coro
Cuando Dios la sangre ve,
Cuando Dios la sangre ve,
En la cual el pecador,
Se lavó, le verá con favor.

2 A los más malos El salvará,
Como promete, así lo hará,
En El confía, ¡Oh, pecador!
Vida eterna te da el Señor.

3 El juicio viene, allí estarás;
Si le rechazas, triste saldrás,
No te detengas, ven a Jesús,
Quien tus pecados llevó en la cruz.

4 ¡Qué maravilla de gran amor,
   Cristo mostró por el pecador!
   El que creyere salvo será,
   Goces eternos El disfrutará.

— *C. H. Miller y Ball, Trad.*

245. Salvación Hay para Ti
(Honey in the Rock)

1 Oh hermano, ¿Sabes tú que Cristo
   Quiere bendecirte hoy?
   En su gracia El ha provisto,
   Por ti bendita salvación.

   Coro
   Salvación hay para ti, hermano,
   En Cristo sólo hay salvación.
   Abre tu corazón y acepta,
   De Dios el inefable don.

2 ¿En tu alma llevas dura pena,
   Y aflicciones a granel?
   Hoy acepta su promesa:
   Dejando todo, a Cristo ven.

3 Si a Jesús rogares con fe viva
   Que te guíe a la verdad,
   Hallarás que eterna vida
   Hoy te depara su bondad.

— *H. T. Reza*

246. ¡Cuán Grande Amor!
(My Savior's Love)

1 Que Cristo me haya salvado
   Tan malo como yo fui,
   Me deja maravillado,
   Pues El se entregó por mí.

Coro
¡Cuán grande amor! ¡Oh, grande amor!
El de Cristo para mí.
¡Cuán grande amor! ¡Oh, grande amor!
Pues por El salvado fui.

2 Oró por mí en el Huerto:
"No se haga mi voluntad."
Y todo aquel sufrimiento
Causado fue por mi mal.

3 Por mí se hizo pecado,
Mis culpas su amor llevó.
Murió en la cruz olvidado
Mas mi alma Él rescató.

4 Cuando al final con los santos
Su gloria contemplaré,
Con gratitud y con cantos
Por siempre le alabaré.

— H. T. Reza, Trad.

247. ¡Maestro, Se Encrespan las Aguas!
(Master, the Tempest Is Raging)

1 ¡Maestro, se encrespan las aguas!
¡Y ruge la tempestad!
Los grandes abismos del cielo
Se llenan de oscuridad;
¿No ves que aquí perecemos?
¿Puedes dormir así;
Cuando el mar agitado nos abre
Profundo sepulcro aquí?

Coro
Los vientos las ondas oirán tu voz,
"¡Sea la paz!"
Calmas las iras del negro mar,
Las luchas del alma las haces cesar,
Y así la barquilla do va el Señor,

183

Hundirse no puede en el mar traidor,
Doquier se cumple tu voluntad:
"¡Sea la paz! ¡Sea la paz!"
Tu voz resuena en la inmensidad:
"¡Sea la paz!"

2 Maestro, mi ser angustiado
Te busca con ansiedad;
De mi alma en los antros profundos
Se libra cruel tempestad;
Pasa el pecado a torrentes
Sobre mi frágil ser,
¡Y perezco! ¡perezco, Maestro!
¡Oh, quiéreme socorrer!

3 Maestro, pasó la tormenta,
Los vientos no rugen ya,
Y sobre el cristal de las aguas
El sol resplandecerá;
Maestro prolonga esta calma,
No me abandones más,
Cruzaré los abismos contigo,
Gozando bendita paz.

— *Vicente Mendoza, Trad.*

248. Es Todo para Mí
(He's Everything to Me)

1 En el pecado solo vivía sin Jesús,
Hasta que por su gracia yo recibí la luz;
Y desde que soy salvo, no temo nada aquí,
Pues hay en mí un cambio,
Él es mi todo aquí.

Coro
Es todo para mí, me salva y soy feliz,
Su paz, su amor ha puesto en mi alma bien
lo sé.
Es todo para mí, me guarda por la fe.
¡Oh gloria inescrutable! Él es mi todo aquí.

2 No quiero más vagar en pecado y ansiedad,
   En Él encuentro gozo; su Espíritu me da;
   Su voz me satisface; su sangre carmesí,
   Mis culpas ha quitado, Él es mi todo aquí.

3 Decir yo quiero siempre la historia de la cruz,
   Que el pecador se salva creyendo en Jesús,
   "Venid a mí" nos dice, "con fe y valor venid
   Y gozaréis descanso, feliz descanso en mí".

— H.C. Hall, Trad.

249. Historias de Cristo
(Tell Me the Stories of Jesus)

1 Dulces historias de Cristo me gusta oír,
   Dímelas, pues estoy listo a recibir,
   Su fiel mensaje de gran verdad.
   Dímelas todas, dímelas ya.

2 Cuéntame cómo los niños fueron a Él,
   Cómo les dio su cariño, su amor tan fiel.
   Dime cuán bueno fue mi Jesús,
   Cuando a los ciegos les dio la luz.

3 Dime palabras de gozo, cual nunca oí,
   De mi Jesús en reposo quiero vivir.
   Quiero ser suyo, suyo en verdad,
   Siempre cumpliendo su voluntad.

— H.T. Reza, Trad.

250. Pertenezco a Mi Rey
(I Belong to the King)

1 Pertenezco a mi Rey, hijo soy de su amor
   Y a sus regias moradas iré;
   Sus delicias sin fin revelóme el Señor
   Y un lugar con sus hijos tendré.

Coro
Pertenezco a mi Rey, hijo soy de su amor,
Y a los suyos jamás olvidó;
En su regia mansión he de ver al Señor,
Y a su lado feliz viviré.

2 Pertenezco a mi Rey, y que me ama, lo sé:
Y sus dones de amor celestial
Por doquiera que voy sin cesar hallaré
Como pruebas de amor sin igual.

3 Pertenezco a mi Rey, y no dudo jamás
Que reunidos los suyos serán;
En la Sion celestial, la morada de paz,
Do pesares jamás se hallarán.

— Vicente Mendoza, Trad.

251. Perdonó Jesús Mis Transgresiones
(My Soul Is Filled with Glory)

1 Perdonó Jesús mis transgresiones,
Una paz brindóme sin igual;
Inefable y santo gozo diome
Dicha inmensa, vida espiritual.

Coro
¡Gloria a Dios! Ya tengo la victoria,
¡Gloria a Dios! Bendita y noble historia.
De su gracia tengo en abundancia
Y a su amparo firme feliz estoy.

2 Su Palabra me enseñó el camino,
Por su sangre me justificó;
Le entregué completo mi destino,
Y su gracia me santificó.

3 Duras pruebas plagarán mi senda,
Tentaciones hallaré doquier;
Mas en Cristo la victoria tengo,
Con su ayuda lograré vencer.

— H.T. Reza, Trad

252. ¡Oh! Yo Quiero Andar con Cristo

(I Love to Walk with Jesus)

1 ¡Oh! yo quiero andar con Cristo,
   Quiero oír su tierna voz,
   Meditar en su palabra
   Y cumplir su voluntad.
   Consagrar a Él mi vida,
   Mis dolores y afán;
   Y algún día con mi Cristo, Gozaré la
   claridad.

Coro
   ¡Oh, sí, yo quiero andar con Cristo!
   ¡Oh, sí, yo quiero vivir con Cristo!
   ¡Oh, sí, yo quiero morir con Cristo! Quiero
   serle un testigo fiel.

2 ¡Oh! yo quiero andar con Cristo,
   Él es mi ejemplo fiel;
   En la Biblia yo lo leo,
   Y yo sé que es la verdad.
   Cristo era santo en todo
   El Cordero de la cruz;
   Y yo anhelo ser cristiano,
   Seguidor de mi Jesús.

3 ¡Oh! yo quiero andar con Cristo,
   De mi senda Él es la luz,
   Dejaré el perverso mundo
   Para ir al Salvador,
   Este mundo nada ofrece,
   Cristo ofrece salvación;
   Y es mi única esperanza
   Vida eterna hallar con Dios.

— *H.C. Hall, Trad.*

253. A Jesucristo Ven Sin Tardar
(Come to the Saviour)

1 A Jesucristo ven sin tardar,
  Que entre nosotros hoy Él está,
  Y te convida con dulce afán,
  Tierno diciendo: "Ven".

Coro
¡Oh, cuán grata nuestra reunión
Cuando allá, Señor, en tu mansión
Contigo estemos en comunión Gozando
eterno bien!

2 Piensa que Él sólo puede colmar
  Tu triste pecho de gozo y paz;
  Y porque anhela tu bienestar,
  Vuelve a decirte: "Ven".

3 Su voz escucha sin vacilar,
  Y grato acepta lo que hoy te da,
  Tal vez mañana no habrá lugar,
  No te detengas, "ven".

— *J.B. Cabrera*

254. Jesucristo Reinará
(He Shall Reign)

1 Tronos y reinados, todos perecerán,
  Pero el trono de Cristo el Rey
  Por siempre continuará. ¡Aleluya!
  Es Rey para siempre sobre todo ser,
  En el cielo y mar, con gran majestad.
  Jesucristo reinará.

Coro
Reinará, reinará, Rey de reyes Él será.
Y por siempre reinará.
Dios el Cristo reinará,
Él dominará de mar a mar.

Aleluya, Aleluya, Aleluya,
Aleluya, Reinará, Aleluya, Reinará,
Aleluya, Él dominará por la eternidad.
Él reinará, Él reinará,
Dominará de mar a mar.

2 Quien sufrió tristezas y decepciones mil,
Él que humilde en la cruz murió,
Rey santo es para mí, ¡Aleluya!
Él que fue vejado y en la cruz murió,
Ya resucitó, el dolor venció:
Jesucristo reinará.

—H.T. Reza, Trad.

255. ¡Salvado Soy!
(Hallelujah, I Am Free!)

1 Salvado soy, precioso Redentor,
De mi maldad purificado soy;
La sangre que del Gólgota fluyó
Libertad me proveyó.

Coro
Aleluya, salvo soy,
Libre por el mundo voy,
Salvo soy por la eficacia de su amor,
Me redimió, brindóme libertad,
En mi ser vino a morar.

2 Salvado soy, Jesús me rescató
Mi voluntad en Él deposité;
Me libertó de mi pecado atroz;
Redimido soy por fe.

3 Salvado soy, mi esclavitud cesó
Cristo me dio bendita libertad;
Ciego era yo, viviendo en perdición
Mas me trajo su bondad.

4 "Salvado soy" por siempre cantaré,
  Le rendiré completa devoción;
  En mi Jesús felicidad tendré,
  Aleluya, salvo soy.

— H.T. Reza, Trad.

256. Por la Cultura, Por el Saber

1 Por la cultura, por el saber,
  Noble por su pujanza,
  Buscando ansiosa gloria y poder
  La joven hueste avanza.
  Nada su marcha puede estorbar
  Porque la alienta potente fe.
  Y en sus afanes de conquistar
  Vida y esfuerzo consagra.

  Coro
  Por la cultura, por el saber,
  Es nuestro noble esfuerzo,
  Y encontraremos gloria y poder
  Al amparo del Dios de verdad.

2 Almas ansiosas de conquistar
  De la verdad la gloria,
  En Dios tan sólo pueden hallar
  Una feliz victoria.
  Y siempre en marcha bajo la luz
  Fuertes y unidas caminarán,
  Con la mirada puesta en Jesús
  Como el divino modelo.

3 Oh Dios del cielo, Dios de bondad,
  Haz que tu luz esplenda
  Donde la sombra de la impiedad
  Oscureció la senda.
  Que halle camino la juventud
  A las conquistas de lo mejor,
  Y que asegure con plenitud
  De tu Verdad los tesoros.

— Vicente Mendoza

257. Levantaos y Brillad
(Rise and Shine)

1 Cuando por nosotros venga Cristo nuestro
Salvador
Nos levantará;
Para que cada uno tenga vida eterna y sin dolor,
Nos levantará!

Coro
Más allá, más allá,!
Brillaremos en la gloria con Jesús;
Cuando destruirá la muerte le veremos más allá,
En la Sion sin par.

2 ¡Oh! la muerte detenernos no podrá porque
Jesús
Nos levantará;
Al sepulcro venceremos, viviremos con Jesús.
¡Nos levantará!

3 Los amados que se han ido volveremos a mirar,
¡Nos levantará!
Será toda la alabanza para quien nos redimió
¡Nos levantará!

— *C.E. Morales, Trad.*

258. La Cruz de Jesús
(The Old Rugged Cross)

1 En el monte Calvario estaba una cruz,
Emblema de afrenta y dolor,
Y yo amo esa cruz do murió mi Jesús
Por salvar al más vil pecador.

Coro
¡Oh! yo siempre amaré esa cruz,
En sus triunfos mi gloria será:
Y algún día en vez de una cruz,
Mi corona Jesús me dará.

2 Y aunque el mundo desprecie la cruz de Jesús
   Para mí tiene suma atracción:
   Pues en ella llevó el Cordero de Dios
   De mi alma la condenación.

3 En la cruz de Jesús do su sangre vertió,
   Hermosura contemplo sin par;
   Pues en ella triunfante a la muerte venció,
   Y mi ser puede santificar.

4 Yo seré siempre fiel a la cruz de Jesús, Sus
   desprecios con Él llevaré,
   Y algún día feliz con los santos en luz
   Para siempre su gloria veré.

— S.D. Athans, Trad.

259. Vive en Mí
(He Abides)

1 Tengo paz y bienestar
   En mi senda al caminar,
   Pues me guía fiel la mano del Señor.
   La razón de mi solaz,
   El secreto de mi paz
   Es que tengo al gran Consolador.

   Coro
   Vive en mí, vive en mí,
   Vive en mi alma el gran Consolador.
   Tengo paz y bienestar
   En mi senda al caminar,
   Porque tengo al gran Consolador.

2 Hasta que yo comprendí
   Que Jesús murió por mí
   En mi ser todo era luchas y maldad,
   Mas a Él me consagré
   Mi ser todo le entregué
   Y ya tengo al gran Consolador.

3 Va conmigo por doquier
  Impartiéndome poder:
  Soy feliz porque Él me dio mi libertad.
  Satisfecho vivo yo
  Porque Cristo me salvó
  Y ya tengo al gran Consolador.

4 Los placeres del ayer
  Que con tanto amor busqué
  Muy atrás los he dejado por la fe,
  Mi pecado se quitó,
  Plena luz me alumbró
  Porque tengo al gran Consolador.

— H.T. Reza, Trad.

260. Yo Confío en Jesús

1 Yo confío en Jesús,
  Y ya salvo soy;
  Por su muerte en la cruz
  A la gloria voy.

Coro
  Cristo dio por mí
  Sangre carmesí;
  Y por su muerte en la cruz
  La vida me dio Jesús.

2 Todo fue pagado ya,
  Nada debo yo;
  Salvación perfecta da
  Quien por mí murió.

3 Mi perfecta salvación
  Eres, mi Jesús;
  Mi completa redención,
  Mi gloriosa luz.

— Estrella de Belén

261. Cantaré la Bella Historia
(I Will Sing the Wondrous Story)

1 Cantaré la bella historia
  Que Jesús murió por mí;
  Cómo allá en el Calvario
  Dio su sangre carmesí.

  Coro
  Cantaré la bella historia
  De Jesús mi Salvador
  Y con santos en la gloria
  A Jesús daré loor.

2 Cristo vino a rescatarme,
  Vil perdido me encontró;
  Con su mano fiel y tierna
  Al redil Él me llevó.

3 Mis heridas y dolores
  El Señor Jesús sanó;
  Del pecado y los temores
  Su poder me libertó.

4 En el río de la muerte
  El Señor me guardará.
  Es su amor tan fiel y fuerte,
  Que jamás me dejará.

262. ¡Oh, Excelsa Gracia de Amor!
(Beulah Land)

1 Por fe en Jesús, el Salvador,
  Salvarse puede el pecador;
  Sin merecer tan rico don,
  Recibe plena salvación.

Coro
¡Oh! ¡excelsa gracia del amor Que Dios
perdone al pecador!
Si hoy acudiere a confesar
Sus culpas y en Jesús confiar;
No hay otro autor de salvación,
Pues Cristo obró la redención.

2 Su vida antigua ya pasó
  Y todo nuevo se tornó;
  Aquí cual peregrino es
  y hogar con Dios tendrá después.

3 Aun cuando nada tenga aquí,
  Su gran herencia tiene allí,
  Arriba en gloria con Jesús,
  Quien lo ha salvado por su cruz.

263. En Jesucristo, Mártir de Paz
(Blessed Assurance)

1 En Jesucristo, mártir de paz,
  En horas negras de tempestad,
  Hallan las almas dulce solaz,
  Grato consuelo, felicidad.

Coro
Gloria cantemos al Redentor,
Que por nosotros quiso morir;
La santa gracia del Salvador,
Siempre dirija nuestro vivir.

2 En los peligros, en el dolor,
  A cada paso su protección,
  Calma le infunde, santo vigor,
  Nuevos alientos al corazón.

3 Cuando en la lucha falta la fe,
  Y el alma siente desfallecer,
  Cristo nos dice: "Yo os colmaré
  De rica gracia, santo poder".

264. Libertad Gloriosa
(Glorious Freedom)

1 Antes vivía esclavizado
  Por las cadenas de mi maldad;
  Mas por Jesús fui ya libertado,
  Dicha infinita Cristo me da.

  Coro
  No tengo penas, ni más cadenas,
  Desde que Cristo me libertó.
  Tu nombre aclamo,
  Rey soberano,
  Y te proclamo mi Redentor.

2 Libre de orgullo y vanas pasiones,
  Libre de toda carnalidad,
  Libre de odios y de ambiciones,
  Libre de dudas y de maldad.

3 Libre de toda falsa tendencia,
  Libre del gozo vil mundanal,
  Libre de riñas y malquerencias,
  Libre por Cristo, libre en verdad.

4 Libre del miedo con sus tormentos,
  Libre de males y sinsabor,
  Cristo me imparte dulces momentos,
  Él es mi fiel Emancipador.

—H.T. Reza, Trad.

265. Hay Poder en Jesús
(There Is Power in the Blood)

1 ¿Quieres ser salvo de toda maldad?
  Tan sólo hay poder en mi Jesús.
  ¿Quieres vivir y gozar santidad?
  Tan sólo hay poder en Jesús.

Coro
Hay poder, poder, sin igual poder,
En Jesús quien murió;
Hay poder, poder, sin igual poder,
En la sangre que Él vertió.

2 ¿Quieres ser libre de orgullo y pasión?
  Tan sólo hay poder en mi Jesús.
  ¿Quieres vencer toda cruel tentación?
  Tan sólo hay poder en Jesús.

3 ¿Quieres servir a tu Rey y Señor?
  Tan sólo hay poder en mi Jesús.
  Ven, y ser salvo podrás en su amor,
  Tan sólo hay poder en Jesús.

— *D.A. Mata*

266. Comprado con Sangre por Cristo
(Redeemed)

1 Comprado con sangre por Cristo,
  Con gozo al cielo yo voy;
  Librado por gracia infinita,
  Ya sé que su hijo yo soy.

Coro
Lo sé, lo sé,
Comprado con sangre yo soy;
Lo sé, lo sé,
Con Cristo al cielo yo voy.

2 Soy libre de pena y culpa,
  Su gozo Él me hace sentir,
  Él llena de gracia mi alma,
  Con Él es tan dulce vivir.

3 En Cristo yo siempre medito,
  Y nunca le puedo olvidar;
  Callar sus favores no quiero,
  Voy siempre a Jesús alabar.

4 Seguro sé que la belleza,
   Del gran Rey yo voy a mirar;
   Ahora me guarda y me guía,
   Y siempre me quiere ayudar.

5 Yo sé que me espera corona,
   La cual a los fieles dará
   Jesús Salvador; en el cielo
   Mi alma con Él estará.

— J.Ríos y W.C. Brand, Trads.

267. Su Amor Me Levantó
(Love Lifted Me)

1 Lejos de mi dulce hogar,
   Vagaba yo sin Dios,
   A través de tierra y mar,
   Sin esperanza y paz;
   Mas el tierno Salvador,
   Viéndome en aflicción,
   Por su infinito amor me levantó.

   Coro
   Su grande amor
   Me levantó
   De densa oscuridad me libertó;
   Su grande amor
   Me levantó
   De densa oscuridad
   Me libertó.

2 Todo entrego a mi Jesús
   Siempre le seguiré;
   He tomado ya la cruz
   Y el mundo atrás dejé.
   Tan excelso y grande amor
   Requiere la canción
   Y el servicio fiel de cada corazón.

3 Ven a Él, ¡oh! pecador,
  No te rechazará;
  Con ternura el buen Pastor
  Hoy te recibirá;
  Tus pecados borrará,
  Gozo tendrás sin par,
  Gracia y fuerza te dará para triunfar.

— S.D. Athans, Trad.

268. Nuestro Ideal
(Battle Hymn of the Republic)

1 Compañeros nazarenos que luchamos por Jesús,
  En la América Latina ganando almas para Dios
  Redoblemos nuestro esfuerzo propaguemos hoy
  la Luz
  De plena salvación.

Coro
  Ganaré a mis compatriotas,
  Ganaré a mis compatriotas,
  Ganaré a mis compatriotas,
  En nombre de Jesús.

2 Un millón de almas salvadas es ahora nuestro
  ideal
  Que lavadas sean por Cristo nuestro grande
  Salvador;
  A las cuales con ternura guiemos a la santidad,
  Por el Consolador.

3 Cada miembro de la iglesia luchar debe por ganar
  A los pobres pecadores muertos en su gran pecar,
  Hasta hacer que el Evangelio lo conozca más y
  más
  El mundo contumaz.

4 Nazarenos, nazarenas, Dios nos llama a
  cooperar
  En salvar al mundo malo por su gratis
  salvación,
  Trabajemos con anhelo hasta el éxito
  alcanzar,
  Por Cristo el Salvador.

  — C.E. Morales

269. Seré Soldado de Cristo
(I'll Be Soldier for Jesús)

1 ¿Soy yo soldado de Jesús y seguidor del Rey,
  Y temeré llevar su cruz o hablar de Él doquier?
  ¿Al cielo acaso llegaré con gran comodidad
  Cuando otros luchan por tener el premio
  celestial?

  Coro
  Seré soldado de Cristo, no importa lo que
  otros harán;
  Cual su soldado me alisto y le he prometido
  lealtad:
  Yo lucharé por su gracia hasta que el triunfo
  vea yo,
  Seré soldado de Cristo, depender puede Él
  de mí.

2 El son de lucha llama ya las armas a tomar;
  Al frente vamos a pelear con gozo sin igual.
  Por Dios y por la santidad luchemos sin cesar;
  Pues nuestra fe triunfar hará y nos coronará.

3 Debo luchar si he de reinar, ¡Dame valor, Señor!
  Que pueda pruebas soportar, susténteme tu
  amor,
  Y cuando aquel día vendrá en filas estaré;
  Y en ropas de victoria irá glorioso mi gran Rey.

  — C.E. Morales, Trad.

270. Caminando con el Señor
(Walking in the Beautiful Light of God)

1 ¡Qué preciosa paz nos da de la vida en el viajar,
Mientras vamos caminando en la luz de Dios;
De hermosura sin igual nuestra senda nos será
Mientras vamos caminando en la luz de Dios!

Coro
Vamos caminando en la luz de Dios,
Vamos caminando en la luz de Dios,
Con Jesús en comunión, fiando en la Biblia de
Dios,
Mientras vamos caminando en la luz de Dios,

2 Cual la luz que da el Señor así nos muestra su
amor,
Mientras vamos caminando en la luz de Dios;
Con su santa redención purifica el corazón,
Mientras vamos caminando en la luz de Dios.

3 Sostengamos con Jesús, comunión en plena
luz,
Mientras vamos caminando en la luz de Dios
Y en perfecta libertad, triunfaréis por su
bondad,
Mientras vamos caminando en la luz de Dios.

4 A través del mundo cruel o del valle do no hay
miel,
Mientras vamos caminando en la luz de Dios;
Caminemos hacia Sion donde está nuestra
mansión,
Mientras vamos caminando en la luz de Dios.

— C.E. Morales, Trad.

271. Jesús de los Cielos
(Jewels)

1 Jesús de los cielos
   Al mundo bajó,
   En busca de joyas
   Que amante compró.

   Coro
   Los niños salvados
   Serán como el sol,
   Brillando en la gloria
   Del rey Salvador.

2 Angustias y muerte,
   Y horrible aflicción,
   Costaron las joyas
   Que amante compró.

3 Su hermosa diadema
   De eterno esplendor,
   La adornan las joyas
   Que amante compró.

4 Los niños y niñas
   Que van al Señor,
   Son todos, las joyas
   Que amante compró.

5 Venid, pues, alegres
   Al buen Redentor;
   Él quiere las joyas
   Que amante compró.

— *J.B. Cabrera, Trad.*

272. Oh Sí, Es un Cielo Aquí
(This 18 Like Heaven to Me)

1 Hay muchos que nunca comprenden porqué
   Me siento gozoso así;
   Crucé el Jordán y me encuentro en Canaán
   Oh, sí es un cielo aquí.

Coro
¡Oh sí, es un cielo aquí!
¡Oh sí, es un cielo aquí!
Crucé el Jordán y me encuentro en Canaán.
¡Oh sí, es un cielo aquí!

2 Al ver a los santos cantando así,
   La gente no sabe porqué;
   Es el Santo Espíritu, don del Señor,
   Que llena de todo poder.

3 Antemas celestes oímos cantar,
   Por tierra, el aire y el mar;
   Resuena el mensaje de paz y bondad,
   Que Cristo mandó pregonar.

4 Veremos a Cristo que en gloria vendrá,
   El mismo que al cielo subió;
   Sus ángeles mismos vendrán a llevar,
   Su Iglesia que fiel redimió.

— L.Domínguez, Trad.

273. Oh Jehová, Omnipotente Dios
(God of Our Fathers)

1 Oh Jehová, Omnipotente Dios,
   Tú que entre orbes reinas con poder,
   Inclínate a oír la humilde voz,
   Nuestra canción hoy dígnate atender.

2 Eterno Padre, nuestro corazón,
   A ti profesa un inefable amor;
   Entre nosotros tu presencia pon,
   Tiéndenos pues tu brazo protector.

3 A nuestra patria da tu bendición;
   Enséñanos tus leyes a guardar;
   Alumbra la conciencia y la razón;
   Domina siempre tú en todo hogar.

4 Defiéndenos del enemigo cruel;
  De nuestras faltas sé la corrección;
  Nuestro servicio sea siempre fiel;
  Y sénos tú la grande salvación.

274. Cristo la Roca
(I've Anchored in Jesus)

1 En las olas inmensas, de embravecido mar,
  Que asaltan de mi alma la pobre embarcación,
  De rodillas a Cristo clamé, y el huracán
  Deshecho fue al instante a la voz de Dios.

  Coro
  Es Cristo la Roca, el ancla de mi fe;
  Los males, lamentos, y ayes de temor,
  Terminan por siempre, con mi supremo Rey;
  Es Jesucristo mi refugio.

2 Me guarda de peligros de pruebas, de dolor;
  Él manda que los vientos no agiten tempestad,
  Los mares se detienen; la ola reposó,
  Y en Cristo fijo el ancla, confiando más.

3 Mi dulce Salvador, sí, mi hermoso Amigo y Dios,
  Que libra de tristezas y aleja amarga hiel,
  Por fe yo iré al cielo, mansión del Ser de amor,
  La fuente inagotable de dicha y bien.

  — *M. Lechuga, Trad.*

275. El Aposento Alto
(Old-time Power)

1 En un aposento alto,
  Con unánime fervor,
  Ciento veinte esperaban
  La promesa del Señor.

Coro
Dios, manda tu gran poder,
Dios, manda tu gran poder,
Dios, manda tu gran poder,
A cada corazón.

2 Con estruendo de los cielos
   Descendió la gran virtud;
   Todos fueron bautizados
   Con el Santo Espíritu.

3 Este gran poder antiguo
   Es del fiel celeste don;
   Prometido a los creyentes
   De humilde corazón.

—-H. W. Cragin, Trad.

276. Ama el Pastor Sus Oveias
(Dear to the Heart of the Shepherd)

1 Ama el pastor sus ovejas,
   Con un amor paternal;
   Ama el pastor su rebaño,
   Con un amor sin igual,
   Ama el pastor a las otras,
   Que descarriadas están,
   Y conmovido las busca,
   Por donde quiera que van.

Coro
Por el desierto errabundas,
Vense sufrir penas mil,
Y al encontradas en hombros,
Llévalas tierno al redil.

2 Ama el pastor sus corderos,
   Ámalos tierno el pastor;
   A los que a veces, perdidos,
   Se oyen gemir de dolor;

Ved al pastor conmovido,
Por los collados vagar,
Y los corderos en hombros,
Vedlo llevando al hogar.

3 Ama las noventa y nueve,
  Que en el aprisco guardó;
  Ama las que descarriadas,
  Por el desierto dejó,
  "¡Oh, mis ovejas perdidas!
  Clama doliente el pastor
  ¿Quiénes vendrán en mi ayuda,
  Para salvadas, Señor?"

4 Son delicados tus pastos,
  Y quietas tus aguas son;
  Henos aquí ¡oh Maestro!
  Danos hoy tu comisión;
  Haznos obreros fervientes,
  Llénanos de un santo amor
  Por las ovejas perdidas,
  De tu redil, buen Señor.

— *Epigmenio Velasco, Trad.*

277. Hay un Precioso Manantial
(There Is a Fountain)

1 Hay un precioso manantial
  De sangre de Emmanuel,
  Que purifica a cada cual
  Que se sumerge en él.
  Que se sumerge en él,
  Que se sumerge en él.
  Que purifica a cada cual
  Que se sumerge en él.

2 El malhechor se convirtió
  Pendiente de una cruz;
  Él vio la fuente y se lavó,
  Creyendo en Jesús.
  Creyendo en Jesús,
  Creyendo en Jesús.
  Él vio la fuente y se lavó,
  Creyendo en Jesús.

3 Y yo también mi pobre ser
  Allí logré lavar;
  La gloria de su gran poder
  Me gozo en ensalzar.
  Me gozo en ensalzar,
  Me gozo en ensalzar.
  La gloria de su gran poder
  Me gozo en ensalzar.

4 ¡Eterna fuente carmesí!
  ¡Raudal de puro amor!
  Se lavará por siempre en ti
  El pueblo del Señor.
  El pueblo del Señor,
  El pueblo del Señor.
  Se lavará por siempre en ti
  El pueblo del Señor.

278. Un Tiempo Hubo Sé
(The Old Account Settled)

1 Un tiempo hubo sé que en el libro de Dios
  Una cuenta restaba por deuda sin pagar;
  Mi nombre estaba allí con toda mi maldad;
  Mas fui a Jesucristo y todo lo arregló.

Coro
Mucho ha, mucho ha,
Que mi cuenta Jesucristo ya arregló;
Mis pecados Él borró, con su sangre me limpió
Y mi cuenta antigua Cristo ya arregló.

2 Debía mucho yo, y cada día más,
  Pues siempre yo pecaba, sin procurar cambiar;
  Mas cuando comprendí la convicción de Dios
  Fui luego a Jesucristo y Él todo lo arregló.

3 En el juicio final, cuando al mirar al Rey,
  Abiertos sean los libros, ya nada temeré.
  Alegre cantará feliz mi corazón
  Pues fui a Jesucristo y Él todo lo arregló.

4 Cuando en aquel hogar, hogar feliz de Dios;
  Yo cantaré la historia de amor y redención;
  Jamás olvidaré qué Libro me enseñó,
  Que Dios por Jesucristo, mi cuenta perdonó.

                              — *C.H. Miller, Trad*

279. Sentir Más Grande Amor
(More Love to Thee)

1 Sentir más grande amor por ti, Señor,
  Mi anhelo es mi oración que elevo hoy.
  Dame esta bendición: sentir por ti,
  Señor, Más grande amor, más grande amor.

2 Busqué mundana paz y vil placer:
  No quiero hoy nada más que tuyo ser.
  Oh, qué felicidad sentir por ti, Señor,
  Creciente amor, creciente amor.

3 Tu nombre al expirar invocaré,
  Contigo iré a morar, tu faz veré.
  Y por la eternidad pensando en tu bondad,
  Más te amaré, más te amaré.

                              — *E. Barocio, Trad.*

280. Su Sangre Mis Culpas Lavó
(Covered by the Blood)

1 En tinieblas vagué,
  Sin refugio ni fe,
  De Dios alejado, sin luz;
  Mas Jesús me salvó,
  Mis clamores oyó
  Y su sangre mis culpas lavó.

Coro

Mis pecados perdonó,
Mis pecados perdonó,
Mi trasgresión Cristo perdonó
Mi funesta iniquidad
Destruyó por su bondad,
Su sangre mis culpas ya lavó.

2 Libre estoy de mi mal,
   Y de afrenta carnal:
   Mi carga Jesús me quitó.
   Gracia inmensa y valor
   Recibí por su amor,
   Cuando le entregué todo al Señor.

3 No comprendo por qué,
   De su gracia gocé,
   Ni qué lo llevó a la cruz;
   Pero ¡gloria al Señor!
   Él es mi Salvador
   Y su sangre mis culpas lavó.

4 A mi ser le da paz,
   Y completo solaz,
   Con Él nada puedo temer.
   En la senda de amor,
   Me acompaña el Señor,
   Pues su sangre mis culpas lavó.

— H.T. Reza, Trad.

281. La Peña Fuerte

(A Shetter in the Time of Storm)

1 La Peña fuerte, el santo Dios
   Nos guarda de la tempestad;
   Busquemos, pues, su protección:
   Nos guarda de la tempestad.

Coro

En tierra calurosa Jesús nos da
Su sombra, sí, su sombra, sí;
Jesús es el peñasco que sombra da;
Nos guarda de la tempestad.

2 De día templa el gran calor;
   Nos guarda de la tempestad;
   Da paz de noche en derredor;
   Nos guarda de la tempestad.

3 Procelas surjan con furor;
   Nos guarda de la tempestad;
   Albergue ofrécenos su amor;
   Nos guarda de la tempestad.

4 La Peña de mi corazón
   Nos guarda de la tempestad;
   En cada amarga tentación
   Nos guarda de la tempestad.

   — T.M. Westrup, Trad.

282. Quitó Mi Carga
(My Burden Is Gone)

1 Antes vagaba en oscuridad
   Sin esperanza, sin luz,
   Hasta que mi alma por su bondad
   La rescató mi Jesús.

   Coro
   La carga que yo llevaba me la quitó;
   Las culpas que yo acumulaba me perdonó.
   Mi Salvador en la cruz murió,
   Y con su sangre me rescató,
   Libertad plena por fin me dio:
   Mis culpas Él perdonó.

2 Ya no más sombras ni soledad
   Pues la mañana brilló;
   No más temores ni ansiedad:
   Cristo mi alma salvó.

3 En servidumbre no vivo más
   Pues encontré libertad;
   Cristo me ofrece completa paz
   Por toda la eternidad.

   — H.T. Reza, Trad.

283. Haz lo que Quieras
(Have Thine Own Way, Lord)

1 Haz lo que quieras Señor, de mí;
   Tú el Alfarero, yo el barro soy;
   Dócil y humilde yo quiero ser;
   Cúmplase siempre en mí tu querer.

2 Haz lo que quieras Señor, de mí;
   Mírame y prueba mi corazón;
   Lávame y quita toda maldad
   Para que pueda contigo andar.

3 Haz lo que quieras Señor, de mí;
   Dueño absoluto sé de mi ser;
   Del Paracleto dame la unción,
   Que el mundo a Cristo pueda en mí ver.

                    — *Ernesto Barocio, Trad. (Alt.)*

284. No Me Importan Riquezas
(Is My Name Written There?)

1 No me importan riquezas de precioso metal,
   Si más rico tesoro puedo ir a gozar.
   En las páginas bellas de tu libro eternal,
   Dime, ¡oh Cristo bendito si mi nombre allí
   está!

   Coro
   ¡Oh, el libro precioso
   De tu reino eternal!
   Soy feliz para siempre
   Si mi nombre allí está.

2 Muchos son mis pecados cual la arena del mar,
   Mas tu sangre preciosa me los puede limpiar;
   Porque tú has prometido ¡oh bendito Emanuel!
   Si tus culpas son negras, blancas yo las haré.

3 ¡Oh ciudad deliciosa con mansiones de luz!
Do triunfante el cristiano goza ya con Jesús!
Do no entra el pecado, ni tristeza, ni mal;
Allí tengo mi herencia, si mi nombre allí está.

— *Pedro Grado, Trad.*

285. Bajo la Sangre Expiatoria
(Under the Atoning Blood)

1 Encontré un lugar do descansar,
Al amparo de su salvación,
Allí puedo a Cristo contemplar
En la sangre de Expiación.

Coro
Bajo de la sangre de Redención,
Bajo de la sangre de Redención,
Bien seguro me hallo y constante moro
En la sangre de Expiación.

2 ¿ Cuándo mi loor podré yo dar
A Jesús que mi maldad quitó?
En un mundo nuevo vivo ya,
En la sangre de Expiación.

3 Ningún mal a mi alma dañará,
Pues me cuida Cristo con amor,
A mi lado siempre Cristo irá,
En la sangre de Expiación.

4 Su grande poder mi alma sanó,
Con su sacrificio me salvó,
Guardaráme limpio el Salvador,
En la sangre de Expiación.

— *C.E. Morales, Trad.*

286. Gozo Da Servir a Cristo
(Joy in Serving Jesus)

1 Gozo da servir a Cristo,
En la vida diaria aquí;
Gozo, que con alegría,
Siempre Él me da a mí.

Coro
Gozo hay, sí, en servir a Cristo;
Gozo en el corazón.
Cada día Él da poder,
Me ayuda a vencer,
Y da gozo, gozo en el corazón.

2 Gozo da servir a Cristo;
Gozo que triunfante está
En la pena o tristeza:
Cristo en todo vence ya.

3 Gozo da servir a Cristo,
Aunque solo ande yo;
Es el gozo permanente
Que el Calvario nos logró.

4 Gozo da servir a Cristo:
Gozo en la oscuridad;
Porque tengo el secreto
De la Luz de la Verdad.

— Sra. F. de Sholin, Trad.

287. Dondequiera con Jesús
(Anywhere with Jesus)

1 A cualquiera parte sin temor iré,
Si Jesús dirige mi inseguro pie;
Sin su compañía todo es pavor,
Mas si Él me guía no tendré temor.

Coro
Con Jesús por doquier, sin temor iré,
Si Jesús me guía nada temeré.

2 Con Jesús por guía donde quiera voy;
Caminando en pos de Él seguro estoy,
Y aunque padre y madre me pueden faltar,
Jesucristo nunca me abandonará.

3 Dondequiera con Jesús, en tierra y mar,
   Quiero ser su fiel testigo sin cesar,
   Y si por desierto mi camino va,
   Un seguro albergue mi Jesús será.

4 Dondequiera paso yo la noche atroz,
   Porque siempre oigo su benigna voz;
   El de día y noche a mi lado está,
   Y en plena gloria me despertará.

288. Da lo Mejor al Maestro
(Give of Your Best to the Master)

1 Da lo mejor al Maestro;
   Tu juventud, tu vigor,
   Dale el ardor de tu alma,
   Lucha del bien en favor.
   Cristo nos dio el ejemplo
   Siendo Él joven de valor;
   Séle devoto ferviente,
   Dale de ti lo mejor.

   Coro
   Da lo mejor al Maestro;
   Tu juventud, tu vigor;
   Dale el ardor de tu alma,
   De la verdad lucha en pro.

2 Da lo mejor al Maestro;
   Dale de tu alma el honor,
   Que sea Él en tu vida
   El móvil de cada acción.
   Dale y te será dado
   El Hijo amado de Dios,
   Sírvele día por día;
   Dale de ti lo mejor.

3 Da lo mejor al Maestro;
  Nada supera su amor,
  Se dio por ti a si mismo
  Dejando gloria y honor.
  No murmuró al dar su vida
  Por salvarte del error
  Ámale más cada día;
  Dale de ti lo mejor.

— Ernesto Barocio, Trad.

289. Vale la Pena Servir a Jesús
(It Pays to Serve Jesus)

1 Servir a Jesús, proclamar su verdad
  Es grande placer y felicidad;
  En Cristo y la Biblia glorioso es confiar,
  ¡Qué bueno es servir a Jesús!

Coro
  ¡Qué bueno es servir, sí, servir a Jesús!
  ¡Qué bueno es servir a Jesús!
  Aunque aquí nos parezca el camino muy cruel
  Siempre en Cristo hay paz y solaz.

2 ¡Qué bueno es servir a Jesús siempre aquí!
  Ser siempre veraz, luchando feliz;
  Riquezas de gloria en Él hay, oh sí,
  ¡Qué bueno es servir a Jesús!

3 Si pena y tristeza te quieren cercar
  Y triste tu ser desea el dulce hogar;
  No temas, tus luchas, Jesús premiará,
  ¡Qué bueno es servir a Jesús!

— C.E. Morales, Trad.

290. Vencerás, Vencerás
(Victory All the Time)

1 Los que son de Cristo fuerza gozarán,
Fuerza de vencer al fiero tentador;
Esta es la promesa que Dios cumplirá
Sobre los creyentes en el Salvador.

Coro
Vencerás, vencerás, Por la sangre de Jesús;
Vencerás, vencerás,
Vencerás con Él.
Lo que ha prometido,
Siempre lo ha cumplido,
Los que le conocen siempre vencerán.

2 En la cruenta lucha no has de desmayar,
Aunque las tinieblas quiérante cegar,
Grande fortaleza en Jehová tendrás,
Y con su poder al mundo vencerás.

3 Ponte la armadura de Jesús el Rey
Sé valiente y puro cual lo fue Daniel;
Andarás gozoso con su santa grey
Y al fin obtendrás un inmortal laurel.

— H.T. Reza, Trad.

291 . Ante Mi Señor
(Waiting on the Lord)

1 Ante mi Señor, busco la promesa,
Ante mi Señor, de quitar el mal;
Ante mi Señor, busco la pureza,
Y el poder pentecostal.

Coro
El fuego, el fuego,
Nos libra del pecar,
Imparte santidad.
El fuego, el fuego,
El gran poder pentecostal.

2 Ante mi Señor, dando todo a Cristo
  Ante mi Señor, dejo mi maldad,
  Ante mi Señor, pues Él ha provisto
  El poder pentecostal.

3 Ante mi Señor, su poder anhelo,
  Ante mi Señor, busco su bondad;
  Ante mi Señor, su esperanza quiero
  Y el poder pentecostal.

— Sergio Franco, Trad.

292. En la Senda de Santidad
(Walking in the King›s Highway)

1 El desierto flor producirá,
  Si ando con Jesús el Rey;
  Notas dulces mi alma cantará,
  Si ando con Jesús el Rey.

Coro
En la senda de santidad
Pecado jamás tendré,
El amor de Dios brillará,
Si ando con Jesús el Rey.

2 Miraré la gloria de Jehová,
  Si ando con Jesús el Rey;
  La hermosura de su santidad,
  Si ando con Jesús el Rey.

3 La sequía no me vencerá,
  Si ando con Jesús el Rey;
  Hay torrentes en la soledad,
  Si ando con Jesús el Rey.

4 Los temores no me detendrán,
  Si ando con Jesús el Rey;
  A los santos Él bendecirá,
  Si ando con Jesús el Rey.

— H.T. Reza, Trad.

293. Jesús Sólo Me Guiará
(The Way of the Cross Leads Home)

1 Al Calvario sólo Jesús ascendió,
  Llevando pesada cruz,
  Y al morir en ella al mortal dejó
  Un fanal de gloriosa luz.

  Coro
  Jesús sólo me guiará,
  Jesús sólo me guiará,
  A mi hogar de paz y de eterno amor,
  Jesús sólo me guiará.

2 En Jesús el alma tan sólo hallará,
  La fuente de inspiración;
  Nada grande y digno en el mundo habrá,
  Que en Jesús no halle aprobación.

3 por Jesús yo voy a mi hogar celestial
  El rumbo marcado está;
  En mi oscura vida será el fanal,
  Y a su luz mi alma siempre irá.
                    — *Vicente Mendoza, Trad.*

294. Protege Mi Alma
(He Hideth My Sout)

1 Un gran Salvador es Jesús el Señor,
  Un gran Salvador para mí.
  Protege mi vida de todo temor,
  Refugio me ofrece aquí.

  Coro
  Protege mi alma de todo temor,
  La libra de toda ansiedad.
  Mis dudas quitó Y yo sé que su amor,
  Feliz protección me dará,
  Feliz protección me dará.

2 Un gran Salvador es Jesús el Señor,
   Mi horrendo pecado quitó.
   Me guarda y sostiene feliz en su amor,
   Mi vida del mal redimió.

3 Raudales de gracia recibo de Él,
   Raudales de paz y virtud;
   Su espíritu inunda del todo mi ser,
   De gozo, sin par plenitud.

4 Al ser transportado en las nubes feliz,
   Con gloria mi Dios a encontrar,
   Su amor infinito, su gracia sin fin,
   Mis labios habrán de alabar.

— *H.T. Reza, Trad.*

295. Él Me Salvó
(He Brought Me Out)

1 Estando en miserias y mal pertinaz,
   Viviendo en pecado, sin Cristo, sin paz;
   Clamé con angustia, pedí su perdón
   Y entonces Jesús me dio la salvación.

Coro
   Del cieno inmundo me levantó
   En una roca me afirmó,
   Un canto nuevo por fin me dio
   Un canto fiel: ¡Aleluya!

2 En una gran roca Jesús me afirmó,
   Mis débiles pasos su amor dirigió
   Si fiel permanezco, no habré de temer
   Pues Él con su gracia me ha de sostener.

3 Me dio canto nuevo, celeste, sin par;
   Sus notas alegres habré de cantar;
   Mi alma rebosa de gozo y de amor,
   Mis labios alabarán a mi Señor.

4 Alabo su tierna bondad para mí,
  Bendigo su sangre vertida por mí;
  Diré por doquiera que Cristo Jesús
  Está listo a darnos de su tierna luz.

— H.T. Reza, Trad.

296. Vida Eterna
(Living Forever)

1 Vida eterna, preciosa verdad,
  Cristo me trajo inmortalidad;
  Vida eterna sin más padecer,
  Aunque los soles dejaran de ser.

Coro
Vida eterna, muerte, no nunca
Vida eterna, preciosa verdad;
¡Qué linda historia! ¡A Dios sea la gloria!
Vida eterna por la eternidad.

2 Vida eterna, promesa de Dios,
  Para aquellos que oyen su voz;
  Vida eterna en Cristo Jesús,
  No habrá más noche sino bella luz.

3 Vida eterna en que reina el amor
  En el país donde no hay más terror,
  Vida eterna de plena salud,
  Vida de gozo, de gran plenitud.

4 Vida eterna, feliz porvenir
  Hay para aquel que acepta el vivir,
  Cristo te llama, ¡oh ven sin tardar!
  Ven a sus brazos, te puede salvar.

— H.C. Ball, Trad.

297. Jesús, Tu Excelso y Dulce Amor
(Jesus, Thine All-Victoriuos Love)

1 Jesús, tu excelso y santo amor
　Ofreces al mortal;
　Para que viendo sólo a Dios
　Se aleje de su mal.

2 Oh, fuego santo del Señor
　En mí ven a morar;
　La escoria quita y el dolor
　Mi vida al aceptar.

3 Mi rebelión consumirás
　Al acercarme a ti,
　Y el Santo Espíritu darás
　Que se derrame en mí.

4 Entonces firme yo estaré
　Gozando en el Señor,
　Pues si tú vives en mi ser
　Tendré perfecto amor.

— *H.T. Reza, Trad.*

298. Cuando Sopla Airada la Tempestad
(We Have an Anchor)

1 Cuando sopla airada la tempestad
　Y tu barca en grave peligro está
　¿Tienes tal confianza y seguridad
　Sin tener una ancla que apoyo da?

Coro
　Ancla tenemos, que nos dará
　Apoyo firme en la tempestad,
　En la Roca eterna fija está,
　Sólo allí tendremos seguridad.

2 Arrecifes hay que marcando van
   El sendero triste de muerte cruel
   Donde vidas mil naufragando están,
   Sin tener una ancla ni timonel.

3 Más segura está mientras rugen más
   Los furiosos vientos de la maldad
   Cuyas iras no romperán jamás
   Nuestra grande y firme seguridad.

4 En las negras ondas de la ansiedad
   Cuando soplan vientos de destrucción
   Nuestra barca cruza la inmensidad,
   Del Señor llevando la protección.

                          — *V. Mendoza, Trad.*

299. Es el Tierno Jesucristo
(It Is Jesus)

1 Al gozar el día de quieta paz,
   Cuando el bien victoria por fin tendrá,
   Cuando el sol feliz nos alumbrará,
   Uno hay que fiel nos alegrará.

   Coro
   Es el tierno Jesucristo,
   Quien conoce mi necesidad;
   Es el tierno Jesucristo,
   Redentor en verdad.

2 Al viajar en pos del bendito Dios
   Nuestra senda fiel nos señalará;
   Nuestro ejemplo es Él en la adversidad,
   Y dominará toda tempestad.

3 Al venir el llanto y necesidad,
   En el frío intenso y oscuridad,
   Qué consuelo da el saber que hay
   Quien la noche cruenta disipará.

4 Si tras cruel luchar vemos fracasar,
   Esperanza y plan y el ansioso afán;
   El Señor Jesús nos alentará,
   Y de la tristeza nos cubrirá.

   — Sergio Franco, Trad.

300. Jesús Me Incluye a Mí
(He Included Me)

1 Salvo y feliz por Jesús ya soy,
   Y por mi senda cantando voy;
   Sí, soy feliz, pues seguro estoy,
   Que Jesús me incluye a mí.

   Coro
   Jesús me incluye a mí,
   Oh sí, me incluye a mí;
   En su tierno llamamiento
   Él me incluye a mí.
   Jesús me incluye a mí;
   Oh sí, me incluye a mí;
   En su tierno llamamiento
   Él me incluye a mí.

2 Gozo al leer: el que tenga sed,
   Venga a la fuente de vida y bien.
   ¡Gozo inefable! Muy bien lo sé
   Que Jesús me incluye a mí.

3 Siempre el Espíritu dice:
   Ven, Al que te llama al más alto Edén;
   En su llamar me hace ver también,
   Que Jesús me incluye a mí.

4 Alma infeliz, ven y encontrarás
   Dicha indecible, consuelo y paz;
   Ven sin tardar y saber podrás
   Que Jesús te incluye a ti.

   — S.D. Athans, Trad.

301. La Voluntad de Dios

(Sweet Will of God)

1 Mi voluntad la he rendido
   Y pertenezco sólo a ti
   Humildemente yo te pido:
   "Tu voluntad se haga en mí".

   Coro
   Oh, dulce Bien, a ti me entrego,
   Tu voluntad hoy haz en mí.
   Oh, Dios bendito, mi ser contrito,
   Consagro solamente a ti.

2 Estoy hastiado de mi culpa,
   Y sólo tú perdonarás.
   No puedo darte otra disculpa,
   A ti me acerco nada más.

3 Tu voluntad, oh Rey precioso,
   Rendido quiero aceptar.
   El Santo Espíritu, de gozo
   Mi alma quiera inundar.

4 Contigo siempre, Dios amado,
   Mi pie seguro estará.
   ¿Quién, de tu amor ilimitado
   Podrá mi vida separar?

   — *H. T. Reza, Trad.*

302. Cristo Habita en Mi Ser

(Constantly Abiding)

1 En mi ser tengo paz, una célica paz
   Que el mundo no puede quitar;
   En la prueba fatal o en la lucha mortal
   Tengo paz inefable y sin par.

Coro
En mi ser habita,
Cristo el Señor;
En mi ser habita;
¡Oh qué amor!
Él no me desampara,
Pues promete fiel
Que estará conmigo
Mi Salvador.

2 Cuando vine a Jesús, encontré plena luz,
  Su paz a mi alma inundó;
  La tristeza acabó y la noche pasó
  Porque Cristo Jesús me salvó.

3 Esta paz sin igual que me libra de mal,
  Sublime, sin par, eternal;
  No la quiero dejar, pues me ha de llevar
  A mi eterna mansión celestial.

— H.T. Reza, Trad,

303. Jesús, Yo Te Amo
(My Jesus, I Love Thee)

1 Jesús, yo te amo y tuyo seré,
  Por ti los placeres del mundo dejé,
  Pues tú me redimes, me das salvación,
  Borrando mis culpas, me diste perdón.

2 Primero me amaste y diste por mí,
  De sangre preciosa, raudal carmesí;
  Con ella pagaste mi gran trasgresión,
  Borrando mis culpas, me diste perdón.

3 En bellas mansiones, celestes sin par,
  Tus glorias eternas habré de cantar;
  Tu gracia bendita será mi canción,
  Borrando mis culpas, me diste perdón.

— J.N. de los Santos, Trad.

304. Alabado el Gran Manantial
(Whiter than the Snow)

1 ¡Alabado el gran manantial
   Que de sangre Dios nos mostró!
   ¡Alabado el Rey que murió;
   Su pasión nos libra del mal!
   Lejos del redil de mi dueño
   Vime mísero, pequeño, vil.
   El Cordero sangre vertió;
   Me limpia sólo este raudal.

   Coro
   Sé que sólo así
   Me emblanqueceré
   Láveme en su sangre Jesús
   Y nívea blancura me dé.

2 La punzante insignia llevó;
   En la cruz dejó de vivir;
   Grandes males quiso sufrir;
   No en vano empero, sufrió.
   Al gran manantial conducido
   Que de mi maldad ha sido fin,
   "Lávame" le pude decir,
   Y nívea blancura me dio.

3 Padre, de ti lejos vagué,
   Extravióse mi corazón;
   Como grana mis culpas son;
   No con agua limpio seré.
   A tu fuente magna acudí,
   Tu promesa creo buen Jesús,
   La eficaz virtud de tu don
   La nívea blancura me dé.

   — *T.M. Westrup, Trad.*

305. ¡Oh, Cuánto Amo a Cristo!
(Oh, How I Love Jesus!)

1 Es Cristo quien por mí murió,
   Mis culpas por borrar,
   Cuán grandes penas Él sufrió,
   Cuán grande es su amor.

   Coro
   ¡Oh, cuánto amo a Cristo!
   ¡Oh, cuánto amo a Cristo!
   ¡Oh, cuánto amo a Cristo!
   Porque antes me amó.

2 Jesús su sangre derramó,
   Mi Rey por mí murió;
   Por mí, porque Él me amó,
   Mi iniquidad limpió.

3 ¡Oh! nunca puedo yo pagar,
   La deuda de su amor;
   Estoy aquí mi Salvador,
   Recíbeme, Señor.

4 Vivir con Cristo es tener paz,
   Con Él habitaré;
   Pues suyo soy y de hoy en más,
   De nadie temeré.

306. La Gloriosa Aparición
(We Shall See the King Someday)

1 Día de victoria y gozo celestial,
   Cuando Cristo volverá;
   ¡Qué glorioso encuentro con mi Salvador,
   En las nubes se verá!

   Coro
   En las nubes Él vendrá,
   En aquel día final;
   Cristo el Salvador muy pronto volverá,
   Por aquellos que Él amó.

2 Día de gran gozo, día sin igual,
 Cuando Cristo volverá;
 De la tierra al cielo Él nos llevará,
 A su seno paternal.

3 Oye la trompeta que anunciando está,
 La venida del Señor;
 Ya no más dolores, ya no más afán,
 Con Jesús triunfó el amor.

— H.C. Ball, Trad.

307. Cristo Es Mi Dulce Salvador
(Jesus Is All the World to Me)

1 Cristo es mi dulce Salvador,
 Mi bien, mi paz, mi luz,
 Mostróme su infinito amor,
 Muriendo en dura cruz.
 Cuando estoy triste encuentro en Él
 Consolador y Amigo fiel;
 Consolador y Amigo fiel, es Jesús.

2 Cristo es mi dulce Salvador,
 Su sangre me compró;
 Con sus heridas y dolor,
 Perfecta paz me dio.
 Dicha inmortal allá tendré,
 Con Cristo siempre reinaré,
 Dicha inmortal allá tendré, con Jesús.

3 Cristo es mi dulce Salvador,
 Mi eterno Redentor,
 ¡Oh! nunca yo podré pagar
 La deuda de su amor;
 Le seguiré pues en la luz,
 No temeré llevar su cruz,
 No temeré llevar la cruz, de Jesús.

4 Cristo es mi dulce Salvador,
   Por el salvado soy;
   La roca de la eternidad,
   En quien seguro estoy;
   Gloria inmortal allá tendré,
   Con Cristo siempre reinaré,
   Gloria inmortal allá tendré, con Jesús.

   — S.D. Athans, Trad.

308. Cristo Es Mío

(It is Mine)

1 El amor de Dios siento en mi corazón,
   El amor de Dios, el amor de Dios;
   Él me ha dado hoy también su salvación,
   Gloria a Cristo por su amor.

   Coro
   Cristo es mío, mío, gloria sea a Él,
   Él me ha dado paz y felicidad,
   Cristo es mío, mío, gloria sea a Él,
   Mío por la eternidad.

2 Él ha puesto en mi alma una dulce paz,
   Es la santa paz, es la paz de Dios;
   Y al momento Él me da la libertad,
   Porque es mío en verdad.

3 Él me ha dado gozo y también amor
   Yo lo siento en mí, yo lo siento en mí,
   Y a Él yo quiero siempre serle fiel
   Y servirle sólo a Él.

4 Él me guarda siempre me sostiene fiel
   Porque soy de Él, porque soy de Él;
   Quiero yo también ser muy brillante luz
   Y alabar a mi Jesús.

309. Melodías Celestiales
(He Keeps Me Singing)

1 Dulces melodías cantaré,
   Y alabanzas al Señor,
   A su nombre gloria yo daré,
   Por su inefable amor.

   Coro
   De Jesús el nombre,
   Dulce es para mí,
   Canta el alma mía
   Melodías a mi Rey.

2 Yo vivía en sombras y en dolor,
   Triste, herido, pobre y vil,
   Mas la tierna mano del Señor,
   Me llevó a su redil.

3 Fuente perennal de gracia hallé
   Al amparo de su amor,
   Su sonriente faz me imparte fe,
   Esperanza y valor.

4 Aunque por el valle de aflicción
   Tenga que pasar aquí,
   Mi Jesús dará su protección,
   Él se acordará de mí.

5 La rosada aurora anuncia ya
   Que Jesús por mí vendrá,
   Mi alma alegre con Él reinará
   En la celestial ciudad.
   — *S.D. Athans, Trad.*

310. Jesús Vendrá Otra Vez
(Our Lord's Return to Earth)

1 Yo espero el día alegre cuando Cristo volverá,
   Pues vendrá al mundo pronto y nos arrebatará;
   ¡Oh, qué gozo este pensamiento a mi alma da:
   El que Cristo venga al mundo otra vez!

Coro
¡Oh! Jesús vendrá al mundo otra vez,
Sí, Jesús vendrá al mundo otra vez;
Le veremos en las nubes con los ángeles de luz,
Cuando Cristo venga al mundo otra vez.

2 La venida de Jesús será el remedio del dolor
   Que aflige siempre a este pobre mundo pecador;
   Toda lágrima se enjugará por nuestro Salvador;
   Cuando Cristo venga al mundo otra vez.

3 Llegarán los santos a Sion con gozo eternal,
   Y en todo el santo monte nada daña ni hace mal,
   Pues conocerán a Dios, entonces, todos por igual,
   Cuando Cristo venga al mundo otra vez.

4 El pecado, pena y muerte en este mundo cesarán
   Mártires y santos con Jesús por siempre reinarán
   Cada alma gozará de paz perfecta, sin afán,
   Cuando Cristo venga al mundo otra vez.

— H.W. Cragin, Trad.

311. Mi Amigo Maravilloso
(My Wonderful Friend)

1 Hallé un Salvador admirable
   En Cristo mi Rey y Señor;
   Su gran devoción inmutable
   A mi alma hace darle loor.

Coro
¡Cuán admirable es Jesús el Señor!
Constante y fiel es Cristo;
Otro cual Él yo jamás podré hallar,
Jesús es mi amigo en verdad.

2 Mayor es su amor al materno
   Que pueda por su hijo tener
   Su grande cariño es eterno;
   Jamás compararlo podré.

3 El mundo y sus muchos placeres
   Son nada ante el gozo que Él da;
   La paz que Jesús me concede
   Tristeza jamás destruirá.

4 En medio de las tempestades
   Jesús mi piloto será;
   De todo Él sabrá libertarme,
   Mi alma segura estará.

— C. E. Morales, Trad.

312. Maravilloso y Admirable
('Tis Marvelous and Wonderful)

1 Jesús ha venido en su gran poder,
   A darle paz a mi ser;
   Ya toda mi vida se la entregué;
   Y su voluntad haré.
   Su voluntad haré.

   Coro
   Oh, cuán hermoso fue,
   Cuán hermoso fue, hermoso fue
   Lo que mi Señor quiso hacer por mí,
   Jamás podré describir.
   Cuán admirable es,
   Portentoso y muy admirable fue,
   Lo que mi Señor quiso hacer por mí,
   Jamás podré describir.

2 Fue sólo un reflejo del gozo aquel
   Que Dios me guarda en Canaán,
   Allí donde el gozo, cual leche y miel,
   Por siempre fluyendo está.
   Siempre fluyendo está.

3 De gloria en gloria me guía Él,
   De gracia en gracia también;
   Creciente la gloria ya puedo ver,
   Al ir con rumbo a Salem.
   Yendo rumbo a Salem.

4 Si aquí la amistad de mi Cristo es,
  Un inefable placer;
  ¿Qué gozo será cuando le veré,
  Y junto a Él viviré?
  ¿Junto a Él viviré?

— H.T. Reza, Trad.

313. Oh Ven, Espíritu de Amor
(There is a Name I Love to Hear)

1 Oh ven, Espíritu de amor,
  Paloma celestial,
  Promesa fiel del Salvador,
  De gracia manantial.

2 Aviva nuestra escasa fe,
  Y danos tu salud;
  Benigno guía nuestro pie
  Por sendas de virtud.

3 Consuela nuestro corazón,
  Y habita siempre en él;
  Concédele el precioso don
  De serte siempre fiel.

4 Tus frutos da de suave olor:
  Al corazón, solaz,
  Benignidad, paciencia, amor,
  Bondad, templanza y paz.

— J.B. Cabrera, Trad.

314. Cuando Él Vino a Mi Corazón
(Since Jesus Came Into My Heart)

1 Cuán glorioso es el cambio operado en mi ser,
  Viniendo a mi vida el Señor;
  Hay en mi alma una paz que yo ansiaba tener,
  La paz que me trajo su amor.

Coro
Él vino a mi corazón,
Él vino a mi corazón,
Soy feliz con la vida que Cristo me dio,
Cuando Él vino a mi corazón.

2 Ya no voy por la senda que el mal me trazó,
  Do sólo encontré confusión;
  Mis errores pasados Jesús los borró,
  Cuando Él vino a mi corazón.

3 Ni una sombra de duda oscurece su amor,
  Amor que me trajo el perdón;
  La esperanza que aliento la debo al Señor
  Cuando Él vino a mi corazón.
  — *V. Mendoza, Trad.*

315. Libre Estoy
(My Burdens Rolled Away)

1 Yo vagaba mucho tiempo en el error,
  Agobiado en el pecado y el temor,
  Cuando vi al Salvador, y escuché su tierna voz,
  Mi Jesús me hizo libre por su amor.

Coro
Libre estoy, libre estoy,
Por la gracia de Jesús libre estoy;
Libre estoy, libre estoy,
Aleluya, por la fe, libre estoy.

2 Yo vagaba mucho tiempo en el error,
  Sin pensar en el amor del Salvador;
  Yo vagaba más y más, lejos de mi Redentor,
  Mas ahora por su muerte libre estoy.

3 Yo vagaba mucho tiempo en el error,
  Mas ahora quiero andar con mi Señor,
  Quiero oír su tierna voz, y seguirle siempre
  en pos,
  ¡Gloria, gloria sea a nuestro buen Pastor!
  — *H.C. Ball, Trad.*

316. El Piloto Es Mi Jesús

1 Es mi vida cual el mar,
  Pero voy sin titubear,
  Los escollos al cruzar,
  El Piloto es mi Jesús.

Coro
Voy hacia la eternidad,
El Piloto es mi Jesús.
Por la fe en Él llegaré,
Hasta el puerto de salud.
Él me da seguridad,
Santo gozo, bella luz.

2 Vendaval hay por doquier,
  Mas no tengo que temer;
  Nada me podrá vencer,
  El Piloto es mi Jesús.

3 La tormenta al arreciar,
  Mi bajel hace temblar;
  Puedo aún así cantar:
  El Piloto es mi Jesús.

— *E. Rosales D.*

317. Sobre esta Piedra, Señor
(On This Stone Now Laid with Prayer)

1 Sobre esta piedra, Señor
  Tu Iglesia pueda construir
  Símbolo fiel de tu amor,
  Que logres tú bendecir.

2 Que el Hijo santo de Dios,
  Que al hombre vino a salvar,
  Pueda brindarnos su voz
  De aprobación y verdad.

3 Que el Santo Consolador
  Al esta escena mirar,
  Pueda con célico amor
  Acto solemne aprobar.

4 La voz escucha, Señor
  Que hoy elevamos aquí,
  Pueda esta Casa, buen Dios,
  Morada ser para ti.

5 Piedras vivientes serán
  Los de esta congregación,
  Para tu templo formar
  En cada fiel corazón.

  — H.T. Reza, Trad.

318. Mi Amor y Vida
(I'll Live for Him)

1 Mi amor y vida doy a ti,
  Jesús quien en la cruz por mí,
  Vertiste sangre carmesí,
  Mi Dios y Salvador.

  Coro
  Mi amor y vida doy a ti,
  Quien fuiste a la cruz por mí;
  Mi amor y vida doy a ti,
  Jesús mi Salvador.

2 Que tú me salvas, esto sé;
  He puesto en ti mi humilde fe;
  Feliz entonces viviré
  Contigo mi Jesús.

3 Tú, quien moriste en la cruz,
  Concédeme, Señor Jesús
  Que siempre ande en tu luz,
  En fiel consagración.

319. El Amor de Dios
(The Love of God)

1 ¡Oh, amor de Dios! tu inmensidad
  Él hombre no podrá contar,
  Ni concebir la gran verdad
  Que Dios al mundo pudo amar.
  Al primer par, de su hogar
  Echados, compadeció;
  Y les vistió, les perdonó,
  Y un Redentor prometió.

Coro
¡Oh, amor de Dios! Brotando está,
Inmensurable, eternal;
Por las edades durará,
Inagotable raudal.

2 Si fuera tinta todo el mar,
   Y todo el cielo un gran papel,
   Y cada hombre un escritor,
   Y cada hoja un pincel,
   Nunca podrían describir
   El gran amor de Dios
   Que al hombre pudo redimir
   De su pecado atroz.

3 Y cuando el tiempo pasará,
   Con cada reino mundanal,
   Y cada trono caerá,
   Con cada trama y plan carnal,
   El gran amor del Redentor
   Por siempre durará;
   La gran canción de salvación
   Su pueblo cantará.

— W.R. Adell, Trad.

320. Las Santas Escrituras
(Jesus Paid It All)

1 Padre, tu Palabra es
   Mi delicia y mi solaz:
   Guíe siempre aquí mis pies,
   Y a mi pecho traiga paz.

Coro
Es tu ley, Señor,
Faro celestial,
Que en perenne resplandor,
Norte y guía da al mortal.

2 Si obediente oí tu voz,
   En tu gracia fuerza hallé,
   Y con firme pie y veloz,
   Por tus sendas caminé.

3 Tu verdad es mi sostén,
   Contra duda y tentación,
   Y destila calma y bien
   Cuando asalta la aflicción.

4 Son tus dichos para mí,
   Prendas fieles de salud;
   Dame pues que te oiga a ti,
   Con filial solicitud.

— J.B. Cabrera, Trad.

321. Las Promesas de Jesús
(Standing on the Promises)

1 Todas las promesas del Señor Jesús,
   Son apoyo poderoso de mi fe;
   Mientras luche aquí buscando yo su luz,
   Siempre en sus promesas confiaré.

   Coro
   Grandes, fieles,
   Las promesas que el Señor Jesús ha dado,
   Grandes, fieles,
   En ellas para siempre confiaré.

2 Todas sus promesas para el hombre fiel,
   El Señor en sus bondades cumplirá;
   Y confiando sé que para siempre en Él,
   Paz eterna mi alma gozará.

3 Todas las promesas del Señor serán,
   Gozo y fuerza en nuestra vida terrenal;
   Ellas en la dura lid nos sostendrán,
   Y triunfar podremos sobre el mal.

— Vicente Mendoza, Trad.

322. Salvador, Mi Bien Eterno
(Close to Thee)

1 Salvador, mi bien eterno
  Más que vida para mí,
  En mi fatigosa senda
  Cerca siempre te halle a ti.
  Junto a ti, junto a ti,
  Junto a ti, junto a ti:
  En mi fatigosa senda
  Cerca siempre te halle a ti.

2 No los bienes, no placeres,
  Ni renombre busco aquí.
  En las pruebas, en desdenes,
  Cerca siempre te halle a ti.
  Junto a ti, junto a ti,
  Junto a ti, junto a ti;
  En las pruebas, en desdenes,
  Cerca siempre te halle a ti.

3 Yendo por sombrío valle,
  En rugiente mar hostil,
  Antes y después del trance,
  Cerca siempre te halle a ti.
  Junto a ti, junto a ti,
  Junto a ti, junto a ti:
  Antes y después del trance
  Cerca siempre te halle a ti.

323. La Antigua Biblia y la Antigua Fe
(The Old Book and the Old Faith)

1 Entre duda y mal en que teméis quizá
  Permanece un Libro santo y eficaz;
  Aunque el mundo pase, nunca cambiará,
  Porque Dios ha dicho que siempre durará.

Coro
La Biblia y la fe antigua
Son las rocas en que estoy.
La Biblia y la fe antigua
Del país defensa son;
Han resistido oposición
De todo el mundo en derredor.
La Biblia y la fe antigua
La esperanza doquier son.

2 Este libro dice del eterno Dios
  Que por gran amor al mundo a su Hijo envió:
  Que por sus promesas riquezas ofreció;
  Y a todo el que cree le da plena salvación.

3 De la voluntad de Dios nos habla él,
  Y del Salvador que al mundo descendió,
  De las duras pruebas que Jesús sufrió
  Y del gran poder que nos da para vencer.

4 De la vida eterna nos explica aquí,
  Que recibiremos tras servicio leal;
  Y al vencer la muerte y a la Sion entrar
  Viviremos con gozo, paz y luz sin fin.

Coro Final
Oh, la antigua Biblia y la antigua fe,
Son las rocas en que estoy,
Oh, la excelsa Biblia y la amada fe,
La esperanza doquier son.

— *C.E. Morales, Trad.*

324. Santa Biblia
(Holy Bible, Book Divine)

1 Santa Biblia, para mí
  Eres un tesoro aquí;
  Tú contienes con verdad
  La divina voluntad;
  Tú me dices lo que soy,
  De quién vine y a quién voy.

2 Tú reprendes mi dudar;
   Tú me exhortas sin cesar;
   Eres faro que a mi pie,
   Va guiando por la fe
   A las fuentes del amor
   Del bendito Salvador.

3 Eres infalible voz
   Del Espíritu de Dios,
   Que vigor al alma da
   Cuando en aflicción está;
   Tú me enseñas a triunfar
   De la muerte y el pecar.

4 Por tu santa letra sé
   Que con Cristo reinaré.
   Yo que tan indigno soy,
   Por tu luz al cielo voy;
   ¡Santa Biblia! para mí
   Eres un tesoro aquí.

   — *P. Castro, Trad.*

325. Gozo la Santa Palabra al Leer

(Jesus Loves Even Me)

1 Gozo la santa Palabra al leer,
   Cosas preciosas allí puedo ver;
   Y es la más bella: que el buen Redentor,
   Tiene a los niños muy tierno amor.

   Coro
   Con tierno amor me ama Jesús,
   Me ama Jesús, me ama Jesús,
   Con tierno amor me ama Jesús,
   Me ama aun a mí.

2 Me ama Jesús, pues al mundo bajó,
   Y por salvarme su vida entregó,
   A sus discípulos Él dijo así,
   Dejad los niños que vengan a mí.

3 Cuando yo esté en la celeste mansión,
  Esta por siempre será mi canción:
  ¡Oh! buen Jesús te bendigo yo a ti,
  ¡Qué maravilla-me amaste a mí!

326. Creo en la Biblia
(I Believe the Bible)

1 Creo en la Biblia, el Libro redentor,
  Pues de Jesucristo muestra el dulce amor;
  Todos mis pecados ya borrados son;
  Paz y gozo tengo en mi corazón.

  Coro
  Creo en la Biblia, Libro de mi Dios;
  Música del cielo, para mí es su voz;
  Muéstrame el camino, y me trae dulce paz,
  Hallo en la Biblia todo mi solaz.

2 Creo en la Biblia, enséñame a cantar
  Cantos de victoria, de su amor sin par;
  Suaves melodías, tengo en mi alma hoy,
  Porque redimido por la sangre estoy.

3 En la Santa Biblia encuentro santidad,
  Dádiva de Cristo, y su voluntad;
  Todos los que buscan plena salvación,
  Hallarán en Cristo esta bendición.

4 Hoy la Biblia oigamos, mostrando a los demás,
  El amor de Cristo, y su inmensa paz;
  Pues la vida nuestra, libre de maldad,
  Honrará el divino Libro de verdad.

  — Athans y Brand

327. La Palabra Fiel
(Standing on the Word)

1 Es segura base la verdad de Dios;
  En la Biblia ella nos es dada;
  Este pobre mundo pasará veloz,
  La palabra quedará fijada.

Coro
  La Palabra fiel, dulce como miel,
  Es mensaje célico de nuestro Dios;
  Por los ataques mil, por el furor hostil,
  Permanece la eterna voz de Dios.

2 Los que a la Palabra prestan atención,
  Los que en ella ponen su confianza
  Fuertes y valientes por lo recto son;
  Viven en la fe y en la esperanza.

3 Faro es ella a marineros en la mar,
  Y a los viajeros una lumbre,
  A los extraviados es la guía sin par,
  Y disipa toda incertidumbre.

4 En la Santa Biblia siempre confiaré,
  En las pruebas y las tempestades;
  Es la base de mi amor y vida y fe;
  Sé que durará por las edades.

— *W.R. Adell, Trad.*

328. Vayamos a la Escuela Dominical

1 A la escuela vamos ya, y marchemos con valor,
  Oh hermanos a la escuela dominical.
  Viejos, niños, juventud, a las clases vamos ya:
  La palabra de salud nos mostrarán.

Coro
Niños, jóvenes, marchad,
A las clases y brillad:
Con los niños del Señor,
Cundirá nuestro fulgor:
Ellos son constelación del Salvador.

2 El Señor es nuestro Bien, sus tesoros nuestro afán,
Y sus manos cual sostén nos conducirán,
A la patria celestial do la escuela triunfará,
Porque lo que Él prometió se cumplirá.

3 Con Jesús como Adalid, con Jesús como fanal,
Triunfaremos en la lid siempre sobre el mal.
Hombres y mujeres, id, adorad a nuestro Dios,
Que Jesús pide vayamos de El en pos.

— Daniel Zea

329. Cuán Dulce el Nombre de Jesús
(How Sweet the Name of Jesus Sounds!)

1 ¡Cuán dulce el nombre de Jesús
Es para el hombre fiel
Consuelo, paz, vigor, salud
Encuentra siempre en Él,
Encuentra siempre en Él.

2 Al pecho herido fuerzas da,
Y calma el corazón;
Del alma hambrienta es maná
Que alivia su aflicción,
Que alivia su aflicción.

3 Tan dulce nombre es para mí
De dones plenitud;
Raudal que nunca exhausto vi
De gracia y de salud,
De gracia y de salud.

4 Jesús, mi amigo y mi sostén
  Bendito Salvador;
  Mi vida y luz, mi eterno bien.
  Acepta mi loor,
  Acepta mi loor.

— J.B. Cabrera, Trad.

330. Avivamiento Mundial
(A World-wide Revival)

1 Un gran avivamiento te pedimos oh, Dios,
  Que el poder de tu gracia venga hoy sobre nós,
  Por el mundo comprado por Jesús en la cruz,
  Que abandone el pecado, que camine en la luz.

Coro
  Manda, oh Dios, tu poder,
  Manda, oh Dios, tu poder,
  Da el Espíritu Santo, poderoso Señor,
  Que hacia Cristo dirija cada vil pecador,
  Danos avivamiento que principie en mi ser.

2 Danos "Lluvias de Gracia"
  Cual prometes, oh Dios,
  Que el Espíritu Santo derramado sea hoy,
  Danos "lluvia tardía" que haga fructificar,
  Y el desierto florezca y nos haga alegrar.

3 Buenas nuevas nos llegan desde lejos de aquí,
  De naciones extrañas que te buscan a ti,
  Son los ruegos oídos que hasta ti hace llegar,
  Todo el pueblo cristiano con deseos de avivar.

— C.E. Morales, Trad.

331. Años Mi Alma en Vanidad Vivió
(At Calvary)

1 Años mi alma en vanidad vivió,
   Ignorando a quien por mí sufrió,
   O que en el Calvario sucumbió,
   El Salvador.

   Coro
   Mi alma allí divina gracia halló,
   Dios allí perdón y paz me dio,
   Del pecado allí me libertó,
   El Salvador.

2 En la Biblia leo que pequé,
   Y su ley divina quebranté;
   Mi alma entonces contempló con fe
   Al Salvador.

3 Toda mi alma a Cristo le entregué,
   Hoy le sirvo y honro como a Rey,
   Por los siglos siempre cantaré
   Al Salvador.

4 En la cruz su amor Dios demostró
   Y de gracia al hombre revistió,
   Cuando por nosotros se entregó,
   El Salvador.

— G.P. Simmonds, Trad.

332. Célica Paz
(Sweet Peace, the Gift of God's Love)

1 La santa quietud Dios me dio,
   Molestias carnales quitó,
   La paz inviolable infundió,
   Su paz, el don de su amor.

Coro
Paz, dulce paz,
Célico don del Señor.
La siento en mi ser más y más
Su paz, el don de su amor.

2 Mis cuitas pesar y ansiedad,
Murmurio y afán de verdad,
Tornáronse por su bondad
En paz, el don de su amor.

3 Reposo y celeste placer,
Y dulce solaz han de haber;
Él hace abundar en mi ser
Su paz, el don de su amor.

4 Podrás a la carne morir,
Su brazo guardarte sentir,
Sabrás cuán glorioso es vivir
En paz, el don de su amor.

— W.R. Adell, Trad.

333. Te Adoro Buen Salvador
(The Closer I Walk)

1 Divino Jesús, con todo fervor,
Tributo a ti mi dulce cantar,
Pues sólo tu amor me pudo salvar,
¡Te adoro buen Salvador!

Coro
Si cerca yo voy de ti mi Señor,
Se va mi pesar, se va mi dolor,
¡Es grato, oh sí, vivir para ti!
¡Te adoro buen Salvador!

2 Divino Jesús, tu santo amor,
Me da dicha y paz, me da santidad;
Cual tú, nadie hay tan rico en bondad
¡Te adoro buen Salvador!

3 Divino Jesús, por gracia y favor,
   Tu luz y amistad me brindas doquier,
   Si débil estoy, me das tu poder,
   ¡Te adoro buen Salvador!

4 ¡Divino Jesús! ¡Precioso Señor!
   ¿Con qué lograré poder compensar,
   Tu místico amor, excelso, sin par?
   ¡Te adoro buen Salvador!

   — *E. Rosales D., Trad.*

334. ¡Aleluya, a Nuestro Dios!
(Hallelujah for the Blood)

1 ¡Aleluya a nuestro Dios! Por la fuente de vida,
   Que el Cordero de Dios por nosotros murió;
   Del pecado nos libró; por su sangre preciosa
   Todas las transgresiones del mundo llevó.

   Coro
   Ya no hay otro poder, nadie puede salvarnos,
   Sólo Cristo por su sangre nos libra del mal,
   En su cuerpo Él llevó todos nuestros pecados,
   Salvación nos ofrece, corona y mansión.
   ¡Aleluya! ¡Aleluya! Alabanzas cantad,
   ¡Aleluya! Exaltad al Cordero de Dios.

2 ¡Aleluya a nuestro Dios! Cantarán las naciones,
   Redimidas por Él, por su muerte en la cruz;
   Reinarán con el Señor en las regias moradas,
   Por los siglos sin cesar paz perpetua tendrán.

3 ¡Aleluya a nuestro Dios! Alabanzas por siempre
   Cantaremos allá, en la Santa Ciudad,
   Junto al trono del Señor, con millares de santos,
   Tributemos loores al Cordero de Dios.

   — *S.D. Athans, Trad.*

335. Sagrado Es el Amor
(Blest Be the Tie That Binds)

1 Sagrado es el amor
   Que nos ha unido aquí,
   A los que creemos del Señor
   La voz que llama a sí.

2 A nuestro Padre, Dios,
   Rogamos con fervor,
   Alúmbrenos la misma luz,
   Nos una el mismo amor.

3 Nos vamos a ausentar,
   Mas nuestra firme unión
   Jamás podráse quebrantar
   Por la separación.

4 Un día en la eternidad
   Nos hemos de reunir;
   Que Dios nos lo conceda, hará
   El férvido pedir.

336. ¡Oh, Sí Quiero Verle!
(Oh, I Want to See Him!)

1 Voy feliz al dulce hogar, por fe en Jesús,
   Y luchando por traer, almas a la luz;
   Dardos encendidos mil vienen contra mí,
   Mas yo sé que por fe, venceré aquí.

Coro
   ¡Oh, sí, quiero verle, ver al Salvador,
   Quiero ver su rostro lleno de amor;
   En aquel gran día yo he de cantar,
   Ya pasó todo afán, todo mi pesar.

2 En las olas del turbión Cristo guardará
   Mi barquilla guiará hasta el puerto allá;
   Yo tranquilo puedo estar, mi piloto es Él,
   Es mi Rey, tengo fe, sé que Él es fiel.

3 En servir al Salvador por los valles voy,
   Donde muchas sombras hay mas seguro estoy;
   Muchos triunfos obtendré, nunca faltará,
   Mi Jesús, es la luz, Él me sostendrá.

— H.C. Ball

337. Dijo a Cristo
(Tell It to Jesus)

1 Cuando estés cansado y abatido,
   Dilo a Cristo, dilo a Cristo,
   Si te sientes débil confundido,
   Dilo a Cristo el Señor.

   Coro
   Dilo a Cristo, dilo a Cristo,
   Él es tu amigo más fiel;
   No hay otro amigo como Cristo
   Dilo tan sólo a Él.

2 Cuando estés de tentación cercado,
   Mira a Cristo, mira a Cristo;
   Cuando rugen huestes de pecado,
   Mira a Cristo el Señor.

   Coro.—Mira a Cristo, mira a Cristo, etc.

3 Si se apartan otros de la senda,
   Sigue a Cristo, sigue a Cristo;
   Si acrecienta en torno la contienda,
   Sigue a Cristo el Señor.

   Coro.—Sigue a Cristo, sigue a Cristo etc.

4 Cuando llegue la final jornada,
   Fía en Cristo, fía en Cristo;
   Te dará en el cielo franca entrada,
   Fía en Cristo el Señor.

   Coro.—Fía en Cristo, fía en Cristo, etc.

338. Hallé un Buen Amigo
(The Lily of the Valley)

1 Hallé un buen amigo, mi amado Salvador,
  Contaré lo que Él ha hecho para mí;
  Hallándome perdido e indigno pecador,
  Me salvó y hoy me guarda para sí.
  Me salva del pecado, me guarda de Satán:
  Promete estar conmigo hasta el fin;
  (¡Aleluya!)
  Él consuela mi tristeza, me quita todo afán:
  ¡Grandes cosas Cristo ha hecho para mí!

2 Jesús jamás me falta, jamás me dejará,
  Es mi fuerte y poderoso protector;
  Del mundo me separo y de la vanidad,
  Para consagrar mi vida al Señor.
  Si el mundo me persigue, si sufro tentación,
  Confiando en Cristo puedo resistir;
  (¡Aleluya!)
  La victoria me es segura y elevo mi canción:
  ¡Grandes cosas Cristo ha hecho para mí!

3 Yo sé que Jesucristo muy pronto volverá,
  Y entre tanto me prepara un hogar
  En la casa de mi Padre, mansión de luz y paz,
  Do el creyente fiel con Él ha de morar;
  Llegándome a la gloria, ningún pesar tendré,
  Contemplaré su rostro siempre allí;
  (¡Aleluya!)
  Con los santos redimidos gozoso cantaré:
  ¡Grandes cosas Cristo ha hecho para mí!

339. ¡Oh, Qué Amor!
(Such Love!)

1 Que Dios amase un pecador cual yo
  Y que cambiase en gozo su pesar;
  Que a su redil me trajo su bondad,
  ¡Oh, cuán maravilloso amor!

Coro
¡Oh, amor, divino amor!
¡Oh, amor, divino amor!
Que Dios amase un pecador cual yo
¡Oh, cuán maravilloso amor!

2 Que Jesucristo con muy gran dolor
  Al Gólgota por mí fuese a morir;
  Mejor asunto no hay para decir
  Que su divino amor y grande amor.

3 Fui un despreciado y grande pecador,
  Mas Dios me amó y su Hijo Amado dio;
  Que a un vil esclavo diera redención,
  Aunque su gracia despreció.

4 Hoy por su amor soy hecho su hijo yo
  Y no me pide ser siervo ya más;
  Por "tierras lejos" yo no vago ya
  Pues gracia encuentro yo en su amor.

— C.E. Morales, Trad.

340. Hay un Precioso Manantial
(There is a Fountain)

1 Hay un precioso manantial,
  De sangre de Emmanuel,
  Que purifica a cada cual,
  Que se sumerge en él.

Coro
Sí, salvo soy, sí, salvo soy,
Sí, salvo soy, sí, salvo soy,
Por la sangre de Cristo, mi Señor
Por la sangre de Cristo, mi Señor
Por la sangre de Cristo, mi Señor
La sangre de Su cruz.

2 El malhechor se convirtió,
   Pendiente de una cruz;
   Él vio la fuente y se lavó,
   Creyendo en Jesús.

3 Y yo también mi pobre ser,
   Allí logré lavar;
   La gloria de su gran poder,
   Me gozo en ensalzar.

4 ¡Eterna fuente carmesí!
   ¡Raudal de puro amor!
   Se lavará por siempre en ti,
   El pueblo del Señor.

341. ¡Te Quiero, Mi Señor!
(I Need Thee Every Hour)

1 ¡Te quiero, mi Señor! Habita en mí,
   y vencedor seré,
   Por fe en ti.

   Coro
   Te quiero, sí,
   Te quiero,
   Siempre te anhelo;
   Bendíceme ahora,
   Acudo a ti.

2 ¡Te quiero, oh, Jesús,
   Mi Salvador!
   Oh, hazme en verdad
   Tu servidor.

3 Tu voluntad, Señor,
   Enséñame;
   Y de tu gran amor,
   ¡Oh! cólmame.

4 Oh, mi gran Bienhechor,
   En tentación;
   Concédeme valor
   Y protección.

342. Cristo, Mi Piloto Sé

(Jesús, Saviour, Pilot Me)

1 Cristo, mi piloto sé
   En el tempestuoso mar;
   Fieras hondas mi bajel
   Van a hacerlo zozobrar,
   Mas si tú conmigo vas
   Pronto al puerto llegaré,
   Carta y brújula hallo en ti
   ¡Cristo, mi piloto sé!

2 Todo agita el huracán
   Con indómito furor;
   Mas los vientos cesarán,
   Al mandato de tu voz;
   Y al decir: "que sea la paz"
   Cederá sumiso el mar.
   De las aguas, tú el Señor,
   ¡Guíame cual piloto fiel!

3 Cuando al fin cercano esté
   De la playa celestial,
   Si el abismo ruge aún
   Entre el puerto y mi bajel,
   En tu pecho al descansar
   Quiero oírte a ti decir:
   "Nada temas ya del mar,
   Tu piloto siempre soy".

— *Vicente Mendoza, Trad.*

343. Más y Más Dulce Es Jesús
(More and More Wonderful)

1 Más y más dulce es Jesús para mí,
   A todas horas conmigo Él está;
   Es mi amigo constante y leal,
   Más y más dulce es Jesús para mí.

   Coro
   No tiene límite
   Su amor espléndido,
   Siempre constante su ayuda será.
   Cristo es mi sumo Rey,
   Soy de su santa grey,
   Dulce es Jesús para mí más y más.

2 Ancla segura es Jesús para mí,
   La Roca es Él do refugio encontré;
   En mis conflictos Él guarda mi fe,
   Más y más dulce es Jesús para mí.

3 Él intercede en el cielo por mí,
   Fiel satisface mis dudas aquí;
   Es de mi vida tesoro feliz,
   Más y más dulce es Jesús para mí.

   — H.T. Reza, Trad.

344. Nuestro Campo Es la América Hispana

1 El Señor de la mies nos espera,
   Despertad, despertad, despertad;
   Campos blancos se ven por doquiera,
   Trabajad, trabajad, sí, trabajad.

   Coro
   Nuestro campo es la América hispana,
   Raza joven, dilecta y tenaz.
   Todos hoy trabajad, que el mañana
   No vendrá tal vez nunca jamás.

2 Miles de almas extienden la mano,
   En espera del pan celestial,
   Es muy triste que busquen en vano;
   Rescatemos su alma inmortal.

3 Santidad, sacrificio y dulzura,
   Cual bandera, valientes llevad,
   Ostentando de Dios la armadura,
   En el nombre del Salvador luchad.

4 Por muy dura que sea la faena,
   La verdad proclamad con tesón;
   Desde el cielo Dios mira tu pena,
   Y en el cielo dará fiel galardón.

— E. Rosales D.

345. ¡Feliz Cumpleaños!

¡Feliz cumpleaños! ¡Feliz cumpleaños!
Hoy te deseamos de corazón:
Que Dios te guarde, feliz te siga
Toda la vida Su bendición.

— E.C. de Naylor

346. Feliz, Feliz Cumpleaños

1 Feliz, feliz cumpleaños
   Deseamos para ti,
   Que el Dios Omnipotente
   Te quiera bendecir.

   Coro
   ¡Feliz, feliz cumpleaños!
   Que Dios en su bondad
   Te dé muy larga vida,
   Salud, felicidad.

2 A Dios le damos gracias
   Que con amor sin par,
   Al fin de otro año hermoso
   Te permitió llegar.

— S. Euresti, Trad.

347. No lo Hay
(No, Not One!)

1 No hay cual Jesús otro fiel amigo,
  No lo hay, no lo hay;
  Otro que pueda salvar las almas,
  No lo hay, no lo hay.

  Coro
  Conoce todas nuestras luchas,
  Y sólo Él nos sostendrá;
  No hay cual Jesús otro fiel amigo,
  No lo hay, no lo hay.

2 No hay otro amigo tan santo y digno,
  No lo hay, no lo hay;
  Pero a la vez es humilde y tierno,
  Otro no hay cual Jesús.

3 No hay un instante que nos olvide,
  No lo hay, no lo hay;
  Ni hay noche obscura que no nos cuide,
  No la hay, no la hay.

4 ¿Cuándo es infiel el Pastor divino?
  Ni una vez, ni una vez;
  ¿Cuándo rechaza a los pecadores?
  Ni una vez, ni una vez.

5 ¿Hay otra dádiva como Cristo?
  No la hay, no la hay;
  Ha prometido Él estar conmigo,
  Hasta el fin, hasta el fin.

348. Oigo la Voz del Buen Pastor
(Bring Them In)

1 Oigo la voz del buen Pastor
  En espantosa soledad;
  Llama al cordero que en temor,
  Vaga en la densa oscuridad.

Coro
Llama aún con bondad,
"Quiero darte libertad;
Ven a mí con amor".
Dice Cristo el Salvador.

2 ¿Quién ayudar quiere a Jesús
A los perdidos a buscar?
Difunda por doquier la luz
Del evangelio al predicar.

3 Triste desierto el mundo es
Rodeado de peligros mil;
Ven, dice Cristo, a la mies,
Trae mis ovejas al redil.

— Pedro Grado, Trad.

349. El Coro Celestial
(The Great Celestial Choir)

1 Miles de almas cantarán
En la gloria más allá,
Poderoso Y grande coro formarán;
Cantarán dcl dulcc amor
Que hasta el cielo los llevó,
Y el cantar del coro aquel no tiene igual.

Coro
Cuando aquel gran coro empiece allá a cantar
Al Rey Jesús;
¡Oh! cuán dulces melodías sonarán,
Al Rey Jesús.
Por millones cantarán en aquel coro,
No habrá pruebas, ni tristeza, ni cruel lloro,
¡Cantaremos del precioso Salvador,
Señor y Rey!

2 Claras voces sonarán,
Todos fieles cantarán,
La victoria ya obtenida sobre el mal;
Ningún ángel se unirá,
Solamente escuchará,
Y aleluyas todo el cielo llenarán.

3 A través de la expansión
Se oirá la gran canción,
Cada acorde hasta la altura se alzará.
Cual las aguas de la mar,
El sonido allí será,
Cuando al fin los peregrinos se unirán.

4 Notas tristes no tendrá,
Sino melodías sin par,
Aquel coro en sus hosanas al cantar;
Será siempre su canción,
Alabando al Redentor:
¡Aleluya, a nuestro Rey tributo dad!

— *H.T. Reza, Trad.*

350. Grande Gozo Hay en Mi Alma
(Sunshine in My Soul)

1 Grande gozo hay en mi alma hoy,
Pues Jesús conmigo está;
Y su paz, que ya gozando estoy,
Por siempre durará.

Coro
Grande gozo, ¡cuán hermoso!
Paso todo el tiempo bien feliz;
Porque veo de Cristo la sonriente faz,
Grande gozo siento en mí.

2 Hay un canto en mi alma hoy;
Melodías a mi Rey;
En su amor feliz y libre soy,
Y salvo por la fe.

3 Paz divina hay en mi alma hoy,
Porque Cristo me salvó;
Las cadenas rotas ya están,
Jesús me libertó.

4 Gratitud hay en mi alma hoy,
Y alabanzas a Jesús;
Por su gracia a la gloria voy,
Gozándome en la luz.

351. Vagaba Yo en Oscuridad
(Sunlight, Sunlight)

1 Vagaba yo en oscuridad
  Hasta que vi a Jesús,
  Mas por su amor y su verdad
  Ya vivo en plena luz.

  Coro
  Gozo y luz hay en mi alma hoy,
  Gozo y luz hay, ya que salvo soy;
  Desde que a Jesús vi, y a su lado fui,
  He sentido el gozo de su amor en mí.

2 Las nubes y la tempestad
  No encubren a Jesús;
  Y en medio de la oscuridad
  Me gozo en su luz.

3 Andando en la luz de Dios
  Encuentro plena paz;
  Voy adelante sin temor
  Dejando el mundo atrás.

4 Veréle pronto tal cual es
  Raudal de pura luz;
  Y eternamente gozaré,
  A causa de su cruz.

352. Las Pisadas del Maestro
(Stepping in the Light)

1 Quiero seguir las pisadas del Maestro,
  Quiero ir en pos de mi Rey y Señor;
  Y modelando por Él mi carácter,
  Canto con gozo a mi Redentor.

  Coro
  ¡Qué hermoso es seguir las pisadas del Maestro!
  Siempre en la luz, cerca de Jesús,

  ¡Qué hermoso es seguir las pisadas del Maestro!
  En su santa luz.

2 Ando más cerca de El que me guía,
  Cuando el maligno me quiere tentar;
  Siempre confiando en Cristo, mi fuerte,
  Debo con gozo su nombre ensalzar.

3 Sigo sus pasos de tierno cariño,
  Misericordia, amor y lealtad:
  Viendo hacia Él por el don de la gracia,
  Voy al descanso gloriosa ciudad.

4 Quiero seguir las pisadas del Maestro,
  Siempre hacia arriba con Él quiero andar,
  Viendo a mi Rey en gloriosa hermosura,
  Con Él en gloria podré descansar.

353. Cristo Me Ayuda por Él a Vivir
(Moment by Moment)

1 Cristo me ayuda por Él a vivir,
  Cristo me ayuda por Él a morir:
  Hasta que llegue su gloria a ver,
  Cada momento le entrego mi ser.

  Coro
  Cada momento la vida me da,
  Cada momento conmigo Él está;
  Hasta que llegue su gloria a ver,
  Cada momento le entrego mi ser.

2 Siento pesares, muy cerca Él está,
  Siento dolores, alivio me da;
  Tengo aflicciones, me muestra su amor;
  Cada momento me cuidas, Señor.

3 Tengo amarguras o tengo temor,
  Tengo tristezas, me inspiras valor;
  Tengo conflictos o penas aquí,
  Cada momento te acuerdas de mí.

4 Tengo flaquezas o débil estoy,
   Cristo me dice: "Tu amparo yo soy";
   Cada momento, en tinieblas o en luz,
   Siempre conmigo está mi Jesús.

— M. González, Trad.

354. ¡Juventud! El Señor Necesita

1 ¡Juventud! El Señor necesita
   Que enarboles su santo pendón,
   Y pregones a todos los pueblos
   Su mensaje de paz y perdón.
   "Por Jesús y su iglesia" es tu lema,
   "Elevar a los pueblos" tu ideal.
   No vaciles, proclama el mensaje
   Redentor del amor celestial.

2 En Jesús hallarás un Caudillo
   Que jamás humillado será,
   Y en la iglesia tendrás una egida
   Que en ningunos embates caerá.
   ¿Dónde encuentras más noble bandera
   Que engrandezca tu activa labor?
   ¿Quién te muestra más santos ideales
   Que te inspiren intenso valor?

3 Nunca olvides que el mal te circunda
   Y obstinado te quiere perder,
   Al tenderte sus pérfidos lazos
   Para hacerte al abismo caer.
   Mas Jesús es tu fuerza y tu escudo,
   Y no debes al mal sucumbir;
   Con su gracia y su ayuda en la lucha
   Al maligno podrás resistir.

4 ¡Juventud! El Maestro te ordena
   Difundir por el mundo la luz,
   Esa luz redentora que irradia
   Del amor enclavado en la cruz.

No le niegues tus nobles impulsos,
Tu lealtad, tu firmeza y valor.
Ve con Él a gloriosa victoria
Sobre el mundo, el afán y el dolor.

—*Vicente Mendoza*

355. Venid Todos a la Lid
(Sound the Battle Cry)

1 Venid, ¡oh! venid, todos a la lid,
   Marchad, sí, marchad tras el Señor,
   Valor, sí valor, firmes sin temor, Vamos a
   vencer al tentador.

   Coro
   ¡Adelante! ¡Oh, soldados todos!
   Estad firmes, todos con valor,
   ¡Adelante! sí, gritando todos.
   "La victoria es del Salvador"!

2 Firmes siempre estad, en Dios sólo fiad,
   Su pendón alzad, hoy por la fe;
   Vamos a vencer, no hay qué temer,
   ¡Viva Jesucristo nuestro Rey!

3 Por el Rey Jesús, huestes de la luz,
   Alzad hoy la cruz, y venceréis;
   Pelead con tesón en la oración,
   Galardón de Dios recibiréis.

— *C.H. Ball, Trad.*

356. Amor Maternal
(Tell Mother I'll Be There)

1 Los años de mi infancia me recuerdan con dolor,
   Que a veces despreciaba de mi madre el tierno
   amor;
   Mas ya que está en el cielo, anhelo su solicitud,
   Dile ¡oh Señor! que en gloria la veré.

Coro
¡Oh madre de mi amor! en gloria te veré,
Tu tierno amor jamás olvidaré;
En la mansión de paz, veré tu dulce faz,
Y junto a ti por siglos moraré.

2 Por más que anduve errante yo por sendas
de maldad,
Mi cariñosa madre me trataba con bondad;
Mis cuitas infantiles endulzaba con amor,
Dile, ¡oh Señor! que en gloria la veré!

3 Al verme solo y lejos de mi hogar,
mi dulce hogar,
Con su angustiado corazón lloraba sin cesar;
Y día y noche oraba a Dios por mí,
con grande fe.
Dile, ¡oh Señor!, que en gloria la veré.

4 Infausta nueva un día me llegó,
diciendo: Ven,
Si quieres a tu madre ver, que hoy vuela
al alto Edén
Lloré cuando en los brazos de la muerte
la encontré,
Y dije, ¡oh madre! en gloria te veré.

— S.D. Athans

357. Toma Mi Vida, Señor
(Take My Life and Let It Be)

1 Que mi vida sin cesar
Sirva sólo a ti, Señor,
Y mis manos puedas guiar,
Al impulso de tu amor,
Al impulso de tu amor.

2 Toma Tú mis pies, oh Dios,
Y haz que hermosos puedan ser;
Para honrarte sea mi voz
Sólo para ti doquier,
Sólo para ti doquier.

3 Toma, oh Dios, mis labios hoy,
   Y haz que tus mensajes den;
   Mis dineros te los doy
   Porque tuyos son también.
   Porque tuyos son también.

4 Tuya es mi voluntad
   Quiero andar en sujeción;
   Pon tu trono y majestad
   En mi tierno corazón,
   En mi tierno corazón.

— *C.E. Morales, Trad.*

358. Dios Bendiga las Almas Unidas
(Puebla)

1 Dios bendiga las almas unidas
   Por los lazos de amor sacrosanto,
   Y las guarde de todo quebranto
   En el mundo de espinas erial,
   Que el hogar que a formarse comienza
   Con la unión de estos dos corazones,
   Goce siempre de mil bendiciones
   Al amparo del Dios de Israel.

2 Que el Señor con su dulce presencia,
   Cariñoso estas bodas presida,
   Y conduzca por sendas de vida
   A los que hoy se han jurado lealtad.
   Les recuerde que nada en el mundo
   Es eterno, que todo termina,
   Y por tanto con gracia divina,
   Cifrar deben la dicha en su Dios.

3 Que los dos que al altar se aproximan
   A jurarse su fe mutuamente,
   Busquen siempre de Dios en la fuente
   El secreto de dicha inmortal.
   Y si acaso de duelo y tristeza
   Se empañasen sus sendas un día,
   En Jesús hallarán dulce guía
   Que otra senda les muestre mejor.

359. Bendecido Es el Varón

1 Muy bendecido es el varón,
   Que no comparte de la maldad,
   Que en el camino del pecador
   No anda buscando felicidad.

   Coro
   Quiero ser tuyo mi Salvador,
   Quiero ser tuyo, de corazón;
   Llena mi vida de tu verdad,
   Haz que yo viva en santidad.

2 En la Palabra de su Señor
   Siempre medita el buen varón;
   Pues su deleite busca en Jesús,
   Quien le concede perfecta luz.

3 Es como el árbol del manantial,
   Que da su fruto sin descansar,
   Su hoja no tira el vendaval
   Y lo que hace, prosperará.

4 No así los malos, dice el Señor,
   Que cual el tamo se esfumarán;
   Dios reconoce al pecador,
   Mas a los justos protegerá.

   — Honorato Reza

360. A Mi Madre
(Back to Mother's Bible)

1 A mi madre tan querida
   Yo jamás podré olvidar;
   Mientras dure aquí mi vida,
   Mientras mi alma pueda amar.

   Coro
   A mi madre tan querida,
   La honraré toda la vida,
   Que mi prez sea concedida
   De poderla allá mirar.

2 La bendita madre mía
  En la infancia ella me guió;
  Ella fue luz y alegría
  Que mis penas mitigó.

3 De sus manos mil caricias
  Y mil besos recibí;
  Sus consejos mis delicias;
  Y su eterno amor sentí.

4 Sus miradas de ternura,
  Sus consejos todo amor;
  Y sus ruegos a la altura,
  Me han llevado hasta el Señor.

— *C.E. Morales, Trad.*

361. Niños, Joyas de Cristo
(Little Stars)

1 Los niños son de Cristo,
  Él es su Salvador,
  Son joyas muy preciosas,
  Compró las con su amor.

Coro
  Joyas, joyas, joyas,
  Joyas del Salvador,
  Están en esta tierra,
  Cual luz y dulce amor.

2 Los niños son tesoros,
  Pues que del cielo son,
  Luz refulgente esparcen,
  En horas de aflicción.

3 Los niños son estrellas,
  De grata claridad,
  Quiere Jesús que anuncien
  Al mundo su verdad.

4 Los niños son de Cristo,
  Por ellos Él vendrá;
  Y con Él para siempre,
  Dichosos vivirán.

— *H.C. Ball, Trad.*

362. Nítido Rayo por Cristo

(I'll Be a Sunbeam)

1 Nítido rayo, por Cristo,
  Yo quiero siempre ser,
  En todo quiero agradarle,
  Y hacerlo con placer.

  Coro
  Un nítido rayo,
  Nítido rayo por Cristo,
  Un nítido rayo,
  Nítido rayo seré.

2 A Cristo quiero llegarme,
  En mi temprana edad,
  Por siempre quiero amarle,
  Y hacer su voluntad.

3 Nítido rayo, en tinieblas
  Deseo resplandecer;
  Almas perdidas a Cristo,
  Anhelo conducir.

4 Una mansión en el cielo,
  Fue Cristo a preparar,
  Que el niño tierno y amante
  En ella pueda entrar.

— *S.D. Athans, Trad.*

363. Brilla en Tu Lugar
(Brighten the Corner Where You Are)

1 Nunca esperes el momento
  De una grande acción
  Ni que pueda lejos ir tu luz;
  De la vida a los pequeños actos da atención,
  Brilla en el sitio donde estés.

Coro
  Brilla en el sitio donde estés,
  Brilla en el sitio donde estés,
  Puedes con tu luz algún perdido rescatar,
  Brilla en el sitio donde estés.

2 Puedes en tu cielo alguna nube disipar,
  Haz a un lado tu egoísmo cruel;
  Aunque sólo un corazón pudieras consolar
  Brilla en el sitio donde estés.

3 Puede tu talento alguna cosa descubrir
  Do tu luz podrá resplandecer;
  De tu mano el pan de vida puede aquí venir,
  Brilla en el sitio donde estés.

— V. Mendoza, Trad.

364. Canten, Canten
(Praise Him, All Ye Little Children)

1 Canten, canten, niños por el mundo:
  Dios es luz y amor.
  Canten, canten, niños por el mundo:
  Dios es luz y amor.

2 Digan, digan, niños por el mundo:
  Dios es luz y amor.
  Digan, digan, niños por el mundo:
  Dios es luz y amor.

3 Dénle gracias, niños por el mundo:
Dios es luz y amor.
Dénle gracias, niños por el mundo:
Dios es luz y amor.

— H.T. Reza, Trad.

365. Cristo Me Ama
(Jesús Loves Me)

1 Cristo me ama, bien lo sé,
Su palabra me hace ver,
Que los niños son de Aquel,
Quien es nuestro Amigo fiel.

Coro
Cristo me ama,
Cristo me ama,
Cristo me ama,
La Biblia dice así.

2 Cristo me ama, pues murió,
Y el cielo me abrió;
Él mis culpas quitará,
Y la entrada me dará.

3 Cristo me ama —es verdad—
Y me cuida en su bondad,
Cuando muera, si soy fiel,
Viviré allá con Él.

366. Venid, Fieles Todos
(O Come, All Ye Faithful)

1 Venid, fieles todos, a Belén marchemos,
De gozo triunfantes, henchidos de amor,
Y al Rey de los cielos humilde veremos.

Coro
Venid, adoremos, venid, adoremos,
Venid, adoremos a Cristo el Señor —Amén.

2 El que es Hijo eterno, del eterno Padre
  Y Dios verdadero que al mundo creó,
  Del seno virgíneo nació de una madre.

3 En pobre pesebre yace reclinado,
  Al hombre ofreciendo eternal salvación,
  El santo Mesías, el Verbo humanado.

4 Cantad jubilosas, celestes criaturas;
  Resuenen los cielos con vuestra canción.
  ¡Al Dios bondadoso, gloria en las alturas!

5 Jesús, celebramos tu bendito nombre
  Con himnos solemnes de grato loor;
  Por siglos eternos adórete el hombre.

— J.B. Cabrera, Trad.

367. ¡Noche de Paz! ¡Noche de Amor!
(Silent Night)

1 ¡Noche de paz, noche de amor!
  Todo duerme en derredor,
  Entre los astros que esparcen su luz,
  Bella anunciando al niñito Jesús,
  Brilla la estrella de paz,
  Brilla la estrella de paz.

2 ¡Noche de paz, noche de amor!
  Oye humilde el fiel pastor,
  Coros celestes que anuncian salud,
  Gracias y glorias en gran plenitud,
  Por nuestro buen Redentor,
  Por nuestro buen Redentor.

3 ¡Noche de paz, noche de amor!
  Ved qué bello resplandor
  Luce en el rostro del niño Jesús,
  En el pesebre, del mundo la luz
  Astro de eterno fulgor,
  Astro de eterno fulgor.

368. Aunque Soy pequeñuelo
(God Sees Me)

1 Aunque soy pequeñuelo,
  Me mira el santo Dios,
  Él oye desde el cielo
  Mi humilde y tierna voz.

2 Me ve de su alto asiento,
  Mi nombre sabe, sí,
  Y cuanto pienso y siento
  Conoce desde allí.

3 Él mira a cada instante
  Lo que hago, bien o mal,
  Pues todo está delante
  De su ojo paternal.

369. Lugar para Cristo
(Room for Thee)

1 Tú dejaste tu trono y corona por mí,
  Al venir a Belén a nacer.
  Mas a ti no fue dado el entrar al mesón,
  Y en pesebre te hicieron nacer.

  Coro
  Ven a mi corazón, ¡oh Cristo!
  Pues en él hay lugar para ti;
  Ven a mi corazón, ¡oh Cristo! ven,
  Pues en él hay lugar para ti.

2 Alabanzas celestes los ángeles dan,
  En que rinden al Verbo loor;
  Mas humilde viniste a la tierra, Señor,
  A dar vida al más vil pecador.

3 Siempre pueden las zorras sus cuevas tener,
  y las aves sus nidos también,
  Mas el Hijo del hombre no tuvo un lugar
  En el cual reclinara su sien.

4 Tú viniste, Señor, con tu gran bendición
Para dar libertad y salud,
Mas con odio y desprecio te hicieron morir,
Aunque vieron tu amor y virtud.

5 Alabanzas sublimes los cielos darán,
Cuando vengas glorioso de allí,
Y tu voz entre nubes dirá: "Ven a mí,
Que hay lugar junto a mí para ti".

— Emily E.S. Elliot, Trad.

370. Suenen Dulces Himnos
(Ring the Bells of Heaven)

1 ¡Suenen dulces himnos gratos al Señor,
Y óiganse en concierto universal!
Desde el alto cielo baja el Salvador
Para beneficio del mortal.

Coro
¡Gloria! ¡Gloria sea a nuestro Dios!
¡Gloria! Sí, cantemos a una voz,
Y el cantar de gloria, que se oyó en Belén,
Sea nuestro cántico también.

2 Montes y collados fluyan leche y miel,
Y abundancia esparzan y solaz.
Gócense los pueblos, gócese Israel,
Que a la tierra viene ya la paz.

3 Salte, de alegría lleno el corazón,
La abatida y pobre humanidad;
Dios se compadece viendo su aflicción,
Y le muestra buena voluntad.

4 Lata en nuestros pechos noble gratitud
Hacia quien nos brinda redención;
Y a Jesús el Cristo, que nos da salud,
Tributemos nuestra adoración.

— J.B. Cabrera, Trad.

371. Venid, Pastorcillos
(Away in a Manger)

1 Venid, pastorcillos, venid a adorar
Al rey de los cielos que nace en Judá,
Sin ricas ofrendas podemos llegar,
Que el niño prefiere la fe y la bondad.

2 Un rústico techo abrigo le da,
Por cuna un pesebre, por templo un portal;
En lecho de pajas incógnito está,
Quien quiso a los astros su gloria prestar.

3 Hermoso lucero le vino a anunciar,
Y magos de oriente buscándole van:
Delante se postran del Rey de Judá,
De incienso, oro y mirra tributo le dan.

— F. Martínez de la Rosa

372. Venid, Pastorcillos
(Away in a Manger)

Venid, Pastorcillos, venid a adorar
Al Rey de los cielos que nace en Judá.
Sin ricas ofrendas podemos llegar
Que el niño prefiere la fe y la bondad.

— F. Martínez de la Rosa

373. ¡Aleluya! Cristo Ya Nació
(Hallelujah! Christ Is Born!)

¡Aleluya! ¡Aleluya!
Cristo ya nació.
¡Aleluya! ¡Aleluya!
Cristo ya nació.

— F.C.W.

374. Pastores Cerca de Belén
(While Shepherds Watched)

1 Pastores cerca de Belén
   Miraban con temor
   Al ángel quien les descendió
   Con grande resplandor,
   Con grande resplandor.

2 El dijo a ellos, "No temáis",
   Temieron en verdad:
   "Pues buenas nuevas del Señor
   Traigo a la humanidad,
   Traigo a la humanidad".

3 "Os ha nacido hoy en Belén,
   Y es de linaje real,
   El Salvador, Cristo el Señor:
   Esta os será señal,
   Esta os será señal."

4 "Envuelto en pañales hoy
   El Niño encontraréis,
   Echado en pesebre vil
   Humilde le hallaréis,
   Humilde le hallaréis."

5 El serafín hablaba así
   Y luego en alta voz
   Se oyó celeste multitud
   Loor cantando a Dios,
   Loor cantando a Dios.

6 "En las alturas gloria a Dios,
   En todo el mundo paz,
   Y para con los hombres hoy
   La buena voluntad,
   La buena voluntad".

— *G.P. Simmonds, Trad.*

375. Ángeles en Alta Gloria

(Angels, from the Realms of Glory)

1 Angeles en alta gloria,
  Vuestras voces levantad;
  Cristo ya nació, la historia,
  Pronto a todos proclamad.

Coro
Adoremos, adoremos,
Al recién nacido Rey. Amén.

2 Los pastores vigilando
  Sobre su ganado están;
  Dios en Cristo ya habitando
  Con los hombres, mirarán.

3 Sabios, las meditaciones
  Todas pronto abandonad;
  Al Deseado de naciones
  En pesebre vil mirad.

4 Los que a Cristo, reverentes
  Esperando verle están,
  En su templo, muy fervientes
  Contemplarle allí podrán.

  — *G.P. Simmonds, Trad.*

376. Oíd un Son en Alta Esfera

(Hark! The Herald Angels Sing)

1 Oíd un son en alta esfera:
  ¡En los cielos, gloria a Dios!
  "¡Al mortal paz en la tierra!"
  Canta la celeste voz.
  Con los cielos alabemos,
  Al eterno Rey cantemos,
  A Jesús, que es nuestro bien,
  Con el coro de Belén;
  Canta la celeste voz:
  "¡En los cielos, gloria a Dios!"

2 El Señor de los señores,
  El Ungido celestial,
  A salvar los pecadores
  Bajó al seno virginal.
  Loor al Verbo encarnado,
  En humanidad velado;
  Gloria al Santo de Israel,
  Cuyo nombre es Emanuel:
  Canta la celeste voz:
  "¡En los cielos, gloria a Dios!"

3 Príncipe de paz eterna,
  Gloria a ti, a ti Jesús,
  Entregando el alma tierna,
  Tú nos traes vida y luz.
  Has tu majestad dejado,
  Y buscarnos te has dignado;
  Para darnos el vivir,
  A la muerte quieres ir.
  Canta la celeste voz:
  "¡En los cielos, gloria a Dios!"

— Martín Madán, Trad.

377. ¡Al Mundo Paz, Nació Jesús!
(Joy to the World)

1 ¡Al mundo paz, nació Jesús!
  Nació ya nuestro Rey;
  El corazón ya tiene luz,
  Y paz su santa grey,
  Y paz su santa grey,
  Y paz, y paz su santa grey.

2 ¡Al mundo paz, el Salvador
  En tierra reinará!
  Ya es feliz el pecador,
  Jesús perdón le da,
  Jesús perdón le da,
  Jesús, Jesús perdón le da.

3 Al mundo Él gobernará
   Con gracia y con poder;
   A las naciones probará
   Su amor y su poder,
   Su amor y su poder,
   Su amor, su amor y su poder.

378. A Media Noche en Bethlehem

(It Came upon the Midnight Clear)

1 A media noche en Bethlehem
   De Dios la salvación
   Por ángeles se proclamó
   En celestial canción.
   "En las alturas gloria a Dios",
   El coro tributó;
   "La paz y buena voluntad"
   Al mundo pregonó.

2 El canto de los ángeles
   Hoy se oye resonar;
   El eco dulce encantador
   Alivia mi pesar.
   Y al escuchar con atención
   El mundo en derredor,
   Divina paz recibirá
   De Cristo el Redentor.

3 Las almas que se encuentran hoy
   En medio de dolor:
   Solaz completo sentirán
   Buscando al Salvador.
   ¡Oh, que las nuevas del Señor
   Se extiendan más y más!
   Que sepan todos que el Señor
   Hoy brinda dulce paz.

4 Vosotros, llenos de temor
  Y enhiestos hoy que estáis,
  Y que agobiados de dolor
  Con paso lento vais.
  Hoy descansad y contemplad
  La angélica visión;
  Alzad la vista y escuchad
  La célica canción.

— *G.P. Simmonds, Trad.*

379. Oh, Aldehuela de Belén
(O Little Town of Bethlehem)

1 Oh, aldehuela de Belén,
  Afortunada tú,
  Pues en tus campos brilla hoy
  La sempiterna Luz.
  El Hijo, el Deseado,
  Con santa expectación
  Por toda gente y toda edad,
  En ti, Belén, nació.

2 Allá do el Redentor nació
  Los ángeles están
  Velando todos con amor
  Al Niño sin igual.
  ¡Estrellas rutilantes,
  A Dios la gloria dad!
  Pues hoy el cielo nos mostró
  Su buena voluntad.

3 ¡Cuán silencioso allí bajó
  Preciado y puro don!
  Así también aquí dará
  Sus bendiciones Dios.
  Ningún oído acaso
  Perciba su venir,
  Mas Él de humilde corazón,
  Se habrá de recibir.

4 ¡Oh Santo Niño de Belén!
  Desciende con tu amor,
  Y echando fuera todo mal
  Nace en nosotros hoy.
  Angélicos cantores
  Le anuncian al nacer;
  Ven con nosotros a morar,
  Jesús, Emanuel.

— T.M., Trad.

380. El Primer Noel
(The First Noel)

1 Las buenas nuevas un ángel dio
  En Belén a pastores que encontró;
  Su vigilia fría pastoral
  Fue cambiada en visión angelical.

  Coro
  ¡Noel! ¡Noel! ¡Noel! ¡Noel!
  ¡Cristo nació Rey de Israel!

2 Pues una estrella vieron brillar,
  Tan brillante que les hizo admirar
  Porque en la tierra luz grande dio,
  Que de noche y de día permaneció.

3 Salió del norte, y al fin paró;
  Sobre el pueblo de Belén descansó;
  Allí brilló con divina luz
  En el rostro del Salvador Jesús.

4 Los magos tres, buscando al Señor,
  Reverentes entraron dando honor;
  Incienso y mirra y oro y loor,
  Ofrecieron a Cristo el Salvador.

— Geo. P. Simmonds, Trad.

381. Cuando Combatido por la Adversidad
(Count Your Blessings)

1 Cuando combatido por la adversidad
Creas ya perdida tu felicidad,
Mira lo que el cielo para ti guardó.
Cuenta las riquezas que el Señor te dio.

Coro
¡Bendiciones, cuántas tienes ya!
Bendiciones, Dios te manda más;
Bendiciones, te sorprenderás
Cuando veas lo que Dios por ti hará.

2 ¿Andas agobiado por algún pesar?
¿Duro te parece amarga cruz llevar?
Cuenta las promesas del Señor Jesús,
Y de las tinieblas nacerá la luz.

3 Cuando de otros veas la prosperidad
Y tus pies claudiquen tras de su maldad
Cuenta las riquezas que tendrás por fe,
Donde el oro es polvo que hollará tu pie

382. Alabanzas Hoy Cantad
(Come, Ye Thankful People)

1 Alabanzas hoy cantad,
Loor eterno tributad,
Al que protección y bien
Nos prodiga por doquier.
Dios eterno, Redentor,
De nuestra alma Proveedor,
Hoy rindamos devoción
Y bendita adoración.

2 Todo campo es del Señor:
   Suyo el célico fulgor,
   La llanura y el confín
   Y los horizontes mil.
   El rocío y el vapor,
   Nos los brinda el Salvador;
   La cosecha y el calor
   Son producto de su amor.

3 El Señor Jesús vendrá
   Y a los suyos tomará
   Como el fiel agricultor
   Busca frutos en redor.
   Sus gavillas y porción
   En carruajes de canción,
   Hasta el cielo llevará
   Y en su gloria guardará.

4 Ven en breve, buen Señor,
   Con trompeta y resplandor,
   Que tu pueblo espera ya
   De este mundo libertad.
   En el cielo con Jesús
   Y bebiendo de tu luz;
   Tus gavillas gozarán
   Y alabanza rendirán.

— H. T. Reza, Trad.

383. Junto a la Cruz de Cristo
(Beneath the Cross of Jesús)

1 Junto a la cruz de Cristo yo quiero reposar;
   La Roca de la eternidad
   Su sombra me ha de dar.
   Asilo en el desierto es Él, en mi sendero paz;
   Sostén de cuitas y de afán,
   De ardiente día solaz.

2 Sobre la cruz de Cristo fijé mis ojos yo
  Y en ella a un moribundo vi
  Que muerte cruel sufrió;
  Y mi transido corazón hoy puede confesar
  Las maravillas de su amor,
  También mi indignidad.

3 Tu sombra, Dios, me cubra del recio vendaval,
  Tu faz me alumbre por doquier
  De todo oculto mal;
  El mundo encantos no me da:
  En ti mi buen Jesús
  Encuentro mi deleite y paz,
  Mi gloria está en tu cruz..

—E.Z. Pérez, Trad.

384. Coronad al Rey

(Crown Him)

1 Hermoso cuadro se miró
  Cuando Jesús cual Rey entró
  A la Jerusalén,
  La gran Jerusalén.
  El pueblo todo celebró,
  Y con hosanas lo aclamó:
  Bendito el Hijo de David, el Rey.

Coro
Coronadle,
Coronad al Rey, Señor;
Que los corazones
Le presenten dones.
Coronadle,
Con cánticos hoy load;
Coronadle Salvador y Rey.

2 Ahora pasa el Rey Jesús
   Y muchos huyen de su luz,
   Negando al buen Señor,
   Del mundo Redentor.
   No lo desprecies tú también
   Mas canta alegre al Sumo Bien,
   Repite hosanas a tu Salvador.

3 Cual Rey muy pronto Él vendrá,
   Y con los suyos reinará,
   Por la eternidad,
   Eternidad sin fin.
   Los redimidos le verán,
   Y con gran gozo cantarán,
   Bendito el Rey que pudo redimir.

— H.T. Reza, Trad.

385. ¡Loor a Ti, Señor!
(Break Thou the Bread of Life)

1 ¡Loor a ti, mi Dios, loor a ti!
   Lo grande de tu amor es para mí;
   Me diste un Salvador, Cristo Jesús,
   ¡Loor a ti, Señor, loor a ti!

2 Gloria a mi Salvador, Cristo Jesús,
   El es el Pan de vida para mí;
   Su vida dio por mí allá en la cruz,
   ¡Loor a ti, Señor, loor a ti!

3 Hazme vivir Señor, cerca de ti,
   La deuda de tu amor la siento en mí;
   Te entrego a ti mi ser, mi corazón,
   ¡Loor a ti, Señor, loor a ti!

— Emeterio Soto

386. ¡Cristo Vive!
(He Lives)

1 Resucitó triunfante, Jesús mi Salvador,
   Ya vive el Rey glorioso, del mundo Redentor;
   Su dulce voz escucho, conmigo siempre va;
   Palpar su mano puedo; muy cerca está.

Coro
¡Él vive ya! ¡Triunfante vive ya!
El victorioso Salvador conmigo siempre va.
¡Él vive ya! ¡Sí, Cristo vive aquí!
¡Yo sé que Cristo vive en mí, yo sé que vive
en mí!

2 En todo el mundo brota su amor y su poder,
   Su gran misericordia me sigue por doquier:
   Cual buen pastor me guía, feliz yo vivo aquí,
   Pues siento su presencia, Él vive en mí.

3 Cantad, cantad, cristianos! Con alma y voz
   cantad,
   A Cristo, Rey de gloria, con júbilo aclamad;
   Él nos ha prometido que al mundo volverá,
   El día ya se acerca, Jesús vendrá.

— S. D. Athans, Trad.

387. Lluvias de Gracia
(There Shall Be Showers)

1 Dios nos ha dado promesa:
   Lluvias de gracia enviaré,
   Dones que os den fortaleza;
   Gran bendición os daré.

Coro
Lluvias de gracia,
Lluvias pedimos,
Señor Mándanos lluvias copiosas,
Lluvias del Consolador.

2 Cristo nos dio la promesa
  Del santo Consolador,
  Dándonos paz y pureza,
  Para su gloria y honor.

3 Muestra, Señor al creyente
  Todo tu amor y poder,
  Tú eres de gracia la fuente,
  Llena de paz nuestro ser.

4 Obra en tus siervos piadosos
  Celo, virtud y valor,
  Dándonos dones preciosos,
  Dones del Consolador.

388. La Tumba Le Encerró
(Christ Arase)

1 La tumba le encerró
  Cristo mi Cristo;
  El alba allí esperó
  Cristo el Señor.

  Coro
  Cristo la tumba venció,
  Y con gran poder resucitó;
  De sepulcro y muerte Cristo es vencedor,
  Vive para siempre nuestro Salvador;
  ¡Gloria a Dios! ¡Gloria a Dios!
  El Señor resucitó.

2 De guardas escapó,
  Cristo mi Cristo;
  El sello destruyó
  Cristo el Señor.

3 La muerte dominó
  Cristo mi Cristo;
  Y su poder venció,
  Cristo el Señor.

— *G.P. Simmonds, Trad.*

389. Coronadle
(Crown Him)

1 Ved al Cristo, Rey de gloria,
  Es del mundo vencedor;
  De la guerra vuelve invicto,
  Todos démosle loor.

  Coro
  Coronadle, santos todos,
  Coronadle Rey de reyes,
  Coronadle, santos todos,
  Coronad al Salvador.

2 Exaltadle, exaltadle,
  Ricos triunfos trae Jesús;
  En los cielos entronadle,
  En la refulgente luz.

3 Si los malos se burlaron,
  Coronando al Salvador,
  Hoy los ángeles y santos
  Lo proclaman su Señor.

4 Escuchad sus alabanzas,
  Que se elevan hacia Él,
  Victorioso reina el Cristo,
  Adorad a Emmanuel.

390. Fuente de la Vida Eterna
(Come, Thou Fount)

1 Fuente de la vida eterna
  Y de toda bendición;
  Ensalzar tu gracia tierna,
  Debe cada corazón.
  Tu piedad inagotable,
  Abundante en perdonar,
  Único Ser adorable,
  Gloria a ti debemos dar.

2 De los cánticos celestes
   Te quisiéramos cantar;
   Entonados por las huestes,
   Que lograste rescatar.
   Almas que a buscar viniste,
   Porque les tuviste amor,
   De ellas te compadeciste,
   Con tiernísimo favor.

3 Toma nuestros corazones,
   Llénalos de tu verdad;
   De tu Espíritu los dones,
   Y de toda santidad.
   Guíanos en obediencia,
   Humildad, amor, y fe
   Nos ampare tu clemencia;
   Salvador, propicio sé.

391. Resurrección

(Anastasis)

1 Te damos hoy nuestra oración
   Con todo nuestro corazón;
   Porque Jesús resucitó,
   Y así la nuestra aseguró
   Y así la nuestra aseguró.

2 Jesús murió y resucitó
   Para que todo aquel que cree
   Resucitado sea por Dios
   Y vivirá con Emanuel
   Y vivirá con Emanuel.

3 Vivíamos en pecado y mal
   Sin esperanzas y sin Dios;
   Mas por su muerte el Salvador
   Venció el pecado y la maldad
   Venció el pecado y la maldad.

4 Yo muerto y levantado soy
  En Cristo mi buen Redentor;
  A su bendito nombre doy
  Por siempre gloria, prez y honor
  Por siempre gloria, prez y honor.

— *C.E. Morales, Trad.*

392. Al Mundo Entero Proclamad
(Oh, Shout the News!)

1 Al mundo entero proclamad
  La buena nueva angelical,
  Que nadie deje de anunciar:
  Jesús resucitado ha.

  Coro
  Cristo vive, proclamad,
  Cristo vive, y siempre reinará.

2 Cantad, con júbilo, cantad,
  La tumba abierta fue por Él,
  Jesús el Cristo vive ya
  Y de salvar tiene poder.

3 Doquier la historia proclamad,
  De Cristo quien resucitó,
  Que todos vengan a adorar
  A quien triunfante revivió.

4 Al Poderoso celebrad
  Quien muerte y tumba derrotó,
  Al Rey viviente y eternal
  De nuestro ser el Salvador.

— *Ismael E. Amaya, Trad.*

393. Cristo ya ha Resucitado
(Christ, the Lord, Is Risen Today)

1 Cristo ya ha resucitado, ¡Aleluya!
   Y la muerte Él ha vencido; ¡Aleluya!
   Su poder y su virtud. ¡Aleluya!
   Cautivó la esclavitud. ¡Aleluya!

2 El que al polvo se humilló, ¡Aleluya!
   Vencedor se levantó; ¡Aleluya!
   Y cantamos en verdad. ¡Aleluya!
   Su gloriosa majestad. ¡Aleluya!

3 El que a muerte se entregó, ¡Aleluya!
   El que así nos redimió; ¡Aleluya!
   Hoy en gloria celestial. ¡Aleluya!
   Reina en vida triunfal. ¡Aleluya!

4 Cristo nuestro Salvador, ¡Aleluya!
   De la muerte vencedor, ¡Aleluya!
   Pronto vamos sin cesar. ¡Aleluya!
   Tus loores a cantar, ¡Aleluya!

394. A Cristo Coronad
(Crown Him with Many Crowns)

1 A Cristo coronad, divino Salvador,
   Sentado en alta majestad es digno de loor;
   Al Rey de gloria y paz, honores tributad,
   Y bendecid al Inmortal por toda eternidad.

2 A Cristo coronad, amado Salvador
   Al victorioso celebrad, eterno Vencedor;
   Benigno Rey de paz, el triunfo conquistó,
   Y por su muerte de dolor su gran amor mostró.

3 A Cristo coronad, Autor de vida y luz
   Con alabanzas proclamad, sus triunfos en la
   cruz,
   A Cristo adorad Autor de salvación:
   Loor eterno tributad de todo corazón.

395. El Varón de Gran Dolor
(Hallelujah! What a Saviour!)

1 El Varón de gran dolor,
  Es el Hijo del Señor,
  Vino al mundo por amor
  ¡Aleluya! ¡Es mi Cristo!

2 Él llevó la cruenta cruz,
  Para darnos vida y luz,
  Ya mi cuenta Él pagó,
  ¡Aleluya! ¡Es mi Cristo!

3 Él por mí quiso morir,
  Hoy por Él puedo vivir,
  Quiero sólo a Él servir,
  ¡Aleluya! ¡Es mi Cristo!

4 Cuando venga nuestro Rey,
  Luego yo su faz veré,
  Y sus glorias cantaré,
  ¡Aleluya! ¡Es mi Cristo!

— H.C. Ball, Trad.

396. Yo Tengo que Guardar
(A Charge to Keep I Have)

1 Yo tengo que guardar
  Una alma inmortal,
  Y prepararla para entrar,
  Al reino celestial.

2 Para este gran deber
  Mi Dios, poder llenar,
  A tu servicio hoy mi ser
  Te quiero consagrar.

3 Tu hijo quiero ser
  De todo corazón,
  Y para siempre poseer
  Tu eterna bendición.

4 Ayúdame a velar,
  Confírmame en la fe,
  Si en ti yo puedo siempre fiar
  Por siempre viviré.

  — Epigmenio Velasco, Trad.

397. En los Negocios del Rey
(The King's Business)

1 Soy peregrino aquí, mi hogar lejano está
  En la mansión de luz, eterna paz y amor;
  Embajador yo soy del Reino celestial
  En los negocios de mi Rey.

  Coro
  Este mensaje fiel oíd,
  Que dijo ya celeste voz;
  "Reconciliaos ya", dice el Señor y Rey,
  ¡Reconciliaos hoy con Dios!

2 Que del pecado vil arrepentidos ya,
  Han de reinar con Ellos que obedientes son,
  Es el mensaje fiel que debo proclamar,
  En los negocios de mi Rey.

3 Mi hogar más bello es que el Valle de Sarón,
  Eterno gozo y paz reinan por siempre en él,
  Y allí Jesús dará eterna habitación,
  Es el mensaje de mi Rey.

  — V. Mendoza, Trad

398. ¿Te Sientes Casi?
(Almost Persuaded)

1 ¿Te sientes casi resuelto ya?
  ¿Te falta poco para creer?
  Pues, ¿por qué dices a Jesucristo
  "Hoy no, mañana te seguiré"?

2 ¿Te sientes casi resuelto ya?
  Pues vence el casi, a Cristo ven,
  Que hoy es tiempo, pero mañana
  Sobrado tarde pudiera ser.

3 Sabe que el casi no es de valor
  En la presencia del justo Juez.
  ¡Ay del que muere casi creyendo!
  ¡Completamente perdido es!

— *P. Castro, Trad.*

399. Tal Como Soy
(Just as I Am)

1 Tal como soy, sin más decir,
  Que a otro yo no puedo ir,
  Y Tú me invitas a venir;
  Bendito Cristo, heme aquí.

2 Tal como soy, sin demorar,
  Del mal queriéndome librar;
  Tú sólo puedes perdonar;
  Bendito Cristo, heme aquí.

3 Tal como soy, en aflicción;
  Expuesto a muerte y perdición;
  Buscando vida y perdón,
  Bendito Cristo, heme aquí.

4 Tal como soy, tu gran amor,
  Me vence y busco tu favor,
  Servirte quiero con valor;
  Bendito Cristo, heme aquí.

— *H.G.J., Trad.*

400. Escucha, Pobre Pecador
(Only Trust Him)

1 Escucha pobre pecador,
  En Cristo hay perdón;
  ¡Oh! ven a Él, y cree en Él,
  En Él hay salvación.

Coro
Ven a Cristo, ven a Cristo,
Ven a Emmanuel;
Y la vida, vida eterna,
Hallarás en Él.

2 Por redimirte el Salvador,
  Su sangre derramó;
  Y en la cruz, la cruz, cruel,
  Tu redención obró.

3 Camino cierto es Jesús,
  Que lleva a la paz;
  Pues ven a Él y cree en Él,
  Descanso hallarás.

4 Ven con el santo pueblo fiel,
  Dejando todo mal;
  Así la paz de Dios tendrás,
  Y gloria inmortal.

— H.G.J., Trad.

401. Salvador Mío, Como Tú Eres
(Oh, to Be Like Thee)

1 Salvador mío, como Tú eres
  Puro y santo quiero vivir.
  Dejando atrás los vanos placeres,
  En tus pisadas quiero seguir.

Coro
Hazme, oh Cristo como Tú eres,
Mi ser inunda con tu poder.
Ven en tu gloria, Padre bendito,
Tu semejanza quiero tener.

2 Hazme valiente, fiel y benigno,
  Dispuesto siempre a perdonar;
  Quiero en mi vida ser compasivo,
  Fiel proclamando tu voluntad.

3 Quiero ser dócil, manso y humilde,
  Siempre sumiso, siempre leal;
  Mi ser entero gloria te rinde,
  Busca anhelante tu santidad.

4 Hoy purifica toda mi alma
  Con fuego santo de tu altar,
  Que desarraigue todo lo malo
  Para que Tú la puedas usar.

402. Acepta el Perdón de Jesús
(Let Jesús Come into Your Heart)

1 Si tú cansado ya estás de pecar
  Acepta el perdón de Jesús;
  Si vida nueva quisieres hallar,
  Acepta el perdón de Jesús.

Coro
  No más pecar, ven a Él,
  Su amor te muestra en la cruz;
  Es tiempo no seas infiel,
  Acepta el perdón de Jesús;

2 Si vida pura tú quieres tener,
  Acepta el perdón de Jesús;
  Él es la fuente que limpia tu ser,
  Acepta el perdón de Jesús.

3 Si tú no puedes tus luchas calmar,
  Acepta el perdón de Jesús;
  Si tus anhelos no puedes colmar,
  Acepta el perdón de Jesús.

4 Si con los santos te quieres unir,
  Acepta el perdón de Jesús;
  Y si a los cielos aspiras a ir,
  Acepta el perdón de Jesús.

— V.. Mendoza

403. Ven a Cristo
(Why Not Now?)

1 Mientras oro, mientras ruego,
  Mientras sientes convicción,
  Mientras Dios derrama el fuego,
  Ven, amigo a Cristo, ven.

  Coro
  Ven a Él, ven a Él,
  Dale hoy tu corazón;
  Ven a Él, ven a Él,
  Dale hoy tu corazón.

2 Has vagado en este mundo,
  Sin tranquilidad, sin paz,
  Vuelve a Dios y en Él confiando
  Salvo y feliz serás.

3 Si en tu vida has fracasado,
  Y tu alma triste está,
  Cree en Cristo y tu pecado
  Hoy Él mismo borrará.

4 Ven a Cristo, El te espera
  No te tardes, pecador,
  En sus brazos El quisiera
  Recibirte con amor.

— *S.D. Athans, Trad.*

404. El Gran Día Viene
(There's a Great Day Coming)

1 El gran día viene, muy pronto viene,
  El gran día del juicio final;
  Cuando justos y malos el gran Juez apartará,
  Esperemos el juicio final.

  Coro
  ¿Estás listo? ¿Estás listo?
  La trompeta ya da la señal.
  ¿Estás listo, esperando,
  El juicio final?

2 Día triste viene, muy pronto viene,
  El gran día del juicio final;
  Cuando el pueblo rebelde reprobado allí será,
  Esperemos el juicio final.

3 El gran día viene, de pleno gozo,
  Cuando Cristo vendrá en poder,
  Mas el gozo lo sienten los amados del Señor:
  Esperemos a nuestro Señor.

— P. Grado y H.C. Han, Trads.

405. Todo a Cristo Yo Me Rindo
(I Surrender All)

1 Todo a Cristo yo me rindo,
  Con el fin de serle fiel;
  Para siempre quiero amarle,
  Y agradarle sólo a Él.

  Coro
  Yo me rindo a Él,
  Yo me rindo a El,
  Todo a Cristo yo me entrego,
  Quiero serle fiel.

2 Todo a Cristo yo me rindo,
  A sus pies postrado estoy;
  Los placeres he dejado,
  Y le sigo desde hoy.

3 Todo a Cristo yo me rindo,
  Sí, de todo corazón;
  Yo le entrego alma y cuerpo,
  Busco hoy su santa unción.

4 Todo a Cristo he rendido,
  Siento el fuego de su amor;
  ¡Oh, qué gozo hay en mi alma!
  ¡Gloria, gloria a mi Señor!

— Pedro Grado, Trad.

406. Jesucristo Nos Invita
(Jesús Calls Us o'er the Tumult)

1 Jesucristo nos invita,
   Con amor y bendición:
   "Si me sigues cada día
   Yo seré tu Salvador"

2 Él nos pide le adoremos
   En verdad de corazón.
   Que jamás nos olvidemos
   De buscar su comunión.

3 En los ayes y tristezas
   De este mundo de dolor,
   Él nos pide con terneza
   Que le demos nuestro amor.

4 Oh Señor, tu voz escucho,
   Dame gracia, fe y valor.
   Pues me has dado bienes muchos,
   Yo te rindo mi loor.

                    — *H.T. Reza, Trad.*

407. Puedo Oír Tu Voz Llamando
(Where He Leads Me)

1 Puedo oír tu voz llamando,
   Puedo oír tu voz llamando,
   Puedo oír tu voz llamando,
   Trae tu cruz y ven en pos de mí.

   Coro
   Seguiré do Tú me guíes,
   Seguiré do Tú me guíes,
   Seguiré do Tú me guíes,
   Dondequiera fiel te seguiré.

2 Yo te seguiré en el huerto,
   Yo te seguiré en el huerto,
   Yo te seguiré en el huerto,
   Sufriré contigo, mi Jesús.

3 Sufriré por Ti Maestro,
  Sufriré por Ti Maestro,
  Sufriré por Ti Maestro,
  Moriré contigo, mi Jesús.

4 Me darás la gracia y gloria,
  Me darás la gracia y gloria,
  Me darás la gracia y gloria;
  Y por siempre Tú me guiarás.

— Sra. F.F.D.

408. Hoy Me Entrego a Ti
(I Am Trusting, Lord, in Thee)

1 A la cruz me acerco yo,
  Pobre, débil, ciego soy,
  Mi pecado dejo atrás
  Pues Jesús me salvará.

  Coro
  Hoy confío en ti, Señor,
  Y en tu sangre carmesí,
  Ven a mi alma con tu amor,
  Limpia Tú mi corazón.

2 Me consagro todo a ti,
  Tiempo, bienes, lo que fui,
  Cuerpo y alma vengo a dar;
  Sé que Tú puedes salvar.

— H.T. Reza, Trad.

409. A los Pies de Jesucristo
(All for Jesús)

1 A los pies de Jesucristo,
  Es el sitio aquí mejor,
  Escuchando cual María,
  Las palabras de su amor.
  A los pies de Jesucristo,
  Gozaré su comunión,
  Pues su mano fiel y tierna,
  Me ha provisto protección.

2 A los pies de Jesucristo,
  Hallo tierna compasión,
  El quitó ya mis afanes,
  Ya me ha dado bendición.
  Puedo yo decirle a Cristo
  Mis cuidados y temor,
  Y con Él tendrá mi alma
  Gozo, paz, eterno amor.

3 A los pies de Jesucristo,
  Yo tendré su bendición;
  En sus ojos hay dulzura,
  Y en su seno protección.
  Qué feliz es el momento,
  Que yo paso junto a ti
  Ya anhelo el encuentro,
  Cuando vengas Tú por mí.

— *H.C. Ball, Trad.*

410. Me Entrego a Ti, Señor

1 De tu dulce amor ya escuché,
  De tu gran bondad por el infiel,
  Y tú me invitas a venir,
  Y hallar completa paz en ti.

2 Dime oh Señor si puedo yo
  Pobre pecador, en mi maldad,
  Participar tu bendición
  Por toda la eternidad.

3 Mi corazón te rendiré,
  A tu servicio, mi buen Señor,
  Mis dones todos usaré,
  A tu alabanza y loor.

— *Manuel Li Gonzales*

411. Cuán Tiernamente
(Softly and Tenderly)

1 ¡Cuán tiernamente nos está llamando,
   Cristo a ti y a mí!
   El nos espera con brazos abiertos;
   Llama a ti y a mí.

   Coro
   Venid, venid,
   Si estáis cansados, venid;
   ¡Cuán tiernamente os está llamando!
   ¡Oh, pecadores, venid!

2 ¿Por qué tememos si está abogando,
   Cristo por ti y por mí?
   Sus bendiciones está derramando,
   Siempre por ti y por mí.

3 El tiempo vuela, lograrlo conviene,
   Cristo te llama a ti.
   Vienen las sombras y la muerte viene;
   Viene por ti y por mí.

                    — *Pedro Grado y H.C. Ball, Trads.*

412. No Digas que No
(Don't Turn Him Away)

1 Cristo te espera paciente,
   Quiere que vengas a Él;
   Tocando está, permítele entrar,
   No lo hagas en vano esperar.

   Coro
   No digas que no, no digas que no,
   Déjalo entrar a tu corazón,
   Te quiere perdonar.
   Sabe que lo has de necesitar
   En aquel día final;
   Si tú le aceptas, Él te salvará,
   No digas que no.

2 El compasivo te espera,
   Brindarte quiere su amor;
   ¡Tanto esperar y tanto llamar!
   ¿Por qué no lo dejas entrar?

3 ¿Piensas acaso que Cristo
   Jamás se acuerda de ti?
   No peques más y entonces verás
   Que nunca su amor faltará.

4 Hoy es el tiempo deseado
   Si tú le quieres hallar,
   Ven hoya Él, acepta con fe,
   No debes ya más rechazar.

   — H.T. Reza, Trad.

413. Con Voz Benigna
(Jesús Is Calling)

1 Con voz benigna te llama Jesús,
   Invitación de puro amor.
   ¿Por qué le dejas en vano llamar?
   ¿Sordo serás pecador?

   Coro
   Hoy te convida,
   Hoy te convida,
   Voz bendecida,
   Benigna convídate hoy.

2 A los cansados convida Jesús,
   Con compasión mira el dolor;
   Tráele tu carga, te bendecirá,
   Ayudaráte el Señor.

3 Siempre aguardando contempla a Jesús:
   ¡Tanto esperar! ¡Con tanto amor!
   Hasta sus plantas ven, mísero y trae,
   Tu tentación, tu dolor.

   — T.M. Westrup, Trad.

414. No Me Dejes
(Pass Me Not)

1 No me dejes, no me olvides,
   Tierno Salvador,
   Muchos gozan tus mercedes,
   Oye mi clamor.

   Coro
   Cristo, Cristo,
   Oye Tú mi voz.
   Salvador, tu gracia dame,
   Oye mi clamor.

2 Ante el trono de la gracia,
   Hallo dulce paz,
   Nada aquí mi alma sacia:
   Tú eres mi solaz.

3 Sólo fío en tus bondades,
   Guíame en tu luz,
   Y a mi alma no deseches,
   Sálvame, Jesús.

4 Fuente viva de consuelo
   Tú eres para mí.
   ¿A quién tengo en este suelo
   Sino sólo a ti?

415. Luz a Mis Pies
(Lamp of Our Feet)

1 Luz a mis pies habrás de ser,
   Para en tu senda andar;
   Limpio raudal de gracia fiel,
   Nítido manantial.

2 Pan de mi ser, feliz maná
   De gracia celestial;
   Eres fanal que me guiará
   A gloria perennal.

3 Pilar serás de protección
  Que alumbre mi vivir;
  Puedes calmar feroz turbión
  Y mi alma bendecir.

4 Eres mi Dios, mi Pabellón
  Fuente de gran virtud;
  Te doy mi ser, mi devoción,
  Mi entera gratitud.

— H.T. Reza, Trad.

416. Por Ti Estoy Rogando
(For You I Am Praying)

1 Un Salvador tengo siempre a mi lado,
  Un gran Salvador de amorosa bondad,
  Que siempre me ayuda con todo cuidado
  Si tú lo deseas, te puede ayudar.

  Coro
  Por ti estoy rogando,
  Por ti estoy rogando,
  Por ti estoy rogando,
  Yo ruego por ti.

2 Tengo un buen Padre que fiel ha provisto
  Eterna esperanza de felicidad,
  Y luego me quiere llevar a su casa,
  Y tú ¿no deseas conmigo llegar?

3 Tengo un buen traje de alba blancura,
  Que allá en la gloria me espera adornar,
  Y cuando lo vea tan resplandeciente,
  Quisiera también que tú vistas igual.

4 El que tú vengas a Cristo, oh amigo,
  Será para mí lo más halagador,
  Y entonces a otros verás que contigo,
  Repiten la historia del gran Salvador.

417. Vengo a Ti, Jesús

(Jesús, I Come)

1 Con mi tristeza, con mi dolor,
   Vengo a ti, vengo a ti;
   De mis maldades a tu favor
   Vengo a ti, Jesús.
   De mis pobrezas y enfermedad,
   A tus riquezas y sanidad,
   De mi pecado a tu santidad,
   Vengo a ti, Jesús.

2 Con mis fracasos y mi ilusión,
   Vengo a ti, vengo a ti;
   A deleitarme en tu salvación,
   Vengo a ti, Jesús.
   De mis vergüenzas a tu favor,
   De mis flaquezas a tu vigor,
   De mi egoísmo, al Salvador,
   Vengo a ti, Jesús.

3 De mis pavores, hasta tu paz,
   Vengo a ti, vengo a ti;
   De mis fracasos a tu solaz,
   Vengo a ti, Jesús.
   De mis fatigas, a tu quietud,
   De mis desgracias, a tu virtud,
   De mi escasez a tu plenitud,
   Vengo a ti, Jesús.

4 De perdición y muerte eternal,
   Vengo a ti, vengo a ti;
   A recibir herencia inmortal,
   Vengo a ti, Jesús.
   A sempiterna felicidad,
   Hacia tu amor y tranquilidad,
   Do tu presencia goce en verdad,
   Vengo a ti, Jesús.

— *W.R. Adell, Trad.*

418. Que Haga en Ti Su Voluntad
(His Way with Thee)

1 ¿Vivirás por Cristo, fiel a Él al fin serás?
¿En la vía de paz, en pos de Él andarás?
¿De la cruz al pie tus cuitas todas dejarás?
Que haga en ti su voluntad.

Coro
Su gran poder, sus dones te dará;
Él gozo y paz a tu alma volverán,
Del corazón las manchas limpiará,
Que haga en ti su santa voluntad.

2 ¿Quieres ir en pos de Cristo y llevar la cruz?
¿Quieres conocer la paz que da Jesús?
¿Quieres que te guíe con la verdadera luz?
Que haga en ti su voluntad.

3 ¿Quieres en el cielo tus amigos encontrar?
Debes preparar tu vida sin tardar.
¿Quieres a Él sólo hoy tu vida consagrar?
Que haga en ti su voluntad.

419. ¡Oh, Ven sin Tardar!
(Oh, Why Not Tonight?)

1 ¡Oh, no rechaces la verdad!
Tus ojos hoy abre a la luz,
Renuncia toda la maldad,
Y ven a Jesús.

Coro
¡Oh, ven sin tardar!
¡Oh, ven sin tardar!
Acepta a Jesús, y salvo serás.

2 Tus ojos ya tal vez el sol,
No más aquí contemplarán;
Hoy es el día de salvación,
¡Oh, ven a Jesús!

3 Jesús te tiene compasión,
　¿Con qué su amor le pagarás?
　Hoy trae a Él tu corazón,
　Y salvo serás.

4 Jesús recibe al pecador,
　Que quiera a Él su alma unir;
　Ya no desprecies más su amor,
　¡Oh, ven a Jesús!
　　　　　　　　　　　　— E.A. Hunt, Trad.

420. ¿Eres Limpio en la Sangre?
(Are You Washed in the Blood?)

1 ¿Has hallado en Cristo plena salvación?
　¿Por la sangre que Cristo vertió?
　¿Toda mancha lava de tu corazón?
　¿Eres limpio en la sangre eficaz?

Coro
¿Eres limpio en la sangre?
¿En la sangre de Cristo Jesús?
¿Es tu corazón más blanco que la nieve?
¿Eres limpio en la sangre eficaz?

2 ¿Vives siempre al lado de tu Salvador?
　¿Por la sangre que Él derramó?
　¿Del pecado eres siempre vencedor?
　¿Eres limpio en la sangre eficaz?

3 ¿Tendrás ropa blanca al venir Jesús?
　¿Eres limpio en la fuente de amor?
　¿Estás listo para la mansión de luz?
　¿Eres limpio en la sangre eficaz?

4 Cristo ofrece hoy pureza y poder,
　¡Oh, acude a la cruz del Señor!
　Él la fuente es que limpiará tu ser,
　¡Oh, acude a su sangre eficaz!
　　　　　　　　　　　　— H.W. Cragin, Trad.

421. Pecador, Ven a Cristo Jesús
(Sweet By and By)

1 Pecador, ven a Cristo Jesús,
  Y feliz para siempre serás
  Que si tú le quisieres tener
  Al divino Señor hallarás.

  Coro
  Ven a Él, ven a Él,
  Que te espera tu buen Salvador;
  Ven a Él, ven a Él,
  Que te espera tu buen Salvador.

2 Si cual hijo que necio pecó,
  Vas buscando a sus pies compasión,
  Tierno Padre en Jesús hallarás,
  Y tendrás en sus brazos perdón.

3 Si enfermo, te sientes morir,
  Él será tu Doctor celestial;
  Y hallarás en su sangre también,
  Medicina que cure tu mal.

4 Ovejuela que huyó del redil,
  ¡He aquí tu benigno Señor!
  Y en los hombros llevada serás
  De tan dulce y amante Pastor.

422. Ven Tal Como Estás
(Come Just as You Are)

1 Si tú cansado ya estás de pecar,
  Ven tal como estás;
  Ven a Jesús que Él te hará descansar,
  ¡Oh, ven tal como estás!

Coro
Ven tal como estás,
Oh, ven tal como estás,
Deja el pecado y acepta a Jesús,
Y ven tal como estás.

2 Llevas en tu alma las huellas del mal,
Ven tal como estás;
Y aunque del Padre muy lejos estás,
¡Oh, ven tal como estás!

3 Si por tus culpas perdido estás tú,
Ven tal como estás;
Por redimirte pagó ya Jesús,
¡Oh, ven tal como estás!

4 Nunca tus obras salvarte podrán,
Ven tal como estás;
Ven a Jesús y ser salvo podrás,
¡Oh, ven tal como estás!

5 Con tus dolores, tristeza y afán,
Ven tal como estás;
Que Cristo a todos hoy quiere salvar,
¡Oh, ven tal como estás!

— *C.E. Morales, Trad.*

423. Gloria Demos al Padre

(Gloria Patri)
Gloria demos al Padre,
Al Hijo y al Santo Espíritu;
Como eran al principio,
Son hoy y habrán de ser,
Eternamente. Amén.

424. A Dios El Padre

(Doxology)

A Dios el Padre celestial,
Al Hijo nuestro Redentor,
Y al eternal Consolador,
Unidos todos alabad.

ÍNDICE DE LECTURAS DEVOCIONALES

LECTURAS DEVOCIONALES

1. El Padre Nuestro

Padre nuestro que estás en los cielos, santificado sea tu nombre. Venga tu reino. Hágase tu voluntad, como en el cielo, así también en la tierra. El pan nuestro de cada día, dánoslo hoy. Y perdónanos nuestras deudas, como también nosotros perdonamos a nuestros deudores. Y no nos dejes caer en tentación, mas líbranos del mal; porque tuyo es el reino, y el poder, y la gloria, por todos los siglos. Amén.

— Mateo 6:9b-13

2. El Credo de los Apóstoles

Creo en Dios Padre Todopoderoso, Creador del cielo y de la tierra, y en Jesucristo, su único Hijo, Señor nuestro; que fue concebido del Espíritu Santo, nació de la Virgen María, padeció bajo el poder de Poncio Pilato, fue crucificado, muerto y sepultado; al tercer día resucitó de entre los muertos, subió al cielo, y está sentado a la diestra de Dios Padre Todopoderoso. Y desde allí vendrá al fin del mundo a juzgar a los vivos y a los muertos. Creo en el Espíritu Santo, la Santa Iglesia Universal, la comunión de los santos, el perdón de los pecados, la resurrección del cuerpo y la vida perdurable. Amén.

3. Los Diez Mandamientos

I. No tendrás dioses ajenos delante de mí.

II. *No te harás imagen, ni ninguna semejanza de lo que esté arriba en el cielo, ni abajo en la tierra, ni en las aguas debajo de la tierra. No te inclinarás a ellas, ni las honrarás; porque yo soy Jehová tu Dios, fuerte, celoso, que visito la maldad de los padres sobre los hijos hasta la tercera y cuarta generación de los que me aborrecen, y hago misericordia a millares, a los que me aman y guardan mis mandamientos.*

III. No tomarás el nombre de Jehová tu Dios en vano; porque no dará por inocente Jehová al que tomare su nombre en vano.

IV. *Acuérdate del día de reposo para santificarlo. Seis días trabajarás, y harás toda tu obra; mas el séptimo día es reposo para Jehová tu Dios; no hagas en él obra alguna, tú, ni tu hijo, ni tu hija, ni tu siervo, ni tu criada, ni tu bestia, ni tu extranjero que está dentro de tus puertas, porque en seis días hizo Jehová los cielos y la tierra, el mar, y todas las cosas que en ellos hoy, y reposó en el séptimo día; por tanto, Jehová bendijo el día de reposo y lo santificó.*

V. Honra a tu padre y a tu madre, para que tus días se alarguen en la tierra que Jehová tu Dios te da.

VI. *No matarás.*

VII. No cometerás adulterio.

VIII. *No hurtarás.*

IX. No hablarás contra tu prójimo falso testimonio.

Todos

X. *No codiciarás la casa de tu prójimo, no codiciarás la mujer de tu prójimo, ni su siervo, ni su criada, ni su buey, ni su asno, ni cosa alguna de tu prójimo.*

— Éxodo 20:3-17

4. Cuidado Divino

Jehová es mi pastor; nada me faltará.

En lugares de delicados pastos me hará descansar; junto a aguas de reposo me pastoreará.

Confortará mi alma; me guiará por sendas de justicia por amor de su nombre.

Aunque ande en valle de sombra de muerte, no temeré mal alguno, porque tú estarás conmigo; tu vara y tu cayado me infundirán aliento.

Aderezas mesa delante de mí en presencia de mis

angustiadores; unges mi cabeza con aceite, mi copa está rebosando.

Todos

Ciertamente el bien y la misericordia me seguirán todos los días de mi vida, y en la casa de Jehová moraré por largos días.

— Salmos 23

5. Resurrección

Pero si se predica de Cristo que resucitó de los muertos, ¿cómo dicen algunos entre vosotros que no hay resurrección de muertos?

Porque si no hay resurrección de muertos, tampoco Cristo resucitó.

Y si Cristo no resucitó, vana es entonces nuestra predicación, vana es también vuestra fe.

Y somos hallados falsos testigos de Dios; porque hemos testificado de Dios que él resucitó a Cristo, al cual no resucitó, si en verdad los muertos no resucitan.

Porque si los muertos no resucitan, tampoco Cristo resucitó;

Y si Cristo no resucitó, vuestra fe es vana; aún estáis en vuestros pecados.

Entonces también los que durmieron en Cristo perecieron.

Si en esta vida solamente esperamos en Cristo, somos los más dignos de conmiseración de todos los hombres.

Mas ahora Cristo ha resucitado de los muertos; primicias de los que durmieron es hecho.

Todos

Porque por cuanto la muerte entró por un hombre, también por un hombre la resurrección de los muertos. Porque así como en Adán todos mueren, también en Cristo todos serán vivificados.

— I Corintios 15:12-22

6. Redención

Engrandeced a Jehová conmigo, y exaltemos a una su nombre.

Busqué a Jehová, y él me oyó, y me libró de todos mis temores.

Los que miraron a él fueron alumbrados, y sus rostros no fueron avergonzados.

Este pobre clamó, y le oyó Jehová, y lo libró de todas sus angustias.

El ángel de Jehová acampa alrededor de los que le temen, y los defiende.

Gustad, y ved que es bueno Jehová; dichoso el hombre que confía en él.

Temed a Jehová, vosotros sus santos, pues nada falta a los que le temen.

Cercano está Jehová a los quebrantados de corazón; y salva a los contritos de espíritu.

Muchas son las aflicciones del justo, pero de todas ellas le librará Jehová.

Él guarda todos sus huesos; ni uno de ellos será quebrantado.

Matará al malo la maldad, y los que aborrecen al justo serán condenados.

Todos

Jehová redime el alma de sus siervos, y no serán condenados cuantos en él confían.

— *Salmos 34:3-9, 18-22*

7. Avivamiento

¿No volverás a darnos vida, para que tu pueblo se regocije en ti?

Muéstranos, oh Jehová, tu misericordia, y danos tu salvación.

Si se humillare mi pueblo, sobre el cual mi nombre es

invocado, y oraren, y buscaren mi rostro, y se convirtieren de sus malos caminos; entonces yo oiré desde los cielos, y perdonaré sus pecados, y sanaré su tierra.

Porque así dijo el Alto y Sublime, el que habita la eternidad, y cuyo nombre es el Santo: Yo habito en la altura y la santidad, y con el quebrantado y humilde de espíritu, para hacer vivir el espíritu de los humildes, y para vivificar el corazón de los quebrantados.

Oh Jehová, aviva tu obra en medio de los tiempos, en medio de los tiempos hazla conocer; en la ira acuérdate de la misericordia.

No endurezcáis, pues, ahora vuestra cerviz como vuestros padres; someteos a Jehová, y venid a su santuario, el cual él ha santificado para siempre; y servid a Jehová vuestro Dios, y el ardor de su ira se apartará de vosotros.

Porque si os volviereis a Jehová, vuestros hermanos y vuestros hijos hallarán misericordia delante de los que los tienen cautivos, y volverán a esta tierra; porque Jehová vuestro Dios es clemente y misericordioso, y no apartará de vosotros su rostro, si vosotros os volviereis a él.

Todos

Vuélvete, oh Jehová; ¿hasta cuándo? Y aplácate para con tus siervos. De mañana sáciame de tu misericordia, y cantaremos y nos alegraremos todos nuestros días.

— Salmos 85:6, 7; II Crónicas 7:14;
Isaías 57:15; Habacuc 3:2b;
II Crónicas 30:8, 9; Salmos 90:13, 14

8. Vida Eterna

Y como Moisés levantó la serpiente en el desierto, así es necesario que el Hijo del Hombre sea levantado.

Para que todo aquel que en él cree, no se pierda, mas tenga vida eterna.

Porque de tal manera amó Dios al mundo, que ha dado a su Hijo unigénito, para que todo aquel que en él cree, no se pierda, mas tenga vida eterna.

Porque no envió Dios a su Hijo al mundo para condenar al mundo, sino para que el mundo sea salvo por él.

El que cree en el Hijo tiene vida eterna; pero el que rehúsa creer en el Hijo no verá la vida, sino que la ira de Dios está sobre él.

Todos

Jesús le dijo: Tu hermano resucitará. Marta le dijo: Yo sé que resucitará en la resurrección, en el día postrero. Le dijo Jesús: Yo soy la resurrección y la vida; el que cree en mí, aunque esté muerto, vivirá. Y todo aquel que vive y cree en mí, no morirá eternamente.

— Juan 3:14-17, 36; 11:23-26a

9. Tentación

Bienaventurado el varón que soporta la tentación;

Porque cuando haya resistido la prueba, recibirá la corona de vida, que Dios ha prometido a los que le aman.

Cuando alguno es tentado, no diga que es tentado de parte de Dios;

Porque Dios no puede ser tentado por el mal, ni él tienta a nadie;

Sino que cada uno es tentado, cuando de su propia concupiscencia es atraído y seducido.

Entonces la concupiscencia, después que ha concebido, da a luz el pecado; y el pecado, siendo consumado, da a luz la muerte.

Ni tentemos al Señor, como también algunos de ellos le tentaron, y perecieron por las serpientes.

Ni murmuréis, como algunos de ellos murmuraron, y perecieron por el destructor.

Así que, el que piensa estar firme, mire que no caiga.

Todos

No os ha sobrevenido ninguna tentación que no sea humana; pero fiel es Dios, que no os dejará ser tentados más de lo que podéis resistir, sino que dará también juntamente con la tentación la salida, para que podáis soportar.

— Santiago 1:12-15; I Corintios 10:9-10, 12-13

10. Navidad

Cuando Jesús nació en Belén de Judea en días del rey Herodes, vinieron del oriente a Jerusalén unos magos,

Diciendo: ¿Dónde está el rey de los judíos, que ha nacido? Porque su estrella hemos visto en el oriente, y venimos a adorarle.

Oyendo esto, el rey Herodes se turbó, y toda Jerusalén con él.

Y convocados todos los principales sacerdotes, y los escribas del pueblo, les preguntó dónde había de nacer el Cristo.

Ellos le dijeron: En Belén de Judea; porque así está escrito por el profeta:

Y tú, Belén, de la tierra de Judá, no eres la más pequeña entre los príncipes de Judá; porque de ti saldrá un guiador, que apacentará a mi pueblo Israel.

Entonces Herodes, llamando en secreto a los magos, indagó de ellos diligentemente el tiempo de la aparición de la estrella,

Y enviándolos a Belén, dijo: Id allá y averiguad con diligencia acerca del niño; y cuando le halléis, hacédmelo saber, para que yo también vaya y le adore.

Ellos, habiendo oído al rey, se fueron; y he aquí la estrella que habían visto en el oriente iba delante de ellos, hasta que llegando, se detuvo sobre donde estaba el niño.

Y al ver la estrella, se regocijaron con muy grande gozo.

Y al entrar en la casa, vieron al niño con su madre María, y postrándose, le adoraron; y abriendo sus tesoros, le ofrecieron presentes: oro, incienso y mirra.

Todos
Pero siendo avisados por revelación en sueños que no volviesen a Herodes, regresaron a su tierra por otro camino.

— Mateo 2:1-12

11. Invitación

Venid a mí todos los que estáis trabajados y cargados, y yo os haré descansar.

Llevad mi yugo sobre vosotros, y aprended de mí, que soy manso y humilde de corazón; y hallaréis descanso para vuestras almas; porque mi yugo es fácil, y ligera mi carga.

A todos los sedientos: Venid a las aguas; y los que no tienen dinero, venid, comprad, y comed. Venid, comprad sin dinero y sin precio, vino y leche.

Inclinad vuestro oído, y venid a mí; oíd, y vivirá vuestra alma; y haré con vosotros pacto eterno, las misericordias firmes de David.

Buscad a Jehová mientras puede ser hallado, llamadle en tanto que está cercano.

Deje el impío su camino, y el hombre inicuo sus pensamientos, y vuélvase a Jehová, el cual tendrá de él misericordia, y al Dios nuestro, el cual será amplio en perdonar.

Y el Espíritu y la Esposa dicen: Ven, Y el que oye, diga:
Ven. Y el que tiene sed, venga;

Todos

Y el que quiera, tome del agua de la vida gratuita-
mente.

— Mateo 11:28-30; Isaías 55:1, 3, 6, 7;
Apocalipsis 22:17

12. El Espíritu Santo

Cuando llegó el día de Pentecostés, estaban todos
unánimes juntos. Y de repente vino del cielo un estruendo como de un viento recio que soplaba, el cual
llenó toda la casa donde estaban sentados;

Y se les aparecieron lenguas repartidas, como de fue-
go, asentándose sobre cada uno de ellos.

Y fueron todos llenos del Espíritu Santo, y comen-
zaron a hablar en otras lenguas, según el Espíritu les
daba que hablasen.

Y estaban todos atónitos y perplejos, diciéndose unos
a otros: ¿Qué quiere decir esto? Mas otros, burlándo-
se, decían: Están llenos de mosto.

Entonces Pedro, poniéndose en pie con los once, alzó
la voz, y les habló diciendo: Varones judíos, y todos
los que habitáis en Jerusalén, esto os sea notorio, y
oíd mis palabras.

Porque éstos no están ebrios, como vosotros suponéis,
puesto que es la hora tercera del día. Mas esto es lo
dicho por el profeta Joel:

Y en los postreros días, dice Dios, derramaré de mi
Espíritu sobre toda carne, y vuestros hijos y vuestras
hijas profetizarán; vuestros jóvenes verán visiones, y
vuestros ancianos soñarán sueños;

Y de cierto sobre mis siervos y sobre mis siervas en
aquellos días derramaré de mi Espíritu, y profeti-
zarán.

Al oír esto, se compungieron de corazón, y dijeron a Pedro y a los otros apóstoles: Varones hermanos, ¿qué haremos?

Todos

Pedro les dijo: Arrepentíos, y bautícese cada uno de vosotros en el nombre de Jesucristo para perdón de los pecados: y recibiréis el don del Espíritu Santo.

— Hechos 2:1-4, 12-18, 37, 38

13. Amor

Si yo hablase lenguas humanas y angélicas, y no tengo amor, vengo a ser como metal que resuena, o címbalo que retiñe.

Y si tuviese profecía, y entendiese todos los misterios y toda ciencia, y si tuviese toda la fe, de tal manera que trasladase los montes, y no tengo amor, nada soy.

Y si repartiese todos mis bienes para dar de comer a los pobres, y si entregase mi cuerpo para ser quemado, y no tengo amor, de nada me sirve.

El amor es sufrido, es benigno; el amor no tiene envidia, el amor no es jactancioso, no se envanece;

No hace nada indebido, no busca lo suyo, no se irrita, no guarda rencor;

No se goza de la injusticia, mas se goza de la verdad.

Todo lo sufre, todo lo cree, todo lo espera, todo lo soporta.

El amor nunca deja de ser; pero las profecías se acabarán, y cesarán las lenguas, y la ciencia acabará.

Porque en parte conocemos, y en parte profetizamos; mas cuando venga lo perfecto, entonces lo que es en parte se acabará.

Cuando yo era niño, hablaba como niño, pensaba como niño, juzgaba como niño; mas cuando ya fui hombre, dejé lo que era de niño.

Ahora vemos por espejo, oscuramente; mas entonces veremos cara a cara. Ahora conozco en parte; pero entonces conoceré como fui conocido.

Todos

Y ahora permanecen la fe, la esperanza, y el amor, estos tres; pero el mayor de ellos es el amor.

— I Corintios 13

14. Agradecimiento

Alabad a Jehová, invocad su nombre, dad a conocer en los pueblos sus obras.

Cantad a él, cantadle salmos; hablad de todas sus maravillas.

Porque Jehová tu Dios te introduce en la buena tierra, tierra de arroyos, de aguas, de fuentes, y de manantiales, que brotan en vegas y montes;

Tierra de trigo y cebada, de vides, higueras y granados; tierra de olivos, de aceite y de miel;

Tierra en la cual no comerás el pan con escasez, ni te faltará nada en ella; tierra cuyas piedras son hierro, y de cuyos montes sacarás cobre.

Y comerás y te saciarás, y bendecirás a Jehová tu Dios por la buena tierra que te habrá dado.

Cuídate de no olvidarte de Jehová tu Dios, para cumplir sus mandamientos, sus decretos y sus estatutos que yo te ordeno hoy;

No suceda que comas y te sacies, y edifiques buenas casas en que habites, y tus vacas y tus ovejas se aumenten, y la plata y el oro se te multipliquen, y todo lo que tuvieres se aumente; y se enorgullezca tu corazón, y te olvides de Jehová tu Dios,

Y digas en tu corazón: Mi poder y la fuerza de mi mano me han traído esta riqueza.

Sino acuérdate de Jehová tu Dios, porque él te da el poder para hacer las riquezas,

Ahora pues, Dios nuestro, nosotros alabamos y loamos tu glorioso nombre.

Todos

Porque ¿quién soy yo, y quién es mi pueblo, para que pudiésemos ofrecer voluntariamente cosas semejantes? Pues todo es tuyo, y de lo recibido de tu mano te damos.

— *I Crónicas 16:8, 9; Deuteronomio 8:7-14a,*
17, 18a; I Crónicas 29:13-14

15. Salvación

Porque no me avergüenzo del evangelio, porque es poder de Dios para salvación a todo aquel que cree;

Porque con el corazón se cree para justicia, pero con la boca se confiesa para salvación.

Porque todo aquel que invocare el nombre del Señor, será salvo.

Porque dice: En tiempo aceptable te he oído, y en día de salvación te he socorrido. He aquí ahora el tiempo aceptable; he aquí el día de salvación.

Por tanto, amados míos, como siempre habéis obedecido, no como en mi presencia solamente, sino mucho más ahora en mi ausencia, ocupaos en vuestra salvación con temor y temblor.

Porque Dios es el que en vosotros produce así el querer como el hacer por su buena voluntad.

Pero nosotros, que somos del día, seamos sobrios, habiéndonos vestido con la coraza de fe y de amor, y con la esperanza de salvación como yelmo.

Porque no nos ha puesto Dios para ira, sino para alcanzar salvación por medio de nuestro Señor Jesucristo.

Porque la gracia de Dios se ha manifestado para salvación a todos los hombres.

Enseñándonos que, renunciando a la impiedad y a los deseos mundanos, vivamos en este siglo sobria, justa y piadosamente,

Aguardando la esperanza bienaventurada y la manifestación gloriosa de nuestro gran Dios y Salvador Jesucristo,

Todos

Quien se dio a sí mismo por nosotros para redimirnos de toda iniquidad y purificar para sí un pueblo propio, celoso de buenas obras.

— Romanos 1:16a; 10:10, 13; II Corintios 6:2; Filipenses 2:12, 13; I Tesalonicenses 5:8, 9; Tito 2:11-14

16. Alabanza

Bendice, alma mía, a Jehová, y bendiga todo mi ser su santo nombre.

Bendice, alma mía, a Jehová, y no olvides ninguno de sus beneficios.

Él es quien perdona todas tus iniquidades, el que sana todas tus dolencias;

El que rescata del hoyo tu vida, el que te corona de favores y misericordias;

El que sacia de bien tu boca de modo que te rejuvenezcas como el águila.

Jehová es el que hace justicia y derecho a todos los que padecen violencia.

Sus caminos notificó a Moisés, y a los hijos de Israel sus obras.

Misericordioso y clemente es Jehová; lento para la ira, y grande en misericordia.

No contenderá para siempre, ni para siempre guardará el enojo.

No ha hecho con nosotros conforme a nuestras ini-
quidades, ni nos ha pagado conforme a nuestros pe-
cados.

Porque como la altura de los cielos sobre la tierra,
engrandeció su misericordia sobre los que le temen.

Cuanto está lejos el oriente del occidente, hizo alejar
de nosotros nuestras rebeliones.

Como el padre se compadece de los hijos, se compadece Jehová de los que le temen.

Porque él conoce nuestra condición; se acuerda de
que somos polvo.

Bendecid a Jehová, vosotros todos sus ejércitos, mi-
nistros suyos, que hacéis su voluntad.

Todos

Bendecid a Jehová, vosotras todas sus obras, en to-
dos los lugares de su señorío. Bendice, alma mía a
Jehová.

— Salmos 103:1-14, 21-22

17. Santidad

Así que, amados, puesto que tenemos tales promesas, limpiémonos de toda contaminación de carne y
de espíritu, perfeccionando la santidad en el temor
de Dios.

¿No sabéis que si os sometéis a alguien como esclavos
para obedecerle, sois esclavos de aquel a quien obede-
céis, sea del pecado para muerte, o sea de la obedien-
cia para justicia?

Pero gracias a Dios, que aunque erais esclavos del pecado, habéis obedecido de corazón a aquella forma
de doctrina a la cual fuisteis entregados;

Y libertados del pecado, vinisteis a ser siervos de la
justicia.

¿Pero qué fruto teníais de aquellas cosas de las cuales ahora os avergonzáis? Porque el fin de ellas es muerte.

Mas ahora que habéis sido libertados del pecado y hechos siervos de Dios, tenéis por vuestro fruto la santificación, y como fin, la vida eterna.

Por otra parte, tuvimos a nuestros padres terrenales que nos disciplinaban, y los venerábamos. ¿Por qué no obedeceremos mucho mejor al Padre de los espíritus, y viviremos?

Y aquéllos, ciertamente por pocos días nos disciplinaban como a ellos les parecía, pero éste para lo que nos es provechoso, para que participemos de su santidad.

Es verdad que ninguna disciplina al presente parece ser causa de gozo, sino de tristeza; pero después da fruto apacible de justicia a los que en ella han sido ejercitados.

Por lo cual, levantad las manos caídas y las rodillas paralizadas;

Y haced sendas derechas para vuestros pies, para que lo cojo no se salga del camino, sino que sea sanado.

Todos
Seguid la paz con todos, y la santidad, sin la cual nadie verá al Señor.

— II Corintios 7:1; Romanos 6:16-18, 21, 22; Hebreos 12:9-14

18. Oración
Vosotros, pues, oraréis así: Padre nuestro que estás en los cielos, santificado sea tu nombre.

Venga tu reino. Hágase tu voluntad, como en el cielo, así también en la tierra.

El pan nuestro de cada día, dánoslo hoy.

*Y perdónanos nuestras deudas, como también noso-
tros perdonamos a nuestros deudores.*

Y no nos metas en tentación, mas líbranos del mal;
porque tuyo es el reino, y el poder, y la gloria, por
todos los siglos. Amén.

*Porque si perdonáis a los hombres sus ofensas, os per-
donará también a vosotros vuestro Padre celestial;*

Mas si no perdonáis a los hombres sus ofensas, tampoco vuestro Padre os perdonará vuestras ofensas.

*Pedid, y se os dará; buscad, y hallaréis; llamad, y se
os abrirá.*

Porque todo aquel que pide, recibe; y el que busca,
halla; y al que llama, se le abrirá.

*¿Qué hombre hay de vosotros, que si su hijo le pide
pan, le dará una piedra? ¿O si le pide un pescado, le
dará una serpiente?*

Pues si vosotros, siendo malos, sabéis dar buenas
dádivas a vuestros hijos, ¿cuánto más vuestro Padre
que está en los cielos dará buenas cosas a los que le
pidan?

*Velad y orad, para que no entréis en tentación; el es-
píritu a la verdad está dispuesto, pero la carne es débil.*

Orad sin cesar.

Todos

La oración eficaz del justo puede mucho.

— Mateo 6:9-15; 7:7-11; Marcos 14:38;
I Tesalonicenses 5:17; Santiago 5:16b

19. Gracia Divina

Gracia y paz a vosotros de Dios nuestro Padre y del
Señor Jesucristo.

*Porque nuestra gloria es ésta: el testimonio de nues-
tra conciencia, que con sencillez y sinceridad de Dios,*

no con sabiduría humana, sino con la gracia de Dios, nos hemos conducido en el mundo, y mucho más con vosotros.

Porque todas estas cosas padecemos por amor a vosotros, para que abundando la gracia por medio de muchos, la acción de gracias sobreabunde para gloria de Dios.

Así, pues, nosotros como colaboradores suyos, os exhortamos también a que no recibáis en vano la gracia de Dios.

Porque ya conocéis la gracia de nuestro Señor Jesucristo, que por amor a vosotros se hizo pobre, siendo rico, para que vosotros con su pobreza fueseis enriquecidos.

Y poderoso es Dios para hacer que abunde en vosotros toda gracia, a fin de que, teniendo siempre en todas las cosas todo lo suficiente, abundéis para toda buena obra;

Bástate mi gracia; porque mi poder se perfecciona en la debilidad. Por tanto, de buena gana me gloriaré más bien en mis debilidades, para que repose sobre mí el poder de Cristo.

Todos

La gracia del Señor Jesucristo, el amor de Dios, y la comunión del Espíritu Santo sean con todos vosotros. Amén.

— II Corintios 1:2, 12; 4:15; 6:1; 8:9;
9:8; 12:9; 13:14

20. Dirección Divina

A ti, oh Jehová, levantaré mi alma.

Dios mío, en ti confío; no sea yo avergonzado, no se alegren de mí mis enemigos.

Ciertamente ninguno de cuantos esperan en ti será

confundido; serán avergonzados los que se, rebelan sin causa.

Muéstrame, oh Jehová, tus caminos; enséñame tus sendas.

Encamíname en tu verdad, y enséñame, porque tú eres el Dios de mi salvación; en ti he esperado todo el día.

Acuérdate, oh Jehová, de tus piedades y de tus misericordias, que son perpetuas.

Por amor de tu nombre, oh Jehová, perdonarás también mi pecado, que es grande.

¿Quién es el hombre que teme a Jehová? Él le enseñará el camino que ha de escoger.

Gozará él de bienestar, y su descendencia heredará la tierra.

Todos

La comunión íntima de Jehová es con los que le temen, y a ellos hará conocer su pacto.

— Salmos 25:1-6, 11-14

21. Exhortaciones

Por tanto, no durmamos como los demás, sino velemos y seamos sobrios. Pues los que duermen, de noche duermen, y los que se embriagan, de noche se embriagan.

Pero nosotros, que somos del día, seamos sobrios, habiéndonos vestido con la coraza de fe y de amor, y con la esperanza de salvación como yelmo.

Porque no nos ha puesto Dios para ira, sino para alcanzar salvación por medio de nuestro Señor Jesucristo, quien murió por nosotros para que ya sea que velemos, o que durmamos, vivamos juntamente con él.

Por lo cual, animaos unos a otros, y edificaos unos a otros, así como lo hacéis.

Os rogamos, hermanos, que reconozcáis a los que trabajan entre vosotros, y os presiden en el Señor, y os amonestan; y que los tengáis en mucha estima y amor por causa de su obra. Tened paz entre vosotros.

También os rogamos, hermanos, que amonestéis a los ociosos, que alentéis a los de poco ánimo, que sostengáis a los débiles, que seáis pacientes para con todos.

Mirad que ninguno pague a otro mal por mal; antes seguid siempre lo bueno unos para con otros, y para con todos.

Estad siempre gozosos. Orad sin cesar.

Dad gracias en todo, porque esta es la voluntad de Dios para con vosotros en Cristo Jesús.

No apaguéis al Espíritu. No menospreciéis las profecías. Examinadlo todo; retened lo bueno.

Absteneos de toda especie de mal.

Todos

La gracia de nuestro Señor Jesucristo sea con vosotros. Amén.

— *I Tesalonicenses 5:6-22, 28*

22. Cielo

Vi un cielo nuevo y una tierra nueva; porque el primer cielo y la primera tierra pasaron, y el mar ya no existía más.

Y yo Juan vi la santa ciudad, la nueva Jerusalén, descender del cielo, de Dios, dispuesta como una esposa ataviada para su marido.

Y oí una gran voz del cielo que decía: He aquí el tabernáculo de Dios con los hombres, y él morará con ellos; y ellos serán su pueblo, y Dios mismo estará con ellos como su Dios.

Enjugará Dios toda lágrima de los ojos de ellos; y ya no habrá muerte, ni habrá más llanto, ni clamor, ni dolor; porque las primeras cosas pasaron.

Y me llevó en el Espíritu a un monte grande y alto, y me mostró la gran ciudad santa de Jerusalén, que descendía del cielo, de Dios,

Teniendo la gloria de Dios. Y su fulgor era semejante al de una piedra preciosísima, como piedra de jaspe, diáfana como el cristal.

Y no vi en ella templo; porque el Señor Dios Todopoderoso es el templo de ella, y el Cordero.

La ciudad no tiene necesidad de sol ni de luna que brille en ella; porque la gloria de Dios la ilumina, y el Cordero es su lumbrera.

Sus puertas nunca serán cerradas de día, pues allí no habrá noche.

Todos

Y no tienen necesidad de luz de lámpara, ni de luz de sol, porque Dios el Señor los iluminará; y reinarán por los siglos de los siglos.

— Apocalipsis 21:1-4, 10, 11, 22, 23, 25; 22:5b

23. Año Nuevo

Así que, hermanos míos amados y deseados, gozo y corona mía, estad así firmes en el Señor, amados.

Regocijaos en el Señor siempre. Otra vez digo: ¡Regocijaos!

Vuestra gentileza sea conocida de todos los hombres. El Señor está cerca.

Por nada estéis afanosos, sino sean conocidas vuestras peticiones delante de Dios en toda oración y ruego, con acción de gracias.

Y la paz de Dios, que sobrepasa todo entendimiento, guardará vuestros corazones y vuestros pensamientos en Cristo Jesús.

Por lo demás, hermanos, todo lo que es verdadero, todo lo honesto, todo lo justo, todo lo puro, todo lo amable, todo lo que es de buen nombre; si hay virtud alguna, si algo digno de alabanza, en esto pensad.

Lo que aprendisteis y recibisteis y oísteis y visteis en mí, esto haced; y el Dios de paz estará con vosotros.

Hermanos, yo mismo no pretendo haberlo ya alcanzado; pero una cosa hago: olvidando ciertamente lo que queda atrás, y extendiéndome a lo que está delante,

Prosigo a la meta, al premio del supremo llamamiento de Dios en Cristo Jesús.

Todos

Así que, todos los que somos perfectos, esto mismo sintamos; y si otra cosa sentís, esto también os lo revelará Dios.

— Filipenses 4:1, 4-9; 3:13-15

24. Paz

Acontecerá en lo postrero de los tiempos, que será confirmado el monte de la casa de Jehová como cabeza de los montes, y será exaltado sobre los collados, y correrán a él todas las naciones.

Y vendrán muchos pueblos, y dirán: Venid, y subamos al monte de Jehová, a la casa del Dios de Jacob; y nos enseñará sus caminos, y caminaremos por sus sendas. Porque de Sion saldrá la ley, y de Jerusalén la palabra de Jehová.

Y juzgará entre las naciones, y reprenderá a muchos pueblos; y volverán sus espadas en rejas de arado, y sus lanzas en hoces; no alzará espada nación contra nación, ni se adiestrarán más para la guerra.

La paz os dejo, mi paz os doy; yo no os la doy como el mundo la da. No se turbe vuestro corazón, ni tenga miedo.

¡Mirad cuán bueno y cuán delicioso es habitar los hermanos juntos en armonía!

Todos

Y la paz de Dios, que sobrepasa todo entendimiento, guardará vuestros corazones y vuestros pensamientos en Cristo Jesús.

— *Isaías 2:2-4; Juan 14: 27; Salmos 133:1; Filipenses 4:7*

25. Santificación

Santifícalos en tu verdad; tu palabra es verdad.

Y por ellos yo me santifico a mí mismo, para que también ellos sean santificados en la verdad.

Y Dios, que conoce los corazones, les dio testimonio, dándoles el Espíritu Santo lo mismo que a nosotros;

Y ninguna diferencia hizo entre nosotros y ellos, purificando por la fe sus corazones.

Con Cristo estoy juntamente crucificado, y ya no vivo yo, mas vive Cristo en mí; y lo que ahora vivo en la carne, lo vivo en la fe del Hijo de Dios, el cual me amó y se entregó a sí mismo por mí.

Pero a cada uno de nosotros fue dada la gracia conforme a la medida del don de Cristo.

Y él mismo constituyó a unos, apóstoles; a otros, profetas; a otros, evangelistas; a otros, pastores y maestros.

A fin de perfeccionar a los santos para la obra del ministerio, para la edificación del cuerpo de Cristo;

Hasta que todos lleguemos a la unidad de la fe y del conocimiento del Hijo de Dios, a un varón perfecto, a la medida de la estatura de la plenitud de Cristo.

Sino, como aquel que os llamó es santo, sed también vosotros santos en toda vuestra manera de vivir; porque escrito está: Sed santos, porque yo soy santo.

Dad gracias en todo, porque esta es la voluntad de Dios para con vosotros en Cristo Jesús.

No apaguéis al Espíritu.

Y el mismo Dios de paz os santifique por completo; y todo vuestro ser, espíritu, alma y cuerpo, sea guardado irreprensible para la venida de nuestro Señor Jesucristo.

Todos

Fiel es el que os llama, el cual también lo hará.

> *— Juan 17:17, 19; Hechos 15:8, 9*
> *Gálatas 2:20; Efesios 4:7, 11-13;*
> *I Pedro 1:15, 16; I Tesalonicenses 5:18, 19, 23, 24*

26. Aflicción

Por lo cual, teniendo nosotros este ministerio según la misericordia que hemos recibido, no desmayamos.

Porque Dios, que mandó que de las tinieblas resplandeciese la luz, es el que resplandeció en nuestros corazones, para iluminación del conocimiento de la gloria de Dios en la faz de Jesucristo.

Pero tenemos este tesoro en vasos de barro, para que la excelencia del poder sea de Dios, y no de nosotros,

Que estamos atribulados en todo, mas no angustiados; en apuros, mas no desesperados;

Perseguidos, mas no desamparados; derribados, pero no destruidos;

Llevando en el cuerpo siempre por todas partes la muerte de Jesús, para que también la vida de Jesús se manifieste en nuestros cuerpos.

Porque nosotros que vivimos, siempre estamos entregados a muerte por causa de Jesús, para que también la vida de Jesús se manifieste en nuestra carne mortal.

Sabiendo que el que resucitó al Señor Jesús, a nosotros también nos resucitará con Jesús, y nos presentará juntamente con vosotros.

Porque todas estas cosas padecemos por amor a vosotros, para que abundando la gracia por medio de muchos, la acción de gracias sobreabunde para gloria de Dios.

Por tanto, no desmayamos; antes, aunque este nuestro hombre exterior se va desgastando, el interior no obstante se renueva de día en día.

Porque esta leve tribulación momentánea produce en nosotros un cada vez más excelente y eterno peso de gloria;

Todos

No mirando nosotros las cosas que se ven, sino las que no se ven; pues las cosas que se ven son temporales, pero las que no se ven son eternas.

— II Corintios 4:1, 6-11, 14-18

27. Pruebas

Bendito el Dios y Padre de nuestro Señor Jesucristo, que según su grande misericordia nos hizo renacer para una esperanza viva, por la resurrección de Jesucristo de los muertos,

Para una herencia incorruptible, incontaminada e inmarcesible, reservada en los cielos para vosotros,

Que sois guardados por el poder de Dios mediante la fe, para alcanzar la salvación que está preparada para ser manifestada en el tiempo postrero.

En lo cual vosotros os alegráis, aunque ahora por un

poco de tiempo, si es necesario, tengáis que ser afligidos en diversas pruebas,

Para que sometida a prueba vuestra fe, mucho más preciosa que el oro, el cual aunque perecedero se prueba con fuego, sea hallada en alabanza, gloria y honra cuando sea manifestado Jesucristo.

A quien amáis sin haberle visto, en quien creyendo, aunque ahora no lo veáis, os alegráis con gozo inefable y glorioso; obteniendo el fin de vuestra fe, que es la salvación de vuestras almas.

Amados, no os sorprendáis del fuego de prueba que os ha sobrevenido, como si alguna cosa extraña os aconteciese,

Todos

Sino gozaos por cuanto sois participantes de los padecimientos de Cristo, para que también en la revelación de su gloria os gocéis con gran alegría.

— *I Pedro 1:3-9; 4:12, 13*

28. El Consolador

No se turbe vuestro corazón; creéis en Dios, creed también en mí.

En la casa de mi Padre muchas moradas hay; si así no fuera, yo os lo hubiera dicho; voy, pues, a preparar lugar para vosotros.

Y si me fuere y os preparare lugar, vendré otra vez, y os tomaré a mí mismo, para que donde yo estoy, vosotros también estéis.

Y sabéis a dónde voy, y sabéis el camino.

Y yo rogaré al Padre, y os dará otro Consolador, para que esté con vosotros para siempre:

El Espíritu de verdad, al cual el mundo no puede recibir, porque no le ve, ni le conoce; pero vosotros le conocéis, porque mora con vosotros, y estará en vosotros.

No os dejaré huérfanos; vendré a vosotros.

Os he dicho estas cosas estando con vosotros.

Mas el Consolador, el Espíritu Santo, a quien el Padre enviará en mi nombre, él os enseñará todas las cosas, y os recordará todo lo que yo os he dicho.

Todos

La paz os dejo, mi paz os doy; yo no os la doy como el mundo la da. No se turbe vuestro corazón, ni tenga miedo.

— *Juan 14:1-4, 16-18, 25-27*

29. Nuevo Nacimiento

Había un hombre de los fariseos que se llamaba Nicodemo, un principal entre los judíos.

Este vino a Jesús de noche, y le dijo: Rabí, sabemos que has venido de Dios como maestro; porque nadie puede hacer estas señales que tú haces, si no está Dios con él.

Respondió Jesús, y le dijo: De cierto, de cierto te digo, que el que no naciere de nuevo, no puede ver el reino de Dios.

Nicodemo le dijo: ¿Cómo puede un hombre nacer siendo viejo? ¿Puede acaso entrar por segunda vez en el vientre de su madre, y nacer?

Respondió Jesús: De cierto, de cierto te digo, que el que no naciere de agua y del Espíritu, no puede entrar en el reino de Dios.

Lo que es nacido de la carne, carne es; y lo que es nacido del Espíritu, espíritu es.

No te maravilles de que te dije: Os es necesario nacer de nuevo.

Si os he dicho cosas terrenales, y no creéis, ¿cómo creeréis si os dijere las celestiales?

Nadie subió al cielo, sino el que descendió del cielo; el Hijo del Hombre, que está en el cielo.

Y como Moisés levantó la serpiente en el desierto, así es necesario que el Hijo del Hombre sea levantado,

Para que todo aquel que en él cree, no se pierda, mas tenga vida eterna.

Todos

Porque de tal manera amó Dios al mundo, que ha dado a su Hijo unigénito, para que todo aquel que en él cree, no se pierda, mas tenga vida eterna.

— Juan 3:1-7, 12-16

30. Victoria

Todo aquel que cree que Jesús es el Cristo, es nacido de Dios; y todo aquel que ama al que engendró, ama también al que ha sido engendrado por él.

En esto conocemos que amamos a los hijos de Dios, cuando amamos a Dios, y guardamos sus mandamientos.

Pues este es el amor a Dios, que guardemos sus mandamientos; y sus mandamientos no son gravosos.

Porque todo lo que es nacido de Dios vence al mundo; y esta es la victoria que ha vencido al mundo, nuestra fe.

¿Quién es el que vence al mundo, sino el que cree que Jesús es el Hijo de Dios?

¿Quién nos separará del amor de Cristo? ¿Tribulación, o angustia, o persecución, o hambre, o desnudez, o peligro, o espada?

Como está escrito: Por causa de ti somos muertos todo el tiempo; somos contados como ovejas de matadero.

Antes, en todas estas cosas somos más que vencedores por medio de aquel que nos amó.

Por lo cual estoy seguro de que ni la muerte, ni la vida, ni ángeles, ni principados, ni potestades, ni lo presente, ni lo por venir, ni lo alto, ni lo profundo, ni ninguna otra cosa creada nos podrá separar del amor de Dios que es en Cristo Jesús Señor nuestro.

Todos

Mas gracias sean dadas a Dios, que nos da la victoria por medio de nuestro Señor Jesucristo.

— I Juan 5:1-5; Romanos 8:35-39; I Corintios 15:57

31. Inmortalidad

Tampoco queremos, hermanos, que ignoréis acerca de los que duermen, para que no os entristezcáis como los otros que no tienen esperanza.

Porque si creemos que Jesús murió y resucitó, así también traerá Dios con Jesús a los que durmieron en él.

Por lo cual os decimos esto en palabra del Señor: que nosotros que vivimos, que habremos quedado hasta la venida del Señor, no precederemos a los que durmieron.

Porque el Señor mismo con voz de mando, con voz de arcángel, y con trompeta de Dios descenderá del cielo; y los muertos en Cristo resucitarán primero:

Luego nosotros, los que vivimos, los que hayamos quedado, seremos arrebatados juntamente con ellos en las nubes para recibir al Señor en el aire, y así estaremos siempre con el Señor.

Por tanto, alentaos los unos a los otros con estas palabras.

Porque no nos ha dado Dios espíritu de cobardía, sino de poder, de amor y de dominio propio.

Por tanto no te avergüences de dar testimonio de nuestro Señor, ni de mí, preso suyo, sino participa de las aflicciones por el evangelio según el poder de Dios,

Quien nos salvó y llamó con llamamiento santo, no

conforme a nuestras obras, sino según el propósito suyo y la gracia que nos fue dada en Cristo Jesús antes de los tiempos de los siglos,

Pero que ahora ha sido manifestada por la aparición de nuestro Salvador Jesucristo, el cual quitó la muerte y sacó a luz la vida y la inmortalidad por el evangelio.

Del cual yo fui constituido predicador, apóstol y maestro de los gentiles.

Todos

Por lo cual asimismo padezco esto; pero no me avergüenzo, porque yo sé a quién he creído, y estoy seguro que es poderoso para guardar mi depósito para aquel día.

—*I Tesalonicenses 4:13-18; II Timoteo 1:7-12*

32. El Día de Reposo

Fueron, pues, acabados los cielos y la tierra, y todo el ejército de ellos.

Y acabó Dios en el día séptimo la obra que hizo; y reposó el día séptimo de toda la obra que hizo.

Y bendijo Dios al día séptimo, y lo santificó, porque en él reposó de toda la obra que había hecho en la creación.

Acuérdate del día de reposo para santificarlo. Seis días trabajarás, y harás toda tu obra;

Mas el séptimo día es reposo para Jehová tu Dios; no hagas en él obra alguna tú, ni tu hijo, ni tu hija, ni tu siervo, ni tu criada, ni tu bestia, ni tu extranjero que está dentro de tus puertas.

Porque en seis días hizo Jehová los cielos y la tierra, el mar, y todas las cosas que en ellos hay, y reposó en el séptimo día; por tanto, Jehová bendijo el día de reposo y lo santificó.

Si retrajeres del día de reposo tu pie, de hacer tu voluntad en mi día santo, y lo llamares delicia, santo, glorioso de Jehová; y lo venerares, no andando en tus propios caminos, ni buscando tu voluntad, ni hablando tus propias palabras,

Todos

Entonces te deleitarás en Jehová; y yo te haré subir sobre las alturas de la tierra, y te daré a comer la heredad de Jacob tu padre; porque la boca de Jehová lo ha hablado.

— Génesis 2:1-3; Éxodo 20:8-11;
Isaías 58:13, 14

33. Confianza

Guárdame, oh Dios, porque en ti he confiado.

Oh alma mía, dijiste a Jehová: Tú eres mi Señor; no hay para mí bien fuera de ti. Para los santos que están en la tierra, y para los íntegros, es toda mi complacencia.

Se multiplicarán los dolores de aquellos que sirven diligentes a otro dios. No ofreceré yo sus libaciones de sangre, ni en mis labios tomaré sus nombres.

Jehová es la porción de mi herencia y de mi copa; Tú sustentas mi suerte.

Las cuerdas me cayeron en lugares deleitosos, y es hermosa la heredad que me ha tocado.

Bendeciré a Jehová que me aconseja; aun en las noches me enseña mi conciencia.

A Jehová he puesto siempre delante de mí; porque está a mi diestra, no seré conmovido.

Se alegró por tanto mi corazón, y se gozó mi alma; mi carne también reposará confiadamente.

Porque no dejarás mi alma en el Seol, ni permitirás que tu santo vea corrupción.

Me mostrarás la senda de la vida; en tu presencia hay plenitud de gozo; delicias a tu diestra para siempre.

Dios es nuestro amparo y fortaleza, nuestro pronto auxilio en las tribulaciones.

Todos

Por tanto, no temeremos, aunque la tierra sea removida, y se traspasen los montes al corazón del mar.

— *Salmos 16; 46:1, 2*

34. La Palabra de Dios

La revelación de Jesucristo, que Dios le dio, para manifestar a sus siervos las cosas que deben suceder pronto; y la declaró, enviándola por medio de su ángel a su siervo Juan,

Que ha dado testimonio de la palabra de Dios, y del testimonio de Jesucristo, y de todas las cosas que ha visto.

Bienaventurado el que lee, y los que oyen las palabras de esta profecía, y guardan las cosas en ella escritas; porque el tiempo está cerca.

Yo soy el Alfa y la Omega, principio y fin, dice el Señor, el que es y que era y que ha de venir, el Todopoderoso.

Y el que vivo, y estuve muerto; mas he aquí que vivo por los siglos de los siglos, amén. Y tengo las llaves de la muerte y del Hades.

Escribe las cosas que has visto, y las que son, y las que han de ser después de estas.

Yo testifico a todo aquel que oye las palabras de la profecía de este libro: Si alguno añadiere a estas cosas, Dios traerá sobre él las plagas que están escritas en este libro.

Y si alguno quitare de las palabras del libro de esta profecía, Dios quitará su parte del libro de la vida, y

de la santa ciudad y de las cosas que están escritas en este libro.

Toda la Escritura es inspirada por Dios, y útil para enseñar, para redargüir, para corregir, para instruir en justicia,

A fin de que el hombre de Dios sea perfecto, enteramente preparado para toda buena obra.

El que da testimonio de estas cosas dice: Ciertamente vengo en breve. Amén: sí, ven, Señor Jesús.

Todos

La gracia de nuestro Señor Jesucristo sea con todos vosotros. Amén.

— *Apocalipsis 1:1-3, 8, 18, 19; 22:18, 19;*
II Timoteo 3:16-17; Apocalipsis 22:20, 21

35. Testimonio

Con mis labios he contado todos los juicios de tu boca.

Te he manifestado mis caminos, y me has respondido; enséñame tus estatutos.

Hazme entender el camino de tus mandamientos, para que medite en tus maravillas.

Venga a mí tu misericordia, oh Jehová; tu salvación, conforme a tu dicho.

Y daré por respuesta a mi avergonzador, que en tu palabra he confiado.

Hablaré de tus testimonios delante de los reyes y no me avergonzaré. Y me regocijaré en tus mandamientos, los cuales he amado.

Bendeciré a Jehová en todo tiempo; su alabanza estará de continuo en mi boca. En Jehová se gloriará mi alma; lo oirán los mansos, y se alegrarán.

Engrandeced a Jehová conmigo, y exaltemos a una su

nombre. Jehová redime el alma de sus siervos; y no serán condenados cuantos en él confían.

Por tanto, no te avergüences de dar testimonio de nuestro Señor, ni de mí, preso suyo, sino participa de las aflicciones por el evangelio según el poder de Dios.

Sino santificad a Dios el Señor en vuestros corazones, y estad siempre preparados para presentar defensa con mansedumbre y reverencia ante todo el que os demande razón de la esperanza que hay en vosotros;

Entonces oí una gran voz en el cielo, que decía: Ahora ha venido la salvación, el poder, y el reino de nuestro Dios, y la autoridad de su Cristo; porque ha sido lanzado fuera el acusador de nuestros hermanos, el que los acusaba delante de nuestro Dios día y noche.

Todos

Y ellos le han vencido por medio de la sangre del Cordero y de la palabra del testimonio de ellos, y menospreciaron sus vidas hasta la muerte.

— *Salmos 119:13, 26, 41, 42, 46, 47; 34:1, 2, 3, 22; II Timoteo 1:8; I Pedro 3:15; Apocalipsis 12:10-11*

36. Misiones

Consolaos, consolaos, pueblo mío, dice vuestro Dios.

Hablad al corazón de Jerusalén; decidle a voces que su tiempo es ya cumplido, que su pecado es perdonado; que doble ha recibido de la mano de Jehová por todos sus pecados.

Voz que clama en el desierto: Preparad camino a Jehová; enderezad calzada en la soledad a nuestro Dios.

Todo valle sea alzado, y bájese todo monte y collado; y lo torcido se enderece, y lo áspero se allane.

Y se manifestará la gloria de Jehová, y toda carne juntamente la verá; porque la boca de Jehová ha hablado.

Deje el impío su camino, y el hombre inicuo sus pensamientos, y vuélvase a Jehová, el cual tendrá de él misericordia, y al Dios nuestro, el cual será amplio en perdonar.

Proclamad entre las naciones su gloria, en todos los pueblos sus maravillas.

Decid entre las naciones: Jehová reina. También afirmó el mundo, no será conmovido; juzgará a los pueblos en justicia.

Pídeme, y te daré por herencia las naciones, y como posesión tuya los confines de la tierra.

Todos

Así será mi palabra que sale de mi boca; no volverá a mí vacía, sino que hará lo que yo quiero, y será prosperada en aquello para que la envié.

— Isaías 40:1-5; 55:7; Salmos 96:3, 10; 2:8;
Isaías 55:11

37. La Maternidad

Mujer virtuosa, ¿quién la hallará? Porque su estima sobrepasa largamente a la de las piedras preciosas.

El corazón de su marido está en ella confiado, y no carecerá de ganancias.

Le da ella bien y no mal todos los días de su vida.

Busca lana y lino, y con voluntad trabaja con sus manos.

Se levanta aun de noche y da comida a su familia y ración a sus criadas.

Alarga su mano al pobre, y tiende sus manos al menesteroso.

No tiene temor de la nieve por su familia, porque toda su familia está vestida de ropas dobles.

Ella se hace tapices; de lino fino y púrpura es su vestido. Su marido es conocido en las puertas, cuando se sienta con los ancianos de la tierra.

Fuerza y honor son su vestidura; y se ríe de lo porvenir.

Abre su boca con sabiduría, y la ley de clemencia está en su lengua.

Considera los caminos de su casa, y no come el pan de balde.

Se levantan sus hijos y la llaman bienaventurada; y su marido también la alaba:

Muchas mujeres hicieron el bien; mas tú sobrepasas a todas.

Todos

Engañosa es la gracia, y vana la hermosura; la mujer que teme a Jehová, ésa será alabada.

— *Proverbios 31:10-13, 15, 20-23, 25-30*

38. Obediencia

Si me amáis, guardad mis mandamientos.

El que tiene mis mandamientos y los guarda, ése es el que me ama; y el que me ama, será amado por mi Padre, y yo le amaré, y me manifestaré a él.

Le dijo Judas (no el Iscariote): Señor, ¿cómo es que te manifestarás a nosotros, y no al mundo?

Respondió Jesús y le dijo: El que me ama, mi palabra guardará, y mi Padre le amará, y vendremos a él, y haremos morada con él.

El que no me ama, no guarda mis palabras; y la palabra que habéis oído no es mía, sino del Padre que me envió.

No todo el que me dice: Señor, Señor, entrará en el reino de los cielos, sino el que hace la voluntad de mi Padre que está en los cielos.

Ciertamente el obedecer es mejor que los sacrificios, y el prestar atención que la grosura de los carneros.

Todos

Hijos, obedeced a vuestros padres en todo, porque esto agrada al Señor. Siervos, obedeced en todo a vuestros amos terrenales, no sirviendo alojo, como los que quieren agradar a los hombres, sino con corazón sincero, temiendo a Dios.

— *Juan 14:15, 21-24; Mateo 7:21; I Samuel 15:22b; Colosenses 3:20,22*

39. Fe

Es, pues, la fe la certeza de lo que se espera, la convicción de lo que no se ve.

Porque por ella alcanzaron buen testimonio los antiguos.

Por la fe Abraham, cuando fue probado, ofreció a Isaac; y el que había recibido las promesas ofrecía su unigénito.

Habiéndosele dicho: En Isaac te será llamada descendencia;

Tampoco dudó, por incredulidad, de la promesa de Dios, sino que se fortaleció en fe, dando gloria a Dios.

Plenamente convencido de que era también poderoso para hacer todo lo que había prometido; por lo cual también su fe le fue contada por justicia.

Por la fe Moisés, hecho ya grande, rehusó llamarse hijo de la hija de Faraón,

Escogiendo antes ser maltratado con el pueblo de Dios, que gozar de deleites temporales del pecado, teniendo por mayores riquezas el vituperio de Cristo que los tesoros de los egipcios.

Justificados, pues, por la fe, tenemos paz para con Dios por medio de nuestro Señor Jesucristo;

Todos

Por quien también tenemos entrada por la fe a esta gracia en la cual estamos firmes, y nos gloriamos en la esperanza de la gloria de Dios.

> — *Hebreos 11:1, 2, 17, 18; Romanos 4:21-22; Hebreos 11:24-26a; Romanos 5:1, 2*

40. Comunión

Cuando llegó la noche, se sentó a la mesa con los doce.

Y mientras comían, dijo: De cierto os digo, que uno de vosotros me va a entregar.

Y entristecidos en gran manera, comenzó cada uno de ellos a decirle: ¿Soy yo, Señor?

Entonces él respondiendo, dijo: El que mete la mano conmigo en el plato, ése me va a entregar.

A la verdad el Hijo del Hombre va, según está escrito de él, mas ¡ay de aquel hombre por quien el Hijo del Hombre es entregado! Bueno le fuera a ese hombre no haber nacido.

Entonces respondiendo Judas, el que le entregaba, dijo: ¿Soy yo, Maestro? Le dijo: Tú lo has dicho.

Y mientras comían, tomó Jesús el pan, y bendijo, y lo partió, y dio a sus discípulos, y dijo: Tomad, comed; esto es mi cuerpo.

Y tomando la copa, y habiendo dado gracias, les dio, diciendo: Bebed de ella todos;

Porque esto es mi sangre del nuevo pacto, que por muchos es derramada para remisión de los pecados.

Y os digo que desde ahora no beberé más de este fruto de la vid, hasta aquel día en que lo beba nuevo con vosotros en el reino de mi Padre.

— Mateo 26:20-29

41. Adoración

Los cielos cuentan la gloria de Dios, y el firmamento anuncia la obra de sus manos.

Un día emite palabra a otro día, y una noche a otra noche declara sabiduría.

No hay lenguaje, ni palabras, ni es oída su voz.

Por toda la tierra salió su voz, y hasta el extremo del mundo sus palabras. En ellos puso tabernáculo para el sol.

Y éste, como esposo que sale de su tálamo, se alegra cual gigante para correr el camino.

De un extremo de los cielos es su salida, y su curso hasta el término de ellos; y nada hay que se esconda de su calor.

La ley de Jehová es perfecta, que convierte el alma; el testimonio de Jehová es fiel, que hace sabio al sencillo.

Los mandamientos de Jehová son rectos, que alegran el corazón; el precepto de Jehová es puro, que alumbra los ojos.

El temor de Jehová es limpio, que permanece para siempre; los juicios de Jehová son verdad, todos justos.

Todos

Sean gratos los dichos de mi boca y la meditación de mi corazón delante de ti, oh Jehová, roca mía, y redentor mío.

— Salmos 19:1-9, 14

42. Domingo de Pascua

Pasado el día de reposo, al amanecer del primer día de la semana, vinieron María Magdalena, y la otra María, a ver el sepulcro.

Y hubo un gran terremoto; porque un ángel del Señor, descendiendo del cielo y llegando, removió la piedra y se sentó sobre ella.

Su aspecto era como un relámpago, y su vestido blanco como la nieve.

Y de miedo de él los guardas temblaron y se quedaron como muertos.

Mas el ángel, respondiendo, dijo a las mujeres: No temáis vosotras; porque yo sé que buscáis a Jesús, el que fue crucificado.

No está aquí, pues ha resucitado, como dijo. Venid, ved el lugar donde fue puesto el Señor.

E id pronto y decid a sus discípulos que ha resucitado de los muertos, y he aquí va delante de vosotros a Galilea; allí le veréis. He aquí, os lo he dicho.

Entonces ellas, saliendo del sepulcro con temor y gran gozo, fueron corriendo a dar las nuevas a sus discípulos.

Y mientras iban a dar las nuevas a los discípulos, he aquí, Jesús les salió al encuentro, diciendo: ¡Salve! Y ellas, acercándose, abrazaron sus pies, y le adoraron.

Todos

Entonces, Jesús les dijo: No temáis; id, dad las nuevas a mis hermanos, para que vayan a Galilea, y allí me verán.

— Mateo 28:1-10

43. Jesucristo

En el principio era el Verbo, y el Verbo era con Dios, y el Verbo era Dios.

Este era en el principio con Dios.

Todas las cosas por él fueron hechas, y sin él nada de lo que ha sido hecho, fue hecho.

En él estaba la vida, y la vida era la luz de los hombres.

La luz en las tinieblas resplandece, y las tinieblas no prevalecieron contra ella.

Hubo un hombre enviado de Dios, el cual se llamaba Juan. Este vino por testimonio, para que diese testimonio de la luz, a fin de que todos creyesen por él.

No era él la luz, sino para que diese testimonio de la luz.

Aquella luz verdadera, que alumbra a todo hombre, venía a este mundo.

En el mundo estaba, y el mundo por él fue hecho; pero el mundo no le conoció.

Todos

A lo suyo vino, y los suyos no le recibieron. Mas a todos los que le recibieron, a los que creen en su nombre, les dio potestad de ser hechos hijos de Dios.

— Juan 1:1-12

44. Mayordomía

Fíate de Jehová de todo tu corazón, y no te apoyes en tu propia prudencia.

Honra a Jehová con tus bienes, y con las primicias de todos tus frutos; y serán llenos tus graneros con abundancia, y tus lagares rebosarán de mosto.

Traed todos los diezmos al alfolí y haya alimento en mi casa; y probadme ahora en esto, dice Jehová de los ejércitos, si no os abriré las ventanas de los cielos, y derramaré sobre vosotros bendición hasta que sobreabunde.

Dad, y se os dará; medida buena, apretada, remecida

y rebosando darán en vuestro regazo; porque con la misma medida con que medís, os volverán a medir.

Porque ya conocéis la gracia de nuestro Señor Jesucristo, que por amor a vosotros se hizo pobre, siendo rico, para que vosotros con su pobreza fueseis enriquecidos.

Pero esto digo: El que siembra escasamente también segará escasamente; y el que siembra generosamente, generosamente también segará.

Cada uno dé como propuso en su corazón: no con tristeza, ni por necesidad, porque Dios ama al dador alegre.

Todos

Y poderoso es Dios para hacer que abunde en vosotros toda gracia, a fin de que, teniendo siempre en todas las cosas todo lo suficiente, abundéis para toda buena obra.

— Proverbios 3:5, 9, 10; Malaquías 3:10; Lucas 6:38; II Corintios 8:9; 9:6-8

45. La Voluntad de Dios

Por lo demás, hermanos, os rogamos y exhortamos en el Señor Jesús, que de la manera que aprendisteis de nosotros cómo os conviene conduciros y agradar a Dios, así abundéis más y más.

Porque ya sabéis qué instrucciones os dimos por el Señor Jesús; pues la voluntad de Dios es vuestra santificación.

Pues no nos ha llamado Dios a inmundicia, sino a santificación.

Así que, el que desecha esto, no desecha a hombre, sino a Dios, que también nos dio su Espíritu Santo.

Pero acerca del amor fraternal no tenéis necesidad de que os escriba, porque vosotros mismos habéis aprendido de Dios que os améis unos a otros.

Y que procuréis tener tranquilidad, y ocuparos en vuestros negocios, y trabajar con vuestras manos de la manera que os hemos mandado,

A fin de que os conduzcáis honradamente para con los de afuera, y no tengáis necesidad de nada.

También os rogamos, hermanos, que amonestéis a los ociosos, que alentéis a los de poco ánimo, que sostengáis a los débiles, que seáis pacientes para con todos.

Mirad que ninguno pague a otro mal por mal; antes seguid siempre lo bueno unos para con otros, y para con todos.

Todos

Estad siempre gozosos. Orad sin cesar. Dad gracias en todo, porque esta es la voluntad de Dios para con vosotros en Cristo Jesús.

— I Tesalonicenses 4:1-3a, 7-9, 11, 12; 5:14-18

46. Expiación

¿Quién ha creído a nuestro anuncio? ¿y sobre quién se ha manifestado el brazo de Jehová?

Subirá cual renuevo delante de él, y como raíz de tierra seca; no hay parecer en él, ni hermosura; le veremos, mas sin atractivo para que le deseemos.

Despreciado y desechado entre los hombres, varón de dolores, experimentado en quebranto; y como que escondimos de él el rostro, fue menospreciado, y no lo estimamos.

Ciertamente llevó él nuestras enfermedades, y sufrió nuestros dolores; y nosotros le tuvimos por azotado, por herido de Dios y abatido.

Mas él herido fue por nuestras rebeliones, molido por nuestros pecados; el castigo de nuestra paz fue sobre él, y por su llaga fuimos nosotros curados.

Todos nosotros nos descarriamos como ovejas, cada

cual se apartó por su camino; mas Jehová cargó en él el pecado de todos nosotros.

Angustiado él, y afligido, no abrió su boca; como cordero fue llevado al matadero; y como oveja delante de sus trasquiladores, enmudeció, y no abrió su boca.

Con todo eso, Jehová quiso quebrantarlo, sujetándole a padecimiento. Cuando haya puesto su vida en expiación por el pecado, verá linaje, vivirá por largos días, y la voluntad de Jehová será en su mano prosperada.

Verá el fruto de la aflicción de su alma, y quedará satisfecho; por su conocimiento justificará mi siervo justo a muchos; y llevará las iniquidades de ellos.

Todos

Por tanto, yo le daré parte con los grandes, y con los fuertes repartirá despojos; por cuanto derramó su vida hasta la muerte, y fue contado con los pecadores, habiendo él llevado el pecado de muchos, y orado por los transgresores.

— *Isaías 53:1-7, 10-12*

47. El Templo de Dios

¡Cuán amables son tus moradas, oh Jehová de los ejércitos!

Anhela mi alma y aun ardientemente desea los atrios de Jehová; mi corazón y mi carne cantan al Dios vivo.

Aun el gorrión halla casa, y la golondrina nido para sí, donde ponga sus polluelos, cerca de tus altares, oh Jehová de los ejércitos, Rey mío, y Dios mío.

Bienaventurados los que habitan en tu casa; perpetuamente te alabarán. Selah.

Bienaventurado el hombre que tiene en ti sus fuerzas, en cuyo corazón están tus caminos.

Atravesando el valle de lágrimas lo cambian en fuente, cuando la lluvia llena los estanques.

Irán de poder en poder; verán a Dios en Sion.

Jehová Dios de los ejércitos, oye mi oración; escucha, oh Dios de Jacob. Selah.

Mira, oh Dios, escudo nuestro, y pon los ojos en el rostro de tu ungido.

Porque mejor es un día en tus atrios que mil fuera de ellos. Escogería antes estar en la puerta de la casa de mi Dios, que habitar en las moradas de maldad.

Porque sol y escudo es Jehová Dios; gracia y gloria dará Jehová. No quitará el bien a los que andan en integridad.

Todos
Jehová de los ejércitos, dichoso el hombre que en ti confía.

— Salmos 84

48. Seguridad y Confianza

El que habita al abrigo del Altísimo, morará bajo la sombra del Omnipotente.

Diré yo a Jehová. Esperanza mía, y castillo mío, mi Dios, en quién confiaré.

Él te librará del cazador, de la peste destructora.

Con sus plumas te cubrirá, y debajo de sus alas, estarás seguro: escudo y adarga es su verdad.

No temerás el terror nocturno, ni saeta que vuele de día.

Ni pestilencia que ande en oscuridad, ni mortandad que en el medio día destruya.

Caerán a tu lado mil, y diez mil a tu diestra: mas a ti no llegará.

Ciertamente con tus ojos mirarás, y verás la recompensa de los impíos.

Porque has puesto a Jehová que es mi esperanza, al Altísimo por tu habitación.

No te sobrevendrá mal, ni plaga tocará tu morada.

Pues a sus ángeles mandará acerca de ti, que te guarden en todos tus caminos.

En las manos te llevarán, para que tu pie no tropiece en piedra.

Sobre el león y el áspid pisarás; hollarás al cachorro de león y al dragón.

Por cuanto en mí ha puesto su amor, yo también lo libraré: le pondré en alto, por cuanto ha conocido mi nombre.

Me invocará, y yo le responderé: con él estaré yo en la angustia: lo libraré, y le glorificaré.

Todos
Lo saciaré de larga vida, y le mostraré mi salvación.

— *Salmos 91*

49. Las Bienaventuranzas
Viendo la multitud, subió al monte; y sentándose, vinieron a él sus discípulos.

Y abriendo su boca les enseñaba, diciendo:

Bienaventurados los pobres en espíritu, porque de ellos es el reino de los cielos.

Bienaventurados los que lloran, porque ellos recibirán consolación.

Bienaventurados los mansos, porque ellos recibirán la tierra por heredad.

Bienaventurados los que tienen hambre y sed de justicia, porque ellos serán saciados.

Bienaventurados los misericordiosos, porque ellos alcanzarán misericordia.

Bienaventurados los de limpio corazón porque ellos verán a Dios.

Bienaventurados los pacificadores porque ellos serán llamados hijos de Dios.

Bienaventurados los que padecen persecución por causa de la justicia, porque de ellos es el reino de los cielos.

Bienaventurados sois cuando por mi causa os vituperen y os persigan y digan toda clase de mal contra vosotros, mintiendo.

Todos

Gozaos y alegraos, porque vuestro galardón es grande en los cielos; porque así persiguieron a los profetas que fueron antes de vosotros.

— Mateo 5:1-12

50. La Casa de Dios

Yo me alegré con los que me decían: a la casa de Jehová iremos.

Jerusalén, que se ha edificado como una ciudad que está bien unida entre sí. Y allá subieron las tribus, las tribus de JAH, conforme al testimonio dado a Israel para alabar el nombre de Jehová.

Sea la paz dentro de tus muros, Y el descanso dentro de tus palacios. Por amor de mis hermanos y mis compañeros diré yo: la paz sea contigo.

Una cosa he demandado a Jehová, ésta buscaré; que esté yo en la casa de Jehová todos los días de mi vida, para contemplar la hermosura de Jehová, y para inquirir en su templo.

Porque él me esconderá en su tabernáculo en el día del mal; me ocultará en lo reservado de su morada; sobre una roca me pondrá en alto.

¡Cuán amables son tus moradas, oh Jehová de los ejércitos! Anhela mi alma y aun ardientemente desea los atrios de Jehová; mi corazón y mi carne cantan al Dios vivo.

Aun el gorrión halla casa, y la golondrina nido para sí, donde ponga sus polluelos, cerca de tus altares, oh Jehová de los ejércitos, Rey mío, y Dios mío.

Todos

Bienaventurados los que habitan en tu casa; perpetuamente te alabarán. Selah.

— Salmos 122:1, 3, 4, 7-8; 27:4-5; 84:1-4

ÍNDICE POR TÓPICOS

Avivamiento y Evangelización

Bautismo

Biblia

Cruz

Devoción y Adoración

Diezmos

Escuela Dominical

Especiales

Fe

Madre

Misiones

Navidad

Niños

Ocasiones Especiales

Oración

Resurrección

Santa Cena

Santificación y Consagración

Segunda Venida de Cristo y el Cielo

Seguridad

Testimonio

ÍNDICE

*Las mayúsculas representan el título; las minúsculas, la primera
línea de la estrofa*

A

F

G

O

P

V

Y

RECONOCIMIENTO

A las siguientes firmas e individuos expresamos nuestro agradecimiento por el permiso para usar los poemas registrados (derecho de autor) en GRACIA Y DEVOCIÓN, identificados por los números que aparecen después de sus nombres

Adger M. Pace: 96.
Beacon Hill Press: 141, 180.
Frank C. Huston: 289.
Hope Publishing Co.: 28, 34, 58, 143, 188, 283.
John T. Benson, Jr.: 136, 229, 242, 267, 300, 340.
Lillenas Publishing Co.: 15, 35, 36, 37, 46, 49, 56, 57, 59, 62, 64, 65, 72, 93, 95, 98, 99, 100, 110, 115, 118, 123, 125, 135, 139, 142, 146, 148, 154, 157, 159, 162, 186, 187, 190, 191, 205, 209, 212, 219, 224, 225, 228, 234, 235, 240, 245, 249, 251, 254, 255, 256, 257, 259, 270, 280, 282, 290, 291, 292, 294, 296, 297, 316, 317, 327, 328, 333, 339, 343, 344, 359, 382, 392, 401, 408, 410, 412, 415, 422.
Nazarene Publishing House: 38, 40, 52, 60, 61, 68, 77, 83, 85, 90, 102, 113, 122, 128, 138, 150, 161, 172, 176, 189, 203, 210, 233, 237, 248, 264, 269, 285, 295, 299, 301, 302, 311, 312, 319, 330, 349, 373, 384, 391.
R. E. Winsett: 109.
Stamps—Baxter & Ptg. Co.: 156.
Sunday School Board of the Southern Baptist Convention: 66, 309.
The Rodeheaver Co.: 41, 54, 103, 140, 246, 258, 286, 293, 314, 363, 386.
Wendell Lillenas: 124.

— Los Editores

www.ingramcontent.com/pod-product-compliance
Lightning Source LLC
Chambersburg PA
CBHW031124090426
42738CB00008B/961